Ursula Stöhr
Das Seniorenspielbuch

Edition Sozial

Ursula Stöhr

Das Seniorenspielbuch

250 praktische Anregungen für die Gruppenarbeit

Mit einem Vorwort von Hans-Wolfgang Nickel

7. Auflage

Die Autorin

Ursula Stöhr ist Pädagogin und arbeitet seit mehr als 30 Jahren spielpädagogisch mit Kindern, Jugendlichen und Erwachsenen; seit über 20 Jahren auch mit Senioren in Berlin.

Bibliografische Information der Deutschen Nationalbibliothek

Die Deutsche Nationalbibliothek verzeichnet diese Publikation in der Deutschen Nationalbibliografie; detaillierte bibliografische Daten sind im Internet über http://dnb.d-nb.de abrufbar.

1. Auflage 1993
2. Auflage 1994
3., korrigierte Auflage 1996
4. Auflage 1997
5. Auflage 2002
6. Auflage 2007
7. Auflage 2012

www.beltz.de · www.juventa.de
Druck und Bindung: Beltz Druckpartner GmbH & Co. KG, Hemsbach
Printed in Germany

ISBN 978-3-7799-2090-8

Inhaltsverzeichnis

Vorwort

Spielen ist Ausdruck von Lebendigkeit.

Der holländische Kulturforscher Huizinga hat den Menschen geradezu als homo ludens, als ein „spielendes Wesen" bezeichnet; er hat nachgewiesen, wie Kunst und Kultur, Wissenschaften und Technik aus dem Spiel von Menschen entstanden und Ausdruck dieses Spielens sind. Eine Ahnung davon ist in vielen alten Religionen lebendig; sie sehen menschliches Leben als ein Spiel vor Gott.

Auch wenn wir diesem Gedanken nicht mehr folgen mögen: falsch und unsinnig ist es, Spiel auf Kinder zu beschränken und, vielleicht schon mit dem Beginn der Schule, vom „Ernst des Lebens" zu sprechen, in dem Spiele und Spielen keinen Platz mehr haben; unsinnig ist es, den Erwachsenen auf die Arbeit zu reduzieren und ihm das Spielen abzusprechen.

Ganz im Gegenteil: Spielen ist Ausdruck von Lebendigkeit, ist eine Lebenskraft, ein Humanum, das bis ins Alter lebendig bleibt und Alter lebendig erhält.

Ursula Stöhr hat den Beweis dafür angetreten. Ihr Buch ist nicht einfach eine Spielesammlung, sondern die Summe langer und intensiver Erfahrungen; es ist der Nachweis, wie Spielen lebendig erhält und lebendig macht. Die eigene Praxis der Autorin ist selber ein Zeichen von Spiel; sie ist getragen von einer wachen Neugier auf andere Menschen und deren Lebensfreude, deren Lebenserfahrung; sie ist Zeugnis für den Spaß, zu spielen und Spiel zu verstehen; sie ist Ausdruck für die Freiheit, sich als Pädagogin nicht auf Kinder zu beschränken, sondern mit Jugendlichen und Erwachsenen jeden Alters zu spielen und seit mehr als fünfzehn Jahren auch mit Senioren, also den vollen Lebenskreis durchzuspielen und dabei die Frische der auf Leben neugierigen, der spielfreudigen Kinder mitzunehmen. Spielend kommen wir in das Leben; Spiel kann uns begleiten; Spiel (mit immer reicheren Erfahrungen) kann unser Alter prägen; spielend können wir Abschied vom Leben nehmen (?).

Gemeint in diesem Buch ist jedenfalls nicht einfach die Praxis bunter Nachmittage; es ist mehr als eine bloße Spielsammlung, wie sie hier und da zu finden ist. Ursula Stöhrs Buch ist eine Einführung in die Lebenssituation und in die Entwicklungsmöglichkeiten von Senioren. Es zeigt deren Stärken und Schwächen, vor allem aber ihre kreativen Fähigkeiten; es gibt anrührende Beispiele von erlebter Vitalität, von aufblühender Energie, von Selbstbewußtsein und Freude. Es ist getragen von einem besonderen Ethos und einer an vielen Beispielen verständlich gemachten Theorie, die für die sensible Kunst der Spielleitung öffnet und wirbt. Möge es lesend, vor allem aber spielend und spielerisch erforscht, erkundet, lebendig gemacht werden!

Hans-Wolfgang Nickel

Liebe spielinteressierte Leser!

Sie halten ein Buch der 5. Auflage in Ihren Händen. Ein großer Leserkreis hat damit die Wichtigkeit und leichte Umsetzbarkeit des Seniorenspielbuches bestätigt. Ich freue mich darüber und danke allen, die sich spielerisch öffnen, und somit neue, grundlegende Erfahrungen zur eigenen und gruppenspezifischen Veränderung machen wollen. Kein anderes Medium kann den Menschen in seiner Ganzheit von Körper, Geist und Seele so ansprechen, wie es das Spiel ermöglicht. Verlorengegangene oder noch nie entdeckte Fähigkeiten können gewonnen werden und die Lebensqualität verändern. Lassen Sie uns gemeinsam die immer wieder neue Herausforderung akzeptieren, wach bleiben und spielen!

Für interessierte Gruppen, Organisationen, Verbände ... führe ich Spiel-Werkstätten und Seminare durch. Bei Bedarf bei mir anfragen: Stindestr. 1b, 12167 Berlin.

Berlin, im September 2001 — Ursula Stöhr

Einleitung

Immer noch zu wenig Menschen wissen von den wunderbaren Erlebnissen und umfangreichen Fähigkeiten, die sich jeder Mensch in einer geselligen Form erspielen kann.

Wie er und seine Mitspieler Gewinner werden, ohne Verlierer zu erzeugen.

Wie er Krisen besser durchsteht und mehr und mehr seine Entwicklungsstufen erkennt.

Wie er seine Lebensqualität verändert und an Energie und Vitalität zunimmt.

Dies alles erreichen Sie, wenn Sie sich auf den Weg machen und auf eine spielerische Entdeckungsreise gehen.

Vom ersten Lebenstag gehen wir dem Ende entgegen. Doch da der Anfang von ständigen Wachsen, Zunehmen, Aufbauen und Vermehren ausgefüllt ist, merkt der Mensch oft erst in der Lebensmitte das Nachlassen der Kräfte und den Prozeß der Veränderung. Naturbedingte Krisen werden bewußt und unumgängliche Endlichkeiten spürbar. Mit einem traurigen Blick schaut er in die Vergangenheit, sieht die Gegenwart und denkt an die Zukunft. Dabei bemerkt er eine Verminderung seiner Fähigkeiten, Kontakte und Energien. Schwäche, Isolierung und fehlende Akzeptanz schleichen sich ein und verstärken sich, wenn er dem nichts entgegenzusetzen hat.

Jeder Mensch braucht Kontakte und Gespräche, den persönlichen Austausch und die Anregung. Daß körperliche und geistige Bewegung fit hält, weiß inzwischen schon jeder. Kein Senior sucht im Ruhestand die absolute Ruhe.

Im gemeinsamen Spiel geben wir Menschen die Gelegenheit, sich zu öffnen, aufeinander zuzugehen und andere Lebensqualitäten zu erfahren. Auf der Basis der gemeinsamen Kreativität erwächst aus einer Aktion die nächste. Ein Kreislauf entsteht, der die Gedanken, Gefühle und all' unsere Sinne erweitert.

Das Spiel befreit von Sorgen und Streß und öffnet unsere geistigen und körperlichen Grenzen. Das Spiel läßt Krankheiten und Einschränkungen vergessen und schafft eine lebendige Vitalität.

Suchen Sie aus dem umfangreichen Angebot der Kontakt-, Bewegungs- und Konzentrationsspiele oder der Gedächtnis-, Rollen- und Tanzspiele etwas aus, das zum gemeinsamen Spiel motiviert. Auch Quiz-, Würfel- und Geschicklichkeitsspiele sind neben den Karten-, Streichholz- und Kimspielen aufgeführt, so daß jeder Interessierte, Junggebliebene oder Mehrfachbehinderte, Schwache oder Starke, Ruhige oder Bewegungsreiche zu neuen Erfahrungen und weiteren Entwicklungen angeregt werden kann. Durch die gezielt ausgerichtete Aktivität und eine ruhige Besonnenheit erfahren Sie mit den Senioren eine Vertiefung der Sinneswahrnehmung und Veränderung der Lebensqualität.

Der Praxisberater für die Seniorenarbeit enthält über 250 Spielanregungen, Tips und Erfahrungsberichte einer langen Spieltätigkeit. Die Spiele wurden in Seniorengruppen unterschiedlicher Größe und in Fortbildungsseminaren mit Teilnehmern unterschiedlichen Alters erprobt. Sie stellen eine begrenzte Auswahl der vielen tausend Spiele dar und können als Einzelspiele oder zur bunten Spielfolge eingesetzt werden. Ein Spiel kann zu dem anderen führen und eine Einleitung für das nächste sein. Dies erweckt den Eindruck der Gleichförmigkeit und liegt in der Absicht, alle Sinne des Menschen in den verschiedenen Stadien der Veränderung und des Abbaus anzusprechen. Viele Spiele sind ohne große Vorbereitung und ohne besonderes Material spielbar. Die Regeln sind einfach und lassen sich durch vorgeschlagene und eigene Variationen verändern und so für die unterschiedlichsten Spielgruppen verwenden.

Das Buch richtet sich an alle Menschen, die gern spielen und mit Senioren eine spielpädagogische Arbeit beginnen bzw. erweitern wollen, ob in Seniorenclubs, Wohn- und Altenheimen, auf Reisen und Zusammenkünften. Für alle Menschen sind Spielideen dabei, die Sie auch zu bunten Festen, verschiedenen Familienanlässen und mannigfachen Veranstaltungen gebrauchen können. Den überwiegenden Teil des Spielmaterials finden Sie zum Nulltarif in Ihrer Umgebung.

Im ersten Teil informiert das Buch über die Lebenssituationen älterer Menschen, über ihre Fähigkeiten und Einschränkungen, ihre Wünsche und Bedürfnisse und zeigt die positive Bedeutung des Spiels im Seniorenalter. Welche Mittel und Wege sich dafür anbieten, lesen Sie in den Erfahrungsberichten und Spielanregungen, die mit Beiträgen der Senioren ergänzt sind. Sie geben einen Einblick in die umfangreichen Möglichkeiten, die zur spielerischen Aktivität herausfordern und eine positive Entwicklung bis ins hohe Alter ermöglichen.

Wählen Sie sich aus der bunten Palette der Angebote Spiele heraus, die Ihnen gefallen, und entwickeln Sie so allmählich Ihren eigenen Spielekatalog. Die Spielpraxis mit den Senioren wird Sie bereichern. Vielleicht gehören Sie eines Tages zu den Menschen, die ihre Chancen der Veränderung – und diese beginnt nicht erst im Mittel- oder Seniorenalter – genutzt haben und reich an Einsichten und lebensbedingten Erkenntnissen sind. Eine Fülle von Erfahrungswissen und gelebten Gefühlen wird unser Leben dann bereichern. Welch eine Aussicht! Lassen Sie uns mit Freude spielend ins Alter gehen.

In der Verbundenheit des Spiels danke ich Karin Holdorf und allen Spielerinnen und Spielern, die mich bisher auf dem Weg begleiteten.

Grundlagen und Voraussetzungen

Innerhalb der letzten einhundert Jahre hat sich die Lebenserwartung der Menschen um dreißig Jahre erhöht. Somit haben wir die Jahre einer Generation dazugewonnen. Was fangen wir damit an? Wie sollen wir uns für das Alter vorbereiten? Wollen wir zufrieden und abgeschieden von jeglicher Arbeit und Auseinandersetzung den Ruhestand genießen? In den Tag hineinleben und sehen, was er uns bringen wird? Oder möchten wir uns für die gewonnenen dreißig Jahre des Älterwerdens sinnvolle Lebensinhalte suchen und eine neue Lebensqualität schaffen?

Wir leben in einer sich ständig wandelnden Welt. Umfangreiche Veränderungen erfahren wir in vielen Bereichen. Auffallend sind die technischen Entwicklungen. Immer mehr Maschinen und Computer werden entwickelt. Der Mensch lernt, sie zu bedienen und merkt kaum, daß er sich dadurch immer mehr von wichtigen Lebensinhalten entfernt. Neue Arbeitsbereiche werden geschaffen, Berufszweige erhalten andere Strukturen und Arbeitsprozesse werden nach veränderten Gesichtspunkten organisiert. Alles um uns herum ist in Bewegung. Jugendlichkeit und Dynamik sind gefragt. Ständige Veränderung und Anpassung sind die Voraussetzungen für den Erfolg in unserer Gesellschaft.

Auch in der nahen und fernen Umwelt nehmen wir viele Veränderungen wahr. Die Lebensmittel werden uns in einer vielfältigen und reicheren Menge angeboten; ihre Qualität durch vermehrte Schadstoffe gemindert. Das Wasser, unser wichtigstes Lebensmittel, fließt in einigen Regionen nur noch stundenweise durch die Leitung, und seine Substanzen verändern sich allgemein negativ. Die Luft ist manchmal so stark mit Gift angereichert, daß wir krank werden, wenn wir sie einatmen. Die Sonne, unser Stern, der uns Licht und Wärme gibt, ohne den wir auf unserem Planeten Erde kein Leben, keine Menschen, Tiere und Pflanzen hätten, kann uns mit ihren Strahlen durch das Ozonloch allmählich zerstören.

Dieser Wandel auf Erden fordert vom Menschen ein Umdenken und vom Körper eine unumgängliche Anpassung. Darum müssen wir uns mit den Veränderungen auseinandersetzen und in Bewegung bleiben. Denn die Evolution geht weiter.

Wie sehen und erleben Senioren diese Veränderungen? Wollen sie noch dazugehören und an der Gestaltung der weiteren Entwicklung mitwirken und teilhaben? Wollen sie ihre Erfahrungen und ihr kritisches Bewußtsein nutzen und zur sinnvollen Lebensqualität beitragen? Oder möchten sie lieber ihre Hände in den Schoß legen und der Gesellschaft damit signalisieren, daß sie genug gearbeitet und sich den Ruhestand verdient haben? Das könnte ein Abschied sein; der Anfang vom Ende, wenn dies in völliger Passivität und Resignation verliefe. Interesselosigkeit ist uns von krankhaft lethargischen Menschen bekannt. Sie stellen einen kleinen Prozentsatz unserer Gesellschaft dar. Unsere Senioren sind nicht interesselos. Sie sind noch wach. Sie wählen sich ihren Weg des Alterns. Er verläuft bei ihnen recht unterschiedlich. Manche Menschen widmen sich ihren Hobbys. Meist hatten sie während ihrer Berufstätigkeit zu wenig Zeit für ihre Interessen und genießen es nun, unbegrenzt viel Zeit zu haben, um entspannt und ohne Ehrgeiz das zu tun, worauf sie sich jahrzehntelang gefreut haben. Sie sind mit sich und der Welt versöhnt und angenehme Mitmenschen.

Andere Senioren suchen sich neue Aufgaben. Sie sind gern mit Menschen zusammen und in einem hohen Maße aktiv. Sie fühlen sich lebendig und gebraucht und sind glückliche und verständnisvolle Mitarbeiter. Auch die weniger Engagierten, die sich für kleine Aufgaben einsetzen lassen, gelegentlich hier eine soziale Nachbarschaftshilfe und dort eine kirchliche Aktivität übernehmen, altern zufrieden.

Von einer weiteren Gruppe der Senioren haben wir inzwischen alle schon gehört, den Grauen Panthern. Als 1970 in Amerika eine Frau von 65 Jahren in Rente gehen mußte – Margaret E. Kuhn – wollte sie noch lange nicht aufhören zu arbeiten. Sie suchte sich einen neuen gesellschaftlichen Arbeitsbereich und Freundinnen, die mit ihr den Kampf gegen unverantwortliche gesellschaftliche Mißstände aufnahmen. Ihre erste gemeinsame Öffentlichkeitsarbeit sahen diese Senioren in dem Aufstand gegen den Vietnamkrieg. Es fanden sich bald viele Mitkämpfer, und weitere Arbeitsprojekte entstanden. Inzwischen gibt es die grauen Panther in vielen Ländern. Auch in Deutschland können wir stolz auf diese Gruppe und ihre großen und kleinen Aktionen sein.

Neben dieser wohl bekanntesten Seniorengruppe gibt es noch

andere, die sich zusammenschlossen und ihre Kraft und ihr Wissen für unterschiedliche Arbeiten einsetzen. Allein in Berlin gibt es zehn Projekte „Erfahrungswissen" – von der „Wissensbörse" bis zum „Erzähl-Café". In ihnen arbeiten Menschen, die noch lange nicht zum alten Eisen gehören wollen, sondern durch sinnvolle Tätigkeit und soziale Kontakte ihr Leben bereichern und sich weiterentwickeln möchten. Was hier in großem Rahmen an die Öffentlichkeit dringt, vollzieht sich ähnlich in vielen kleinen Gruppen, die sich in staatlichen oder anderen sozialen Organisationen treffen. Menschen suchen hier Kontakte. Sie wollen sich austauschen und anregen, mitgestalten und sich erfahren, helfen und Hilfe bekommen. Die alltäglichen Kleinigkeiten werden zuerst ausgetauscht, dann folgen die jeweils unterschiedlichen Aktivitäten, je nach Fähigkeit, Anspruch und Bedürfnis aller Beteiligten. Wobei das Zeit- und Umweltgeschehen nicht außer acht gelassen wird. Darüber zu berichten und sich auszutauschen, ist das Anliegen vieler Seniorengruppenleiter. So kommt Bewegung in die Köpfe und Herzen der Menschen. Inhalte, Meinungen und Ziele werden neu bedacht, und die Herausforderung zur Flexibilität wird erkannt.

Älter werden ist ein Prozeß, der bei der Geburt beginnt und erst mit dem Tode abgeschlossen sein wird. Wenn ein Mensch sich in seiner neuen Lebensphase wohlfühlen will, muß er etwas dafür tun. Zur gesunden Lebensweise gehört neben der richtigen Ernährung die körperliche und geistige Bewegung, die Pflege der sozialen Kontakte und eine bewußte Offenheit in der Wahrnehmung des Umfeldes. Hiermit kann man nicht früh genug beginnen. Eine Aktivität ist allerdings nur in dem Maße sinnvoll, in dem sie auch von Phasen der Ruhe begleitet wird. Ebenso verhält es sich mit den Kontakten und dem Alleinsein. Sind Menschen nur unterwegs, um ihre Kontakte zu pflegen, sich auszutauschen und neue Informationen aufzunehmen, und können sie mit dem Alleinsein nichts anfangen, geht ihnen allmählich ihre Widerstandskraft verloren. Sie haben sich verausgabt. Ihr Vitalitätstank ist leer. Krankheitssymptome können sich einstellen und kritische Signale senden.

Von dem Zusammenhang der körperlichen Vitalität und geistigen Aktivität sowie von einer positiven Beeinflussung durch bestimmte Signale spricht Marilyn Ferguson in ihrem Buch „Geist und Evolution". Sie ist eine der bekanntesten amerikanischen Denkerinnen der New Age Bewegung und berichtet über Ereignisse in der wissenschaftlichen und psychologischen Humanforschung. Wir erfahren, daß sich amerikanische Wissenschaftler und Laborexperimentatoren schon seit langem mit der Erfindung von Meßgeräten beschäftigen, mit denen sie herausfinden wollen, inwieweit im Menschen organische Veränderungen erreicht werden können, wenn sie äußere Signale sichtbar erfahren und sich dadurch positiv stimulieren und entspannen. Sie zitiert Ergebnisse dieser Feedback-Forschung und zeigt auf, daß bei Versuchspersonen durch das Sichtbarmachen der Vorgänge im Körper Freude erzeugt wurde, die bei den betreffenden Menschen zu positiver Beeinflussung geführt hat. Z. B. Freude über ein Spiel bewirkte schnelleres Erlernen weiterer Spiele. Freude über eigene positiv beeinflußte Heilungsprozesse bewirkte vermehrte Heilung (Migräne, Krebs).

Viele kennen die Freude über die sichtbar abgenommenen Pfunde des Körpergewichts, über das veränderte Wohlbefinden und Aussehen nach dem Beginn einer verantwortungsvollen Ernährung. Freude über die bewältigten Probleme mit Menschen, Süchten und Abhängigkeiten. Freude über neu dazugewonnene Menschen und Fähigkeiten; über die endlich begriffenen Erkenntnisse, die uns zur Weiterentwicklung verhelfen. Diese und viele mehr lösen in uns eine positive Stimulanz aus, die in uns neuen Mut und neue Stärke wachsen läßt und uns zur nächstgrößeren Aufgabe befähigt.

In der spielerischen Tätigkeit liegen die besten Voraussetzungen für eine positive Entwicklung bis ins hohe Alter. Das Spiel weckt den Menschen auf, es regt ihn an, es schafft eine Basis zur gemeinsamen Kreativität, die Freude aufkommen läßt. Das Spiel ist immer eine Aktion, der eine spürbare Reaktion folgt. Ein Kreislauf wird in Gang gesetzt, der zur Erweiterung der gesamten Wahrnehmung, auch der Gefühle, führt. Wer nicht spielt, lebt ein erlebnisärmeres Leben.

Ältere Menschen pflegen zuweilen Spiel und Ernst gegenüberzustellen, so wie auch Spaß und Arbeit für sie Gegensätze sind. Sie verbinden mit dem Wort Spiel Gedanken an kindische Spielereien und alberne, verrückte Ideen, die mit Beginn des Erwachsenenalters nicht mehr aufkommen und erst recht nicht zugelassen werden dürfen. Kinder sind Kinder und haben eben noch nicht den reifen Verstand von Erwachsenen, darum tolerieren oder verzeihen sie ihnen so manche unpassende Narretei und so manchen verzapften Unfug, obwohl er gelegentlich hochgradig kreativ und intelligent ist. Ältere Menschen sind mit dieser Meinung erzogen worden und denken zeitweise daran, wenn sie zum Spiel aufgefordert werden. Der heilige Thomas von Aquin sagte einmal: „Der wahrhaft Weise muß ab und zu die gespannte Schärfe seines Geistes lockern – und eben das geschieht durch spielerisches Tun und Reden.“

Wer diese Entdeckung bei sich und anderen einmal gemacht hat, wird sich immer mehr danach sehnen; denn das Spielen befreit von Sorgen und Streß, läßt Krankheiten vergessen und schafft eine tiefe, belebende Empfindung, nach der man „süchtig“ werden kann und werden darf.

Lebenssituation älterer Menschen

Jeder Mensch macht in unregelmäßigen Abständen – besonders in Krisensituationen – die Erfahrung, daß seine Fähigkeiten begrenzt sind. Ist der Mensch jung, gesund und dynamisch, kommt er schnell darüber hinweg. Er findet Alternativen, steckt sich neue Ziele und geht mit frischem Elan weiter.

Hat der Mensch die Lebensmitte überschritten und den allmählichen Abbau der Vitalität, vielleicht in seinem körperlichen, geistigen oder emotionalen Bereich, erkannt, ist jede Krise mit einem traurigen Blick nach hinten verbunden. Die unumgänglichen Endlichkeiten der Natur werden ihm bewußt.

Vom ersten Lebensjahr gehen wir dem Ende entgegen. Doch da der Anfang von ständigem Wachsen, Zunehmen, Aufbauen, Ausbreiten und Genießen ausgefüllt ist, bleibt uns kaum Zeit – so meinen wir – zum Stillstehen, Betrachten, Überdenken und bewußten Ausrichten. Oft sind wir mit dem Strom geschwommen, haben uns manipulieren lassen und zu wenig an unsere innere Harmonie gedacht. Nun gibt eine Krise uns die Chance, die Ereignisse zu überdenken. Dies ist manchmal nicht einfach, weil ein Geflecht von Zusammenhängen uns zu traurigen Erfahrungen führte. Auch Schicksalsschläge können uns treffen, für die wir keine Erklärung finden, und deren Akzeptanz wir in einem mühevollen Prozeß erst erlernen müssen; denn sie bedeuten Veränderung.

Menschen, die sich in ihrem Leben interessiert, offen und flexibel verhielten, werden eine Krise besser bewältigen als Menschen, die eingeengt und starr ihren Weg gingen. Die offenen Menschen leben in einer Beweglichkeit, in einem ständigen Training, so daß ihnen eine Veränderung leichter fällt als jenen, die ihre festen Richtlinien und Prinzipien haben, die sie ihr Leben nicht verändern läßt. Festhalten ist leichter als loslassen, eine Bindung angenehmer als eine Trennung. Aber wenn wir etwas Neues erforschen und erleben wollen, müssen wir das Alte loslassen, auch manchmal Tätigkeiten, Bindungen und Besitz.

Da wohl keiner von uns in einem bestimmten Alter und mit seinen bis dahin gemachten Erfahrungen stehenbleiben möchte, ist uns die unaufhaltsame Veränderung vorgegeben. Enge, Starrheit, Mauern und Grenzen sind für eine Weiterentwicklung hinderlich.

Das Loslassen muß erlernt werden. Unser Leben gibt uns ständig dazu Gelegenheit. Der Tod ist das Ende der Chance.

Unsere ältere Generation hat schon mehrfach in ihrem Leben das Loslassen praktizieren müssen. Ein oder zwei Weltkriege haben diese Menschen erlebt und geliebte Angehörige, ihr Zuhause, die Existenz, den inneren und äußeren Frieden verloren. Es gab für sie eine lange Zeit, in der die Befriedigung der menschlichen Grundbedürfnisse das Wichtigste war. Doch auch diese schwere Zeit ging zu Ende. Durch den Wiederaufbau, die Entwicklung der Industrie und die damit verbundene Erschaffung neuer Arbeitsplätze veränderte sich das äußere und innere Umfeld der Menschen. Geld wurde verdient, und neue Anschaffungen konnten getätigt werden. So allmählich entwickelte sich das Wirtschaftswunder und damit eine neue Lebensqualität. Mehr als fünfundvierzig Jahre sind seitdem vergangen. Der Mensch hat viel entdeckt, entwickelt und produziert. Immer wieder kommen neue Artikel auf den Markt, die die alten verdrängen. Doch wo läßt man sie?

Der ältere Mensch ist ein Teil unserer Gesellschaft. Er gehört jedoch nicht zu den großen Produzenten der Umweltprobleme. Für ihn ist nicht der Besitz das Wichtigste, sondern die Gesundheit und Akzeptanz. Ältere Menschen möchten oft an Altem, Gewohntem und Vertrautem festhalten. Sie möchten in ihrer Wohnung wohnen bleiben, die Möbel nicht erneuern und ihren Stellplatz nicht verändern. Der Tages-, Wochen- und Jahresablauf soll vertraut sein. Und der gewohnte Lebensrhythmus sollte nicht durch allzu große Einbrüche erschüttert werden.

Jeder von uns hat seine geliebten Gewohnheiten. Auch wenn sie uns und den anderen manchmal einengen. Wir brauchen sie; denn ohne eine gewisse Gewohnheit und Anpassung kann sich keine Ruhe und Vertrautheit bilden. Auch wenn uns gewisse Verhaltensweisen des anderen manchmal stören.

Bei meiner Arbeit mit jungen und alten Menschen entwickeln sich so manche Sprechszenen und Rollenspiele über die Konflikte unter den Generationen. Unverständnis wird laut. Starrheit und Leichtsinn sind die Spitzen des Eisberges. Die älteren Menschen verstehen sich als ruhig und besonnen Handelnde, die jungen Menschen sehen sich als aufgeschlossen und realistisch Denkende, die nicht die gleichen Fehler machen wollen wie ihre Eltern und Großeltern. Dies ist und bleibt Inhalt der Diskrepanz unter den Generationen.

Unsere Senioren haben in ihrem Leben bewiesen, daß sie Verantwortung tragen können. Sie haben ihre Schicksalsschläge hingenommen und sie mit ihrer individuell unterschiedlichen Fähigkeit an Energie, Entschlossenheit und Stärke bewältigt. Sie haben vieles verloren, aber auch Erhebliches dazugewonnen. Sie haben ihre Versäumnisse und Schwächen bewiesen und ihre Fehler gemacht. Für die heutige Generation sind es andere Fehlentscheidungen und Fehlentwicklungen, die wir zu verantworten haben, und die die folgende Generation vermehrt zu spüren bekommen wird.

Wenn wir sensibel die Zusammenhänge zwischen Mensch und Natur wahrnehmen, sehen wir die zunehmende Veränderung im gesamten Kosmos. Wer zusieht, wie sich die Vernichtung und Zerstörung weiter ausbreitet und das menschliche Miteinander immer mehr an Wert und Qualität verliert, wird sich bald mit Fragen, Anklagen und Schuldzuweisungen auseinanderzusetzen haben, wie es jede alte und neue Generation tun muß.

Die Entwicklungsaufgaben unserer älteren Generation bestanden hauptsächlich darin, die Schule zu absolvieren, eine Lehre zu machen und sich nach abgelegten Prüfungen in einer festen Anstellung zu bewähren. Männer bekamen noch weitere Entwicklungschancen durch anspruchsvollere Aufstiegsmöglichkeiten und Universitätsstudien. Frauen brauchte man im Haushalt und in pflegerischen Berufen. So reichte ihr Wissen und ihre Erfahrung aus für das ganze Leben. Manche Senioren haben diese Meinung so verinnerlicht, daß sie das Rentenalter als Ruhealter erfahren wollen, weil sie in ihrem Leben schon genug gearbeitet haben, so jedenfalls formulieren sie es gelegentlich: „Das Bißchen, was wir noch am Leben haben, wollen wir in Ruhe genießen." Sie wissen nicht, daß ein Genuß nur aus dem ständigen Lernen und der fortlaufenden Entwicklung durch die Bewältigung neuer Aufgaben kommt.

Schon des öfteren habe ich beim Spielen mit Senioren eine Ablehnung zu lernen festgestellt. Inzwischen weiß ich diese Meinung unterschiedlich einzuschätzen. Sie entspringt häufig einer Stimmung und ist keine absolute Überzeugung oder durchgängige Meinung; denn diese Senioren stellen sich immer wieder den neuen Lernaufgaben, z. B. in der vereinfachten Haushaltsführung, im Gesundheitsbereich, bei der Ernährung und den freizeitkulturellen

Angeboten. Im Spiel erlebe ich, wie gut sie noch lernen können. Sie zeigen es mir durch ihre rege Beteiligung bei allen für sie neuen Spielen. Wenn ich ihnen diesen Beweis aufzeige, reagieren sie meist mit einem verschämten, stolzen Schmunzeln. Dies ist für mich ein Signal, meine spielerische Herausforderung eher zu verstärken als zu senken; denn das kurze Gespräch hat sie erneut motiviert, mir zu zeigen, was sie noch können und wozu sie noch fähig sind.

In der Gerontologie (Alternsforschung) haben Soziologen und andere Wissenschaftler in empirischen Studien eine vermehrte Lernfähigkeit bei den Senioren festgestellt, die eine höhere Erwartung an ihre Lernbereitschaft haben. Senioren mit geringem Selbstvertrauen bewiesen eine mindere Fähigkeit und Bereitschaft zum Lernen. Ein vermehrtes Bedürfnis am Lernen fiel besonders da auf, wo es um die Sache selbst ging, die Spaß macht und spielerisch-mußeorientiert ist. Die Gerontagogik (Altenbildung) spricht von notwendigen Bildungshilfen, die gerade jetzt besonders wichtig sind für Menschen, die eine geringere Schul- und Berufsausbildung haben. Ihr Interesse muß neu geweckt werden. Das Medium Spiel eignet sich zur Öffnung der Menschen besonders gut, weil es in Muße, Entspannung und Spaß spürbar erlebt wird und nachhaltige, positive Erfahrungen, Werte und Erinnerungen im Menschen zurückläßt. Jeder Mensch hat in seinem Leben gewisse Entwicklungsstufen. Für die wenigsten Stufen ist er vorbereitet. Familie und Gesellschaft, der Staat und er selbst zeigen Versäumnisse auf. Wir leben stark im hier und heute und denken wenig an morgen. So kommt es zur Midlife-Crisis, zur fehlenden Akzeptanz des Alters und des damit verbundenen Abbaus der körperlichen und geistigen Kräfte. Wir spüren es stark in unserer berufs- und leistungsbezogenen Gesellschaft. Wer sich nicht selbst für seine dritte Lebensstufe vorbereitet hat, kann sich und anderen zur starken Belastung werden.

Das Ausscheiden aus dem Berufsleben bringt für viele entscheidende Veränderungen mit sich. Der Berufsstatus mit seinen Verantwortungen und Kontakten, die oft ins Private hineingingen, erlischt, man ist nicht mehr die oder der Mitarbeiter(in), sondern nur noch Frau oder Herr sowieso, Rentner(in) oder Pensionär(in), es sei denn, man hat sich rechtzeitig für seine lang vorauszusehende Veränderung vorbereitet und sieht keinen Verlust in dem Beginn der neuen Lebensphase, sondern einen Gewinn. Man sieht sich nach neuen, interessanten Lebensinhalten um, die nun nicht mehr fremdbestimmt sind, sondern das eigene Interesse zum Inhalt haben. Die gewonnene Zeit und die Energien kann man jetzt zur Förderung besonderer Begabungen und interessanter Schwerpunkte einsetzen und sich von der Freude an der Sache leiten lassen. Welch eine Aussicht! Es bieten sich Chancen der Mitarbeit in allen sozialen, politischen, kirchlichen und anders orientierten Gremien, Verbänden und Aktionsgruppen. Überall werden erfahrene, verantwortungsbewußte und hilfreiche Senioren gebraucht. Unsere Gesellschaft kann ohne sie nicht mehr auskommen. Doch wie sehen und empfinden sich die Senioren, die diese Bereiche der neuen Tätigkeit nicht wahrnehmen? Mit dem Beginn des „Ruhestandes“ erleben diese Senioren sich an den Rand der Gesellschaft gedrängt, als Isolierte und Ausgegrenzte, die nicht mehr gebraucht werden. Das zeigt uns, wie stark berufsorientiert sie lebten und wie wenig lebendige Kontakte sie zu anderen Menschen und Bereichen hatten.

Ähnliche Empfindungen werden gelegentlich auch von Frauen geäußert, die mit Leib und Seele Hausfrau und Mutter waren, und nach dem Weggang ihres letzten Kindes eine Leere in sich und ihrer Wohnung spüren, die sie nicht zu füllen wissen, und somit unter Langeweile und Passivität leiden. Auch für sie gibt es Angebote zur weiteren Aktivität und Entwicklung.

Zu den kalkulierbaren und vorauszusehenden Lebenssituationen kommen noch die individuell schicksalsbedingten Ereignisse, die im Seniorenalter zunehmen. Dies kann durch den überraschenden Tod des Lebenspartners oder eines Kindes geschehen, durch das Erleiden eines Unfalls oder einer unheilbaren Krankheit hervorgerufen werden. Auch durch wirtschaftlich-finanzielle Notlagen, wachsende Gebrechlichkeit und Einweisung ins Alten- oder Pflegeheim.

Diese Krisen – im chinesischen bedeutet Krise: Chance – erschüttern die Basis des Menschen, fordern ihn zum Überdenken des Vergangenen heraus und veranlassen ihn, sich um eine Neuorientierung zu bemühen, sowie die neue Lebenssituation in der Akzeptanz zu leben. Dazu brauchen die Senioren einen starken Willen und die Bereitschaft zum Lernen. Bisher glaubte man, die Lern- und Leistungsfähigkeit des Menschen würde nach dem erreichten Höhepunkt im Erwachsenenalter wieder abnehmen. Durch Untersuchungen bei älteren Menschen belegten Forscher diese Hypothese. Inzwischen wurden neue Untersuchungen nach differenzierten Konzepten gemacht, die die ersten Ergebnisse relativierten und korrigierten. Nun weiß man, daß die Reaktionsfähigkeit und Kombinationsfähigkeit im Alter nachläßt, aber die Intelligenz- und Lernstrukturen sich adäquat weiterentwickeln, wobei die Begabung, Schulbildung, berufliche Tätigkeit und alle personen- und altersbedingten Motivationen ihren Einfluß ausüben. Franziska Stengel, Gerontologin in der Schweiz, meint dazu, daß die Gehirnzellen, die wie alle anderen Zellen im Laufe des Lebens abnehmen, sich durch gezielte Anregung und Übung zu neuen Verbindungen zusammenschließen können. Und dieser Zusammenschluß, der durch Training ständig möglich ist, unterliegt damit keiner Altersbegrenzung. Unsere Haut, unsere Organe, Muskeln und Knochen altern, werden spannungsloser, verbrauchter, steifer; doch das Gedächtnis kann zunehmen.

Einen Besuch bei einer 92jährigen Frau in einem Altenheim vergesse ich nicht. Sie lebte schon seit längerer Zeit mit starken Einschränkungen ihrer Sehfähigkeit und ihrer Beweglichkeit. Für ihre alltäglichen Lebensbereiche brauchte sie die Hilfe anderer Menschen. Ihre Kraft, Energie und Vitalität hatten stark abgenommen, doch im Geist blieb sie rege. Wir sprachen über ihre Reisen, ihre Familie und das Leben im Heim. Ihre Äußerungen waren vielseitig und verständnisvoll. Stöhnen, Trauer und Schmerz hatten in ihrem Leben noch keinen Raum gefunden. Als ich ihr bei der Verabschiedung meine Bewunderung aussprach, sagte sie: „Ich beteilige mich rege an dem, was um mich herum passiert. Mein Interesse gilt den Menschen, Reisen und Geschäften. Ich sage nie, daß ich alt bin. Wer vom Alter spricht, hat Angst. Er läßt sich einschüchtern und bedauern und läßt sich auch bald gehen. Ich ziehe mich noch nicht zurück, sondern setze mich auseinander. Das ist wichtig für Menschen aus einer anderen Zeit.“

Viele ältere Menschen wollen die Gestaltung ihres Lebens noch in die Hand nehmen. Sie suchen den Kontakt und die Aktivität mit Gleichgesinnten. Bei ihnen steht keine kulturelle, sportliche oder politische Betätigung im Vordergrund, sondern das Bedürfnis nach Zusammengehörigkeit, Austausch und Anregung. Den Ort dafür suchen sie gern in ihrer Nachbarschaft, damit sie ihn durch einen Fußweg oder eine kurze Busfahrt erreichen können. Längere Bahn- und Busfahrten möchten viele nur noch in Ausnahmesituationen unternehmen. Das Umsteigen und Warten an den Haltestellen fällt ihnen schwer. Wenn eine Pflicht, Verantwortung oder Besonderheit sie dazu herausfordert, nehmen sie diese Umstände auf sich.

Neben den ortsgebundenen älteren Menschen gibt es andere Teilnehmer, die neben dieser nachmittäglichen Aktion auch noch andere Unternehmungen und Begegnungen pflegen. Sie besuchen verschiedene Gruppen, haben Einzelkontakte, besuchen manchmal eine Theaterveranstaltung oder Vortragsreihe, gemeinsam mit einer Tochter, Freundin oder Bekannten.

Daneben gibt es Menschen in Gruppen, für die der eine Nachmittag mit den Senioren der einzige ist, an dem sie etwas unternehmen können, da sie nur einmal in der Woche von einer Sozialpflegerin oder einem Behindertentaxi (Telebus) gebracht und abgeholt werden.

Manche Senioren treffen sich auch an mehreren oder allen Wochentagen in Freizeithäusern oder Clubs. Sie sind oft Mitglieder dieser Einrichtungen, zahlen einen kleinen Beitrag monatlich und nehmen dann ohne weitere Kosten an den dort gebotenen Veranstaltungen teil. Sie kommen unter Menschen, können sich austauschen und erleben eine körperliche, geistige und emotionale Anregung, die noch lange nachwirkt, da sie in einer lockeren, entspannten Situation erfahren wurde.

Senioren als Spieler und Mitspieler

Beim Spielen mit älteren Menschen fällt mir immer wieder auf, welch umfangreichen Erlebnisschatz sie haben. Ihre verschiedenen Krisen und Lebensstufen haben diese Menschen bereichert. Sie gewannen Erkenntnisse, Einsichten und lebenswichtige Erfahrungen, die sie formten und zu Eltern, Großeltern und Urgroßeltern reifen ließen. Welch eine Fülle von erlebten Gefühlen und erworbenen Lebenskünsten liegt in ihnen.

Sie begegnen uns überall. Es sind Menschen wie Du und ich. Sie sind ein Teil der Gesellschaft und tragen dazu bei, daß wir unser Leben bunter, vielfältiger und reicher erfahren. Und doch sind es manchmal Außenseiter. Sie werden an den Rand gedrängt, weil sie die gesellschaftlichen Normen nicht mehr erfüllen. Man schiebt sie ab und grenzt sie aus. Immer mehr Menschen müssen mit einem Betrag auskommen, der unter dem Existenzminimum liegt, wo doch unser Staat zu den reichsten der Welt gehört.

In unserer Gesellschaft hat sich das Bild des alten Menschen geändert. Früher blieben die Senioren in der Großfamilie. Sie wurden gebraucht. Jung und alt war füreinander da; man versorgte und pflegte sich untereinander. Heute, wo jeder den Drang nach Selbständigkeit und Unabhängigkeit hat, und zudem die Lebenserwartung stark gestiegen ist, möchte jeder seine Freiheit haben. In einer Ellenbogen-Gesellschaft fällt es dem alten Menschen schwer, sich angemessen durchzusetzen. Er hat es nicht gelernt, ist oft hilflos und machtlos. Wie laut müßte er schreien, bis Menschen, die in einer Industriegesellschaft leben, von Produkten und Konsum gefangen sind, ihn hörten. In einem Rollenspiel äußerte sich eine Teilnehmerin mit folgenden Worten: „Wenn die Jungen uns ständig sagen, wie alt, nutzlos und verbraucht wir sind, und uns fortwährend herablassend behandeln, als wären wir ein Nichts, dann glauben wir es eines Tages auch und verhalten uns so.“ Darauf meinte eine Mitspielerin, daß manche ältere Menschen selbst zu diesem Meinungsbild beitragen, indem sie ihre Eigenverantwortung viel zu früh aus der Hand geben durch Äußerungen wie z.B.: „Das verstehe ich nicht mehr; das kann ich nicht mehr; das mag ich nicht, dafür bin ich schon zu alt.“ Diese Hilflosigkeit ist oft ein Zeichen von Zuwendungsmangel. Manche älteren Menschen könnten noch so einiges leisten, wenn sie sich nicht so gehen lassen würden.

Hier müssen wir uns fragen, welche Inhalte und Werte unser Interesse am Menschen bestimmen und wo unsere Orientierungsmerkmale liegen. Wie empfindet sich der ältere und alte Mensch – ein Spieler und Mitspieler in unserer Gruppe – wenn er zu den Menschen gehört, die ihren körperlichen und geistigen Abbau wahrnehmen, ihn aufhalten wollen, aber nur noch geringe Chancen dafür in sich spüren? Wenn er diverse Schwierigkeiten mit der Akzeptanz der Veränderung hat, der Veränderung in sich und der Veränderung der Mitmenschen und des Umfeldes? Wenn er keine Kraft mehr in sich spürt, um die Herausforderung zur erneuten Entwicklung und Anpassung zu bewältigen, zu den Schwächsten unserer Gesellschaft gehört und die Unterlegenheit als vorprogrammierte Tatsache erlebt? Er fühlt sich oft wertlos, zum alten Eisen gestempelt und besonders von den jüngeren Leuten verdrängt.

Jedoch beim Spiel erlebt sich ein Senior in einer Gemeinschaft von Betroffenen. Er kann seine Meinungen und Erfahrungen laut und verständlich der Gruppe oder leise seinem Mitspieler gegenüber äußern. Er findet Zuhörer und Leidensgenossen, die Erfreuliches und Ernstes, Lustiges und Schmerzhaftes mit ihm teilen. Alltägliches und Ungewöhnliches kann im Spiel ausgesprochen und spontan oder gelenkt Begründungen und Klärungen erhalten.

In jeder Gruppe gibt es Mitspieler, die andere Spieler oder Spielregeln nicht verstehen. Darum murmeln und blubbern sie manchmal, weil die begrenzten Fähigkeiten ihnen ab und an Schwierigkeiten machen. Sie wollen die Menschen und Situationen verändern und bemerken kaum ihre aussichtslose Lage. Diese Gegebenheit zeigt sich auch in Schwierigkeiten, die Senioren mit jungen Menschen haben, die sie als rücksichtslos und verständnislos empfinden, weil sie ihnen nicht die gewünschte Beachtung und den erwarteten Respekt entgegenbringen.

So manches Mal sehen die Spieler und Mitspieler in den Spielinhalten und Regeln eine Gelegenheit, ihre Enttäuschung und ihren Ärger über Unverständliches zum Ausdruck zu bringen. Dann nutzen sie die Spiele als Ventil, um ihren Unmut und Ärger über Empfindungen und Erfahrungen herauszulassen. In einer Gruppe können ganze Berge von Unverstandenem entstehen, die die Gemüter erhitzen und die Gruppe in Pro- und Contra-Meinungsträger spalten. Solche Entladung ist zuweilen hart und schmerzlich, doch sie entspannt das Klima und bringt wieder Ruhe und Frieden in die Gruppe, eine erneute Aufmerksamkeit und ein freundliches Miteinanderumgehen. Die Spieler sind sich ein Stückchen näher gekommen und können durch weitere Spiele zunehmend sensibilisiert werden. So lernen sie allmählich ihre Stärken und Schwächen zu begreifen. Die Vitalen, jung Gebliebenen und die mehrfach Behinderten erkennen ihre glänzenden Fähigkeiten und ihre schmerzlichen Begrenzungen. Das Spiel öffnet und verbindet sie. Sie gewinnen Einsicht und Verständnis, regen sich gern an, auch manchmal gern auf und fühlen sich akzeptiert und geschätzt, auch wenn der eine oder andere gelegentlich nur Ablenkung und Unterhaltung sucht. Solche Situationen und Stimmungslagen kennt jeder Mensch. Der Spielpädagoge wird sie erfassen, wenn er mit „Leib und Seele" seine Spieler und Mitspieler individuell wahrnimmt. Er wird herausfinden, welche Spielinhalte und Gespräche für den einzelnen und für die Gruppe förderlich sind, d.h. die geistigen und körperlichen Kräfte anregen und stärken.

Sicherlich ist es leichter, Kinder zu begeistern und zu bewegen. Sie sind spontan, offen und bewegungsfreudig. Typische Rollenverhalten haben sie erst in begrenztem Maße angenommen. So können wir noch leicht ihre Absichten durchschauen und ohne große Umwege auf sie zugehen. Anders ist es bei den Erwachsenen. Ihre Mitteilungen, ihre Gesprächsinhalte und schweigenden Verhaltensweisen stehen nicht immer im Einklang mit ihren wirklichen Gedanken und ihrem Handeln. Ihre sprachlichen Äußerungen, ihre Mimik und Gestik in den zwischenmenschlichen Beziehungen weisen auf vielschichtige Verhaltensmuster hin, die mehrdeutig sind. Im Umgang mit manchen Menschen könnten wir einen Katalog zur Verhaltensinterpretation gebrauchen. Sie verhalten sich ständig rätselhaft und geben uns immer neue Fragen auf.

Wobei ein Spielpädagoge bei seiner Arbeit andere Erfahrungen machen kann. Hier, wo sich jeder Spieler mit „Körper, Geist und Seele" einbringt, liegen die Gedanken, Bedürfnisse und Einschränkungen offener. Das Innere kehrt sich nach außen. Stärken und

Fähigkeiten, gesellschaftliche und soziale Hintergründe treten hervor.

Frau F. lernte ich in einer zweiten Gruppenstunde kennen. Als ich sie während des Spiels zu einer kleinen Aktion herausforderte, zierte sie sich. Ich merkte, daß das schon ihr Spiel war und spielte mit. Ich warb um sie und bat sie erneut, diese kleine Aktion zu übernehmen. Sie tat es. Und so half ich ihr, die letzten Hemmungen zu überwinden. Seitdem ist sie eine eifrige Mitspielerin und bringt manche Einfälle und Pointen, die zur Bereicherung und Belustigung des Nachmittags beitragen.

Solche Situationen, in denen Menschen eine zweite oder dritte Herausforderung zur Aktion brauchen, kennen wir sicherlich alle. Wie in allen anderen Bereichen, so haben Menschen auch im Spiel Hemmungen und Schwellenängste und können diese aus irgendwelchen Gründen noch nicht allein überwinden. Sie brauchen einen Menschen, der sie an die Hand nimmt und mit ihnen den ersten Schritt geht.

Bei meinem ersten Spielnachmittag in einer Neuköllner Gruppe erlebte ich Frau S. Sie saß in unserem Kreis, hatte an der Stuhllehne ihren Stock hängen und verfolgte aufmerksam das Spiel. Als sie an die Reihe kam, weigerte sie sich mitzuspielen. Bei jedem weiteren Spiel rutschte sie mit ihrem Stuhl nach hinten und signalisierte mir, da mache ich nicht mit. Als es dem Ende des Spielnachmittags zuging, zeigte sie keine Reaktion mehr. Sie blieb ruhig sitzen, wandte sich den Spielenden zu, schaute jedoch nicht richtig hin. Dann stand sie plötzlich auf, nahm ihren Stock und ging hinaus. Was nun, dachte ich. Als sie wieder in den Raum kam und sich setzte, war unsere letzte Spielerin gerade fertig geworden. Ich fragte Frau S. freundlich, ob sie dieses Spiel ausprobieren möchte. Darauf antwortete sie: „Nein, aber . . .“ und machte eine Pause. Ich fragte: „Ja, oder haben sie noch eine andere Idee?“ Darauf entgegnete sie: „Ich kann ihnen ja mal das Lied von Erich Kästner vortragen.“ Ich war überrascht und hocherfreut zugleich. Nach meinen Worten voller Begeisterung stand sie auf, stellte sich aufrecht in Pose – einen Stock brauchte sie nicht – und begann.

Das Spiel ist ein Weg, um die Senioren aus ihrem zuweilen recht eintönigen Alltag herauszuholen, sie neu anzuregen und zu fördern, damit sie sich an ihren Fähigkeiten erfreuen, gemeinsam wohlfühlen, Spaß haben und lachen.

Ihr letzter Lebensabschnitt ist schon stark geprägt von „Endlichkeiten“. Sie sind das schwächste Glied unserer Gesellschaft und werden immer mehr abgeschoben. Ihr Selbstwertgefühl sinkt und ihre Lebenserwartung wird mit jedem Tag geringer. Somit kann das Spiel Phantasie und Kreativität stärken, die Wahrnehmung beleben, unseren geistigen und körperlichen Bewegungsapparat mobilisieren.

Im Laufe eines Lebens haben Menschen immer wieder Krisen. Wenn ein Mensch sie überwunden hat, wird sich eine ruhige Stabilität und erfüllte Zufriedenheit entwickeln, die den Menschen zur Mitte seines Lebensinhaltes, zum Ziel, zur Vollendung führen kann. Dabei kann die körperliche Vitalität abnehmen, der Geist aber einen Schritt zur Bewußtseinserweiterung machen.

Der Lebensweg jedes einzelnen Spielers und Mitspielers in einer Gruppe hat sich bis zum Zeitpunkt der Betrachtung recht unterschiedlich gestaltet. Auch wenn einige Schicksalsphasen vielleicht gleich waren, sind sie doch voneinander abweichend wahrgenommen und verarbeitet worden und haben so zu einer differenzierten Erkenntnis und Prägung des Menschen geführt. So bedenkt jeder Mensch sein Leben nach seinen Gesichtspunkten und hat ein Selbstverständnis, das sich in einigen Bereichen mit dem der anderen deckt, in vielen Dimensionen aber auseinandergeht. Diese Vielschichtigkeit führt zu Anregung, Spannung und Auseinandersetzung innerhalb der Gruppe und trägt zur Klärung mancher Fragen bei. Die gelegentliche Entdeckung eines Entwicklungsdefizites gehört dazu und kann manchmal aufgeholt werden. Diese Erfahrung können wir „spielend" machen. Sie kann uns berühren, ergreifen und zum verständnisvollen, lebendigen Miteinander führen, die Sensibilität der Spieler anregen und zum positiven Geben und Nehmen beitragen.

Und so geschieht es auch an jedem Spielnachmittag. Als einzelne kommen die Senioren manchmal mit ernstem Gesicht zum Seniorentreff, sitzen zu Beginn am Tisch und reden über dieses und jenes mit trauriger Miene. Und ich denke dann so manches Mal bei mir, werden sie es schaffen, ihre alltäglichen oder auch viel größeren Sorgen für einige Stunden zu vergessen? Und ich erlebe, wie sie sich öffnen und ihre Sinne mobilisieren für neue Erfahrungen.

Bedeutung des Spiels in der Seniorenarbeit

Zufall und Regel sind die Elemente des Spiels. Die bekannteste Form ist das Glücksspiel. Es stellt reizvolle Gewinne in Aussicht und entfacht ein Spielfeuer im Menschen, das sich bis zur Kontrolllosigkeit verbreiten kann. Der Mensch hofft auf den seltenen großen Zufall. – Wir kennen auch Pechspiele, wie z.B. Würfel- und Kartenspiele, die Mitspieler kurz vor dem Erreichen des Ziels zum Verlierer machen. Durch Übung und Raffinesse kann sich ein Spieler dahingehend entwickeln, daß er meistens siegt.

Wie im Leben, so soll es auch im Spiel um Werte, Leistungen und besondere Fähigkeiten gehen. Gegenpole sollen aufeinanderstoßen und Konkurrenzkämpfe ausgetragen werden. So soll auch ein Kind beizeiten lernen, worauf es im Leben ankommt. Jeder von uns kennt diese Formulierung. Die dahinterstehende Haltung hat der eine oder andere von uns in seinem Leben vielleicht schon zu spüren bekommen. Sie hat ihm die Freude am Spiel genommen.

Bei unseren Spielen geht es nicht um Sieger und Verlierer, um zufriedene und unzufriedene Mitspieler, um Gescheite und Dumme, um Intelligenz, Beweise und Kinderkram.

Das Spiel gibt allen Menschen, ob jung oder alt, die gleiche Chance, in ihrer Freizeit ihre Sinne gemeinsam zu mobilisieren, sich zu äußern, mitzuteilen und sich in allen vorhandenen Fähigkeiten zu entwickeln. Im Spiel steckt Bewegung, geistige und körperliche Auseinandersetzung mit der Umwelt. Jedes Spiel hat eine oder mehrere Regeln und kann durch andere Regeln ergänzt und verändert werden. Es birgt in sich Lebendigkeit, die nie endet. Und gerade diese Lebendigkeit, die spürbar von jedem aktiven Spieler erlebt und erfahren wird, ist es, die uns bewegt und motiviert, auch mit Senioren zu spielen. Immer noch zu wenig Menschen wissen von den wunderbaren Erlebnissen und umfangreichen Fähigkeiten, die sich die Menschen erspielen können. In einer geselligen Form, die Wärme, Geborgenheit und Ruhe als Grundlage hat, erhält jeder Spieler die beste Voraussetzung, sich dem Spiel hinzugeben.

Der Spielpädagoge hat sich für ein Programm vorbereitet. Er weiß von der Unterschiedlichkeit der Teilnehmer und der Gruppe. Jeder ist eine selbständige Persönlichkeit mit Tiefen und Höhen im körperlichen, geistigen und seelischen Bereich. In der Gruppe ebenso wie im Spiel wird jeder Teilnehmer als Ganzes gesehen und kann sich auch als Ganzes wahrnehmen. Für jeden Teilnehmer wird nach und nach sichtbar und vielleicht auch spürbar, mit welchen Gedanken, Einstellungen, Bedürfnissen und Schwierigkeiten der Einzelne lebt. Die Animation zum Mitspiel gibt jedem die Möglichkeit, sich auf seine Art zu öffnen.

Jeder Senior wird von der Gruppe getragen und geschützt. Er wird so angenommen, wie er ist.

Dies schreibt sich leicht; was dahintersteht, ist gelegentlich recht schwer: Einzelne Senioren, sowie auch jüngere oder ganz junge Menschen, sind zuweilen recht eigensinnig, dominant und zänkisch. Nur mit Einfühlungsvermögen und bewußter Führung kann der Spielleiter problematische Situationen angehen und aufarbeiten. Die Teilnehmer werden ihm dabei helfen. Für besondere individuelle Hilfe wird er Anregungen geben und die Eigeninitiative zur Veränderung ansprechen.

Zur pädagogischen Didaktik gehört auch die persönliche Ansprache. Die Senioren erleben durch die Ansprache mit ihrem Namen eine verstärkte Herausforderung und das Gefühl dabeizusein, als Teilnehmer und Mitgestalter eines Spielnachmittages. Als solche sind sie auch in die Spielaktion miteinzubeziehen.

Ganz besondere Aufmerksamkeit ist notwendig für Menschen mit größeren Einschränkungen in ihren Sinnesbereichen. Da sie schon vermehrt eine Zurücknahme ihrer Persönlichkeit verinnerlicht haben, fallen sie uns weniger auf. Wir denken bei unserer Planung an sie und haben in der Spielaktion kleine Aufgaben für sie parat. Sehr oft erlebe ich, daß behinderte ältere Menschen mehr können, als sie sich zutrauen, wenn wir uns ihnen mit einer positiven Herausforderung nähern. Auch die noch gesunden oder relativ gesunden Senioren helfen den Schwächeren gern.

Spieltheoretische Grundlagen

Welche Möglichkeiten bietet uns das Spiel? Das Reizvolle am Spiel ist sein Bezug zur Wirklichkeit. Das Spiel äußert sich in Tätigkeiten, die aus Freude an ihrem Inhalt durchgeführt werden. Die Menschen erleben ein entspanntes Zusammensein untereinander, das sie stärkt. Gemeinsam sprechen sie ihre Spielregeln ab und wissen, daß diese Grundlage eingehalten werden sollte, wenn der Spielverlauf für jeden Mitspieler durchschaubar sein soll.

Jeder einzelne hat die Chance, den Spielprozeß durch seine Beteiligung mitzugestalten. Er kennt die Spielabsicht und die Regel, nicht aber den Spielausgang. Er ist immer offen und zeigt den umfangreichen Komplex der menschlichen Verhaltensmöglichkeiten. Dabei sehen wir Ähnlichkeiten und Andersartigkeiten, lernen sie kennen und stehen ihnen gegenüber. Unser Körper und unser Geist werden angeregt und empfangen Signale durch die Kontakte der Mitspieler. Wir werden zur spontanen Reaktion herausgefordert und begeben uns in eine spielerische Beschäftigung, die unsere Sinne bewegt und neue Erlebnisse, Erfahrungen und Erkenntnisse ermöglicht.

Spiel beinhaltet Bewegung und Dynamik, nicht Statik und Gleichförmigkeit.

Spiel bereichert und vermehrt den Gewinn. Es erweitert die Sinne und belebt die Fähigkeiten. Unser Spiel erzeugt keine Verlierer oder selektiert Gewinner. Im echten Zusammenspiel liegt ein Wachstum der Reife für jeden Mitspieler.

So wie unser Immunsystem ständig in Bewegung bleiben muß, um sich mit allen Fremdkörpern auseinanderzusetzen, sie zu tolerieren oder abzustoßen, so sollten unsere Sinne die ständigen Anregungen wahrnehmen und die spielerischen Angebote zur Stärkung der körperlichen und geistigen Vitalität nutzen.

Wir beginnen mit grundlegenden theoretischen und praktischen Überlegungen.

Aufgaben des Spielpädagogen beim Seniorenspiel

Die Aufgaben des Spielpädagogen sind recht vielschichtig und differenziert. Für Menschen, die vor einem Beginn der spielpädagogischen Tätigkeit stehen und sich einen Einstieg in diese Arbeit überlegen wollen, gebe ich hier einige Hilfen. Da ich von meiner Arbeit weiß, daß eine Überprüfung in Abständen immer mal wieder notwendig ist und weiterführen kann, fragen wir uns, welche Gedanken bestimmen unser Fühlen und Handeln? Sind wir mit uns zufrieden? Akzeptieren wir uns? Worin sehen und erleben wir unsere besonderen Fähigkeiten und Schwerpunkte, unsere Schwächen und Grenzen? Wie gehen wir damit um?

Warum spielen Sie gern und möchten nun auch mit Senioren spielen? Welchen Sinn sehen Sie in der Tätigkeit? Nehmen Sie sich Zeit für die Beantwortung. Je mehr Kriterien Ihnen zur eigenen Person bewußt sind, um so gezielter und schöpferischer können Sie an die nächsten Fragen gehen.

Wie ist die Zusammensetzung der Gruppe? Mit welchen Aktivitäten beschäftigt sie sich? Wo liegen ihre Schwerpunkte, Schwächen und Grenzen? Wenn Sie Ihre Gruppe schon längere Zeit leiten, werden sie das Umfeld der Gruppe sowie die äußeren und inneren Begebenheiten kennen. Wenn Sie eine Gruppe aufbauen oder sie neu übernehmen, finden Sie den Schlüssel zur Beantwortung der Fragen in der sozialen, kulturellen und religiösen Organisation. Auch der Ort und das Wohngebiet sind Basisträger der gegebenen Voraussetzung. Übernehmen Sie die Gruppe von einem Pädagogen, der aus irgendeinem Grund die Gruppe verläßt, ist auch er interessant, denn ein Leiter beeinflußt seine Gruppe. Seine Wesensart hat zur Gruppenzusammensetzung beigetragen und auf sie eingewirkt. Das ist mir besonders in Gruppen aufgefallen, die ich nur gelegentlich als Spielpädagogin erlebte. Die Spielbeteiligung, der Spieleinsatz, die Konzentration, Ausdauer und der Mut zum Ausprobieren des fremden Spielangebots, stehen in Beziehung zum Spielleiter. Ist dieser mutig, offen, fröhlich, interessiert, wollen die Senioren es auch sein. Singt, bastelt, tanzt oder spielt der Pädagoge gern, wollen die Senioren es meist auch tun. Fähigkeiten motivieren, übertragen sich, sie sind somit auch von den Senioren erlernbar.

Betrachten wir die Zusammensetzung der Gruppe, werden wir eine umfangreiche Bandbreite des Alters, der Fähigkeiten und der Schwächen sehen. Eigenarten werden sich abheben, versteckte und offene Behinderungen auffallen, und eine ständig in Bewegung befindliche Gruppenkonstellation und Atmosphäre wird sich darstellen; denn jede Gruppe hat ihre eigenen Schwerpunkte, Schwächen und Grenzen.

Das Programm kann sich inhaltlich aus vielen Lebensbereichen zusammensetzen. Oft werden soziale, religiöse und umweltbezogene Themen besprochen und manuelle Tätigkeiten ausgeübt, die zur Vorbereitung besonderer Veranstaltungen wichtig sind. Bei dem Angebot der Programmpunkte wird der aufmerksame Leiter sich immer wieder fragen: Treffe ich damit die Grundbedürfnisse des einzelnen? Was will und erwartet er in der Gruppe?

Will er sich mitteilen, austauschen und dazugehören? Will er andere Menschen sehen, erleben und sich selbst wahrnehmen? Gemeinsame Interessen entdecken und ihnen nachgehen? Neue Anregungen bekommen und sich mit ihnen auseinandersetzen? Den Augenblick leben und nicht der Vergangenheit nachtrauern? Kontaktmöglichkeiten nutzen und Freunde gewinnen? Fremde Schicksale sehen und sie mittragen? Sich erfahren, einsetzen und Verantwortung übernehmen?

Bei der Beantwortung der Fragen wird der Spielleiter die Stärken und Schwächen der Senioren entdecken. Mit Freude wird er angenehme Wesensarten und besondere Fähigkeiten wahrnehmen. Schwieriger wird es, Schwächen wie Krankheit, Leidensdruck, Resignation, Einsamkeit, Verletzbarkeit, körperliche und geistige Einschränkungen und Behinderungen zu erleben. Doch er wird sie akzeptieren, und den Senioren ein Anrecht auf Ruhe, Zuwendung, Achtung und Liebe zukommen lassen.

So sind die Aufgaben des Spielpädagogen recht umfangreich. Sie stellen sich nach seinem individuellen Anspruch, nach seinem Selbstverständnis und seinem Engagement dar. Dementsprechend sind auch seine Spielinhalte, Planungen und Reflexionen. Letztendlich resultieren daraus seine Erfahrung, seine Weiterentwicklung und sein Selbstwertgefühl. Alles ist miteinander verflochten; es greift Hand in Hand ineinander. Es ist der selbstgewählte Punkt, auf den man es bringen möchte; denn eine „richtige Weise" zu spielen gibt es nicht.

Wenn Sie Ihre Gruppe schon längere Zeit kennen, und Ihnen die Einstellungen einzelner Teilnehmer zu bestimmten neuen oder ungewohnten Aktionen bekannt sind, werden Sie die Erfahrung gemacht haben, daß es immer ein, zwei Menschen gibt, die opponieren, wenn sie von anderen und neuen Ideen hören. Vielleicht fühlen diese Menschen sich in ihrer gewohnten Lebensweise gestört, aus der Ruhe gebracht und meinen, sich widersetzen zu müssen, um den Angriff abzublocken. Versuchen Sie diese Gegner von vornherein für sich und ihre Aufgabe zu gewinnen. Dale Carnegie sagte einmal: „Begegnen Sie dem anderen mit Lob und Anerkennung. Es muß ihm ein Vergnügen sein, Ihre Wünsche zu erfüllen."

Manch unangenehme Opposition können Sie vermeiden, wenn Sie den Senioren das Programm der Zusammenkunft einige Zeit vorher bekanntgeben, damit sie sich darauf einstellen können. Die Menschen brauchen ihre Zeit zur Einstimmung und Orientierung. Für spontane Aktionen fehlt ihnen die Beweglichkeit. Bauen Sie eine Brücke von den positiven Fähigkeiten der „Nörgler" zu Ihrem Anliegen. Informieren Sie die Senioren vor Beginn Ihrer Spieltätigkeit über das neue Spielbuch, Ihre Spielwerkstatt, Tagung, Ihr Spielfest oder was Sie sonst noch alles inzwischen erfahren haben. Geben Sie ihnen das Gefühl, Partner und Interessent Ihres Vorhabens zu sein.

Wenn Sie in Ihrer oder einer anderen Gruppe die Möglichkeit haben, mehrere Spielaktionen zu gestalten, können Sie eine Spieleinheit, die sich über einen längeren Zeitraum erstreckt, planen. Solche Aktion hat viele interessante und weiterführende Chancen und gibt Ihnen von Anfang an die Gelegenheit, die Senioren für „Hausaufgaben" – so nennt eine Gruppe ihre Denk- und Schreibspiele – mit einzubeziehen. Einige Teilnehmer beschäftigen sich gern zu Hause mit den Spielinhalten. „Zu Hause kann ich mich besser konzentrieren als hier", sagen sie. Da haben sie ihre vertraute Umgebung und können sich eine Atmosphäre schaffen, die ihren Geist zu verstärkter Produktivität anregt. Die gemeinsame spielerische Arbeit in der Gruppe hat sie so motiviert, daß sie Lust und Interesse an einer weiteren Tätigkeit in den angesprochenen und angespielten Bereichen verspüren. Es sind einige Senioren, und meist dieselben, die den Reiz zum weiteren, eigenen Beitrag in sich spüren und von der Auseinandersetzung mit dem Themen-Angebot angetan, ja manchmal sogar begeistert sind. Sie sehen sich noch in der Lage, noch flexibel genug, die persönliche Herausforderung zu aktivieren; sie sind manchmal 70, 80 oder bald 90 Jahre alt. Wir geben ihnen die Anerkennung und Bewunderung.

Wenn ein Pädagoge erlebt, daß sich seine Gruppe für eine neue Spielform nicht begeistern kann, nimmt er es mit Gelassenheit und Toleranz hin. Humorvoll kann er zu einem anderen Spiel übergehen, das lustbetont ist und zur gemeinsamen Freude der Anwesenden führt. Jede Gruppe wird sehr bald eine Neigung zu bestimmten Spielen entwickeln. Dem Pädagogen bleibt das nicht verborgen.

Hierauf kann er immer wieder zurückgreifen bzw. seine weiteren Schritte tendenziell aufbauen.

Nach manch einem Spiel oder einer ganzen Spielphase kann es Ihnen passieren, daß Sie sich überhaupt nicht mehr wohlfühlen, weil Ihnen nichts gelungen ist oder erscheint. Mißverständnissse, ungenaue Spielanweisungen, unsensible Aktionen und Reaktionen, und dann noch das mürrische Gesicht einer Teilnehmerin, alles zusammen hat in Ihnen einen latent vorhandenen Frust manifestiert. Unzufriedenheit und Zweifel an der eigenen Fähigkeit machen sich breit. Wenn Sie sich vor Spielbeginn Ihre Spielabsicht und Ziele klargemacht und Ihre Kriterien der Spielauswahl bewußt getroffen haben, können Sie in der nun folgenden Reflexionsphase den Spielverlauf daran messen. Hierdurch klären Sie für sich und die Senioren die Inhalte Ihrer Tätigkeit. Aus der Gegenüberstellung der Planung und Durchführung können Sie für sich eine Bilanz ziehen. Nach den ersten Stunden Spielpraxis werden Sie wahrscheinlich erfahren, daß Theorie und Praxis ein Paar verschiedene Schuhe sind, das Ihnen noch nicht paßt, in das Sie aber allmählich hineinwachsen. Durch das Planen, Spielen und geistige Verarbeiten der spielpädagogischen Tätigkeit, welches Arbeit in umfangreichem Maße bedeutet und Konzentration erfordert, bekommt Ihre Arbeit die persönliche Wertschätzung. Sie findet neben der Anerkennung der Senioren die eigene reale Einschätzung, die für eine weiterführende, sinnvolle Tätigkeit mit den Menschen notwendig ist. Sie gibt Ihnen aber auch die Stabilität für die spielpädagogische Arbeit und befähigt Sie, durch eigene Erlebnisse, Erfahrungen und Erklärungen anderen Menschen darüber zu berichten.

Mit einer positiven Einstellung zum Seniorenspiel werden Sie durch folgende Äußerungen nicht getroffen:

– „Zu einem Kinderspielnachmittag gehe ich nicht, aus dem Alter bin ich 'raus."

– „Mit den Alten kann man wohl nichts anderes mehr anfangen als spielen."

– „Mein Geist hat mich schon andere Sachen gelehrt als Kinderspielereien."

Mißgelaunte Menschen mit Anti-Haltungen begegnen uns überall. Wenn wir diesen Menschen unsere Werte, Inhalte und Erfahrungen schildern, werden sich Unmut, Zorn und Unausgeglichenheit nicht weiter ausbreiten. Da wir alle unsere typischen Fragestellungen haben und nur das erkennen, was uns interessiert, gebe ich Ihnen hier einige Anregungen zum Nachdenken. Reflektieren Sie folgende Fragen:

In welcher Reihenfolge haben Sie die Spiele dem Gruppenprozeß angepaßt? Ergaben sich Spiellöcher, Nahtstellen, Risse?

Wie verlief die Dynamik, d.h. wann spielten Sie die Spiele der stärkeren körperlichen und geistigen Aktivität, wann die ruhigen zur Entspannung?

Haben die Spieler die Regeln verstanden und mühelos den Einstieg gefunden?

Welche Spiele wurden besonders lustbetont gespielt und lösten Begeisterung aus?

Haben Sie die Fähigkeiten der Senioren angesprochen, die Sie trainieren wollten?

Gelang es Ihnen, die behinderten Menschen so mit einzubeziehen, wie sie es bewältigen können?

Wirkte sich die gegebene Sitzordnung oder eine Veränderung positiv aus?

Beachteten sich die Senioren untereinander und gaben sich Hilfestellungen?

Konnten Sie jeden Teilnehmer im Spiel einbeziehen?

Sind Ihnen neue Wünsche und Bedürfnisse der Senioren aufgefallen?

Ergänzen Sie diese allgemeinen Fragen mit Ihren speziellen, die z.B. lauten könnten: Wobei fühlte ich mich wohl, wobei unwohl? Wer oder was hat mich in Unruhe und Hektik versetzt? Gelang es mir, mein typisches Problem mit Gelassenheit anzugehen? Und zum Schluß: Was will ich verändern? Denken Sie dabei an kleine Schritte!

Vielleicht finden Sie in Ihrer Gruppe einige Mitspieler, die mit Ihnen gemeinsam die Spielaktion bedenken. Dadurch bekämen Sie eine spontane Rückmeldung der Beteiligten und erführen Randbemerkungen einzelner Spielnachbarn, die Ihnen entgangen sind. So kann die Reflexion eine Vertiefung des Spielinhaltes für alle Beteiligten bedeuten und die weiteren Schritte des Weges aufzeigen.

Des öfteren verliere ich mein spielerisches Gleichgewicht aus verschiedenen Gründen. Es schmerzt. Doch nach wiedererlangter Balance weiß ich, es war hilfreich.

Als ich in der Lichtenrader Gruppe einmal das Spiel „Hutsalon“ geplant hatte, und die Spieler mir nach einer Vorbereitungszeit signalisierten, daß sie mit der Vorführung ihres Rollenspiels beginnen könnten, legte ich die Filmmusik aus „2001 Odyssee im Weltraum“ auf, die ich extra für das Spiel aufgenommen hatte, um den Auftakt spannender zu gestalten. Doch genau das Gegenteil erreichte ich. Die erwartungsvollen Gesichter veränderten sich zusehends. Sie wurden ernst, und ihre Blicke wandten sich nach unten. Daraufhin stellte ich den Recorder ab. In der Reflexionsphase erfuhr ich den Grund der plötzlichen Veränderung. Die Fanfare des Films war im letzten Krieg die Erkennungsmelodie für den Beginn der Kriegsnachrichten.

Ein anderes Mal spielten wir „Quizbold". Ich las den Teilnehmern die verschiedenen Scherzfragen vor und fragte nach den Antworten. Mir gegenüber saß Herr P., der zu mir herüberschaute, aber nicht mitspielte. Ich stellte ihm eine leichte Scherzfrage und nahm an, daß er diese wohl beantworten könnte. Er zog die Schultern hoch und schwieg. Da wurde mir bewußt, was er mir vor einiger Zeit leise mitteilte, seine fehlende Bereitschaft zur Akzeptanz der Schwerhörigkeit. Ich hatte diese Mitteilung vergessen.

Diese und andere Fehlgriffe und Unaufmerksamkeiten geschehen und werden sich immer wieder ereignen. In einer Berufsausbildung lernen wir diese Einzelheiten nicht. Das sind Erlebnisse, die wir durch unser Tätigsein erfahren, und die wir vermehrt erkennen, je intensiver wir uns in die spielpädagogische Praxis begeben.

Spielauswahl

Sicherlich haben Sie in Ihrer Familie, mit Freunden oder Ihrer Gruppe schon einmal oder auch mehrmals gespielt. Somit wissen Sie, was Ihnen und der Gruppe Spaß gemacht hat. Schreiben Sie sich das auf. Fällt Ihnen hier gar nichts ein, weil Sie noch keine Erfahrungen machen konnten, dann fragen Sie Ihre Senioren nach Spielen. Durch ihre Enkel und Urenkel spielen sie noch gelegentlich, besonders an Fest- und Feiertagen. So kann das Spiel Thema Ihrer Zusammenkunft und gleichzeitig Ihr Spieleinstieg sein. Die Senioren werden Ihnen von Karten- und Würfelspielen erzählen, von Ballspielen, Geschicklichkeits- und Wettspielen berichten. Und hierbei wird Ihnen einfallen, daß Sie einige Spiele kennen. Bitten Sie die Senioren, die Regeln zu erklären. Sie werden gemeinsam feststellen, es gibt verschiedene Regeln für ein und dasselbe Spiel. Während des Gesprächs sollten die Senioren Ihr echtes Interesse, Ihre Begeisterung und Freude an dem Spiel spüren. Die Signale, die Sie ausstrahlen, werden ihre Empfänger finden. Ihre Gruppe wird nicht mit einer Spielablehnung reagieren. Vielleicht werden Sie bei einzelnen Senioren ein Zögern und Abwarten, eine leichte Zustimmung oder Gleichgültigkeit spüren, wahrscheinlich aber eine interessierte Offenheit erfahren.

Sie können der Gruppe von Ihrem neuen Spielbuch erzählen und anregen, sich auf eine kleine Auswahl der Spiele einzulassen, die Sie für spaßig, interessant und wissenswert halten. Nennen Sie Beispiele, die den genannten Spielen ähnlich sind. So können Sie sich langsam an Ihre spielerische Arbeit herantasten, sich auf Ihr neues Hobby einstimmen und die Senioren vorsichtig an die Hand nehmen. Diese Aktion ermöglicht den Teilnehmern eine neue Erfahrung, die das Zusammensein in der Gemeinschaft belebt, die Fähigkeit der Wahrnehmung erweitert, das Interesse für neue Dinge weckt und ihnen eine erfrischende Mobilität vermittelt. All das wächst mit zunehmender Spieltätigkeit durch eine gezielte Auswahl und wird spürbar, erfahrbar und sogar messbar durch weiterführende Aktionen.

Wenn Sie nun Ihre erste oder weitere praktische Spieltätigkeit planen, wählen Sie aus dem bekannten und zusammengetragenen Spielekatalog Spiele aus, die einzelnen oder vielen Teilnehmern bekannt sind bzw. die Ihnen mit einer gewissen Begeisterung geschildert wurden und Einverständnis hervorriefen. Somit beginnen Sie mit Vertrautem und führen Ihre Gruppe erst so allmählich zu anderen neuen, interessanten, erlebnisreichen, spannenden Spielen. So lassen Sie die Angst vor neuen und fremden Tätigkeiten außerhalb der Spielgruppe.

Was für die Gruppe gilt, sollte auch für Sie wichtig sein. Wählen Sie das Einfache und Angenehme zuerst. Die allmähliche Steigerung und Veränderung verläuft Hand in Hand mit Ihrer Gruppe. Wählen Sie eine bunte Spielemischung, bei der ein Spiel die Vorbereitung für das nächste Spiel darstellt. Da Sie aber nie genau wissen, wie die Spiele angenommen werden, und zu welchem Ziel sie führen, ist eine Auswahl mit Alternativen für eine flexible Reihenfolge wichtig. Ein wacher Spielpädagoge lernt durch aufmerksames Beobachten, die Atmosphäre, Qualität und Situation einzuschätzen und seine Spiele dem momentanen Bedürfnis und den Fähigkeiten anzupassen. Auffällige Spielbrüche, Löcher und Nahtstellen können so vermieden werden. Sie bewirken ein Nachlassen der angenehmen Spielwärme, des motivierenden Eifers und der fließenden körperlichen und geistigen Ströme.

Beachten Sie bei der Wahl Ihrer Spiele den Rhythmus von Anspannungs- und Entspannungsphasen. Wechseln Sie von aktionsreichen zu aktionsschwachen, von mehr körperlichen zu mehr geistigen Spielen oder umgekehrt. Eine Regelmäßigkeit und Gleichheit ist langweilig und ermüdend; sie läßt das Interesse erlahmen.

Wenn Ihnen diese Empfehlung zur Spielauswahl nicht zusagt,

weil Sie den Vorschlag als Umweg ansehen, da Sie Ihre Gruppe schon gut kennen, dann beginnen Sie gleich mit Vertrautem. Ist die Gruppe sangesfreudig, bieten Sie als erstes Singspiele an. Sind der Gruppe Ratespiele über Künstler, Erfinder und Komponisten vertraut, wählen Sie Spiele dieser Kategorien. Tanzt Ihre Gruppe gern, können Sie über den Tanz zum Spiel kommen. Das erste Spiel sollte nach Möglichkeit das Interesse aller finden, keine große Leistung abverlangen und die Anonymität gewährleisten. Es sollte aber auch nicht zu einfach sein und den Eindruck erwecken, daß die Teilnehmer nicht ernst genommen werden. Wenn Sie beispielsweise nach einem Tanzspiel ein ruhiges Tastspiel wählen, werden die Spieler schnell bereit sein, Ihren Spielvorschlag zu akzeptieren, weil sie nach einer starken körperlichen Aktion eine Ruhepause brauchen. Und diese füllen Sie mit einer interessanten Spielaktion. Damit werden auch gleich die unterschiedlichen Fähigkeiten der Teilnehmer angesprochen und das Interesse für Neues geweckt. Die Spielauswahl ist vergleichbar mit der richtigen Wahl einer gesunden Lebensweise und der dazugehörenden Aufnahme einer bewußten Ernährung. Wenn Sie z. B. Kartenspiele als reizvoll und anregend empfunden haben und eine angenehme Erfahrung damit verbinden, wird Ihr Interesse bei der Spielauswahl sicherlich in dem Bereich liegen. Vielleicht ließen Sie sich bisher durch Ihre große Gruppe von solchen Spielen abhalten, weil Kartenspiele gewöhnlich zu viert, sechst oder acht gespielt werden. Vielleicht wußten Sie auch nicht, nach welchen Kriterien Sie die richtige Auswahl für Ihre Gruppe vornehmen sollten. Möglicherweise gehören Sie auch zu den Menschen, die Spiele mit geringer körperlicher Bewegung zu wählen haben, da Sie mit den Senioren nur an Tischen sitzen und dort spielen können. Treffen diese Gedanken Ihre Situation, dann beginnen Sie Ihren Spieleinstieg mutig mit Kartenspielen. Die Senioren an einem Tisch bilden dann eine oder zwei Spielgruppen. Sorgen Sie für eine ausreichende Anzahl von Kartenspielen.

Sind Ihnen Würfelspiele angenehmer, können Sie auch diese mit vielen Teilnehmern spielen. Bitten Sie die Senioren ab und zu, die Tische zu wechseln, damit die unterschiedlichen Fähigkeiten der Teilnehmer zur geistigen Belebung führen und die Notwendigkeit der Rücksichtnahme von allen erkannt und praktiziert wird. Wenn Sie sich in den Spielen sicher fühlen, sollten Sie Ihr Repertoire erweitern und aus anderen Rubriken reizvolle Karten- oder Würfeltischspiele wählen, die Sie und die Spieler bereichern und zu neuen Erfahrungen führen. Finden Sie in den einzelnen Spielkategorien nicht das, wonach Sie suchen, dann gehen Sie in die Büchereien, Bibliotheken oder zum Buchhandel. Eine große Anzahl von Spielbüchern und Spielen füllt den Markt. Hier erleben Sie hoffentlich nicht die Qual der Wahl. Denn in Deutschland haben wir einhundertzwanzig Spiele-Erfinder. Sie bieten jeden Winter auf einer Messe ihre neuesten Freizeitbeschäftigungen an.

Inzwischen haben nun auch schon größere Firmen Spiele in ihrem Angebot, die ökologische und ernährungsspezifische Fragen aufwerfen und sich kritisch damit beschäftigen. Bei diesen Spielen siegt am Schluß nicht einer, sondern die ganze Spielgruppe. So wird allmählich die klassische Tendenz vom Siegen und Verlieren in modernen Spielen durchbrochen.

Unter meinen Spielbüchern fand ich zwei, in denen ausschließlich Spiele ohne Sieger und Besiegte beschrieben wurden. Sie gehen vom Standpunkt der gemeinsamen kreativen Beschäftigung im sozialen Umfeld aus und zeigen neue Erfahrungswerte auf, die fern von Macht, Konkurrenz und Sieg angesiedelt sind.

In gängigen Spielkarteien und Spielbüchern – auch für Senioren – geht es beinahe ausnahmslos um das Siegen und Verlieren. Ist dieses alte Prinzip für uns zwangsläufig? Muß die Herausforderung zum Spiel mit einer unumstößlichen Absicht – oder in einer freundlicheren Beschreibung – mit der konsequenten Haltung zur Aussonderung und Ausgliederung verbunden sein? Kann das ein Kriterium unserer Spielauswahl sein? Wollen wir unsere Senioren, die Grenzen, Schwächen und Abschiednehmen von Menschen, Werten und Fähigkeiten in unterschiedlicher Quantität erfahren haben, auch noch im Spiel spüren lassen, daß sie Verlierer sind? Vielleicht sagen Sie jetzt, die Senioren wollen es ja so. Sie lieben „Mensch ärgere dich nicht“, Rommé, Canasta und andere Spiele, die am Ende des Spiels die Mitspieler immer in Sieger und Verlierer klassifizieren.

Als ich einige mir von einer Spielgruppe bekannte Senioren in einem Mariendorfer Altenheim besuchte, traf ich sie beim „Mensch ärgere dich nicht“-Spiel an. Ich setzte mich zu ihnen und verfolgte das Spiel aufmerksam. Immer wieder wurde hierbei ein Stein nach dem anderen von den Spielern hinausgeworfen, und der darin aktive Spieler freute sich. Nach Beendigung des Spiels fragte ich die Beteiligten, ob ihnen das Spiel gefällt. Darauf bekam ich zur Antwort: „Wir kennen doch kein anderes Spiel. Mit irgend etwas müssen wir uns doch die Zeit vertreiben.“ „Und uns von den Schmerzen ablenken“, ergänzte eine andere Seniorin. Ich wußte, daß sie andere Spiele kennen; denn mit den Senioren hatte ich schon mehrfach in der Gruppe gespielt. Die neuen Spiele hatten sie noch nicht verinnerlicht, noch nicht geübt, so wie „Mensch ärgere dich nicht“, das sie aus ihrer Kindheit kennen.

Ich erzählte ihnen von einem neuen Spiel, das „Gegensätze“ heißt, erklärte die Spielregeln und fragte, ob sie das mit mir spielen würden. Sie wollten und zwar gern. Ich freute mich, denn ich hatte es zuvor noch nicht gespielt, und begann. Danach wurde auch mein nächster Spielvorschlag angenommen und so hatten die Senioren ein „Bauwerk“ zu ertasten. Ich bildete es aus der Schachtel und dem Zubehör des Spiels „Mensch ärgere dich nicht“. Die Senioren beteiligten sich aufgeschlossen und freuten sich über ihre Fähigkeiten. Nach einer Stunde ging ich. Bei der Verabschiedung vernahm ich ein herzliches Lächeln und die Frage: „Kommen Sie mal wieder zu uns?“ Wir gingen als Beschenkte auseinander. Sie ließen sich anregen, fühlten sich lebendig, aktiv und geistig fit. Ich nahm es an ihren Augen, den Gesichtszügen und ihrer Körperlichkeit wahr.

Beim Spiel „Mensch ärgere dich nicht“ äußerten sie stereotype Sätze wie: „Na, Lieschen, du mußt schon aufpassen.“ „Warte nur, ich krieg dich noch und revanchiere mich.“ „Also, nun reicht's!“ „Wenn die im Leben auch so schnell rennen könnte, wie hier, aber da tun ihr die Knie weh.“ „Ja, der Doktor hat gesagt, ich soll noch laufen, aber langsam.“ usw. Das „Mensch ärgere dich nicht“-Spiel war für sie eine anspruchslose Beschäftigung. Untätig wollten sie nicht zusammensitzen und ihre Hände in den Schoß legen. Bei dem Spiel kann man zwischendurch reden, dumme, witzige Bemerkungen machen und muß den Geist nicht anstrengen, zudem ist man beieinander und nicht allein. Verständnisvolle Äußerungen, die ich oft höre. Doch was steckt dahinter? Resignation, Einsamkeit, Verlassenheit, Hilflosigkeit?

Diese Erfahrung im Altenheim ist für mich wieder ein positives Beispiel für die Chancen der Ansprechbarkeit, Öffnung und Herausforderung, die ein Spielpädagoge hat, und widerlegt die verbreitete Meinung: Die Senioren könne man zu nichts Neuem bewegen. Sie seien so von ihren Normen, Zwängen und Ängsten geprägt und von konventionellen Erwartungen erfüllt, daß eine Öffnung schwer möglich ist. Die Inhalte der gemeinsamen Veranstaltung müsse man so gestalten und durchführen, wie es schon immer üblich war. Eine Veränderung würde nicht akzeptiert.

Für einige alte und kranke Senioren mag das zutreffen. Doch das sind nicht die Senioren, die wir in unseren Gruppen haben bzw. für unsere Spielarbeit gewinnen. Unsere Senioren sind oft beweglicher als wir denken. Wir werden es erfahren, wenn wir in uns die Freude an der geistigen und körperlichen Bewegung haben, sie pflegen, d.h. trainieren, gemeinsam mit unseren Gruppen.

Wählen Sie einige Spiele aus, die Ihnen gefallen. Probieren Sie sie nach den Regelvorschlägen oder anderen Ideen aus. Kein Spiel muß nach der bekannten, eingefahrenen oder hier aufgeschriebenen Regel gespielt werden. Verstehen Sie die Regeln als Angebote und Hilfen, die Sie wählen können. Sie dürfen sie nach dem Lesen wieder vergessen. Nur dann müssen Sie andere Regeln erfinden, denn ohne Regeln können wir nicht spielen. Allgemein gültige Absprachen sind die Voraussetzungen für eine gemeinsame Spielarbeit. Wenn wir uns für eine Regel entschieden haben und sie einführen, werden wir die Erfahrung machen, daß nicht alle Senioren sie gleich verstehen. Das ist normal und kann viele Gründe haben. Vielleicht sprechen wir zu leise, drücken uns undeutlich und mißverständlich aus, sind ungeübt in der Spielanweisung und kennen die geistigen Horizonte der Senioren nicht eindeutig. Hier müssen wir durch zusätzliche Erklärungen die Spielregeln präzisieren, bis sie jedem klar ist. Damit haben wir die Grundlage für eine gemeinsame Aktivität geschaffen. Wenn Sie in der Einführung eines Spiels sicher sind, dann beobachten Sie gelegentlich einmal die Gedankengänge der Senioren, die Sie aus den Formulierungen der Fragestellungen entnehmen können. Sie weisen uns auf die Hintergrund-Erfahrung und das Wissen hin und beinhalten manche gute und sinnvolle Idee einer Spielregel-Veränderung. Wenn Sie offen genug sind, dann lassen Sie sich gelegentlich auf eine neue Idee ein. So werden Sie neue Erfahrungen machen, gemeinsam kreativ sein und die Fähigkeiten der Senioren entwickeln. Zudem hat ein Experiment viele Reize; es beinhaltet ein gemeinsames Weiterkommen und Zusammenwachsen. Für die Senioren ist diese Erfahrung eine Bestätigung ihrer geistigen Beweglichkeit und somit eine Stärkung der Persönlichkeit, die sie nötig brauchen.

Für jeden Anfänger oder Fortgeschrittenen in der pädagogischen Spielarbeit geht es darum, Spiele auszuwählen, die den einzelnen Senioren helfen, ihre eigene Lebensführung und Gestaltung so lang wie möglich selbst zu übernehmen und sie verantwortungsvoll zu erhalten. Dazu gehört eine körperliche und geistige Vitalität. Wie erhält, bzw. erreicht er sie? Indem er beweglich und interessiert bleibt und für seinen Lebensinhalt die notwendigen Fähigkeiten stärkt. Neben einer gesunden Lebensweise und einer richtigen Ernährung braucht jeder Mensch seine sozialen Kontakte. Menschen, mit denen er sich aussprechen kann, bei denen er Verständnis und Hilfe erfährt, Wärme und Geborgenheit empfindet.

Wir vergessen und verlieren unsere Fähigkeit, wenn wir sie nicht immer wieder trainieren. So geht es auch den Senioren, die aufgrund ihres Alters oder ihrer Einschränkungen zur ruhigeren und bewegungsärmeren Lebensart tendieren. Sie brauchen ganz besonders unsere positive Ansprache und Herausforderung zum Training. Bei der Auswahl und Planung der Spielaktion müssen wir diese Einschränkungen bedenken und Mitspiel-Inhalte suchen, die auch diese Menschen einbeziehen. Oft reicht schon eine kleine Regel-Veränderung – und schon kann ein Senior trotz seiner Behinderungen am Spiel teilnehmen.

Wer sich gemeinsam mit anderen Interessierten im Spiel fit halten möchte, findet darin viele Anregungen und Möglichkeiten. Das Spiel mobilisiert und erfrischt Körper, Geist und Seele. Wenn Sie heute von einer Spielart oder einem bestimmten Spiel besonders angesprochen werden, dann fangen Sie doch damit an. Es kann ein Bewegungs- oder ein Geschicklichkeitsspiel sein, ein Wort- oder Konzentrationsspiel, ein Gedächtnisspiel oder ein Quiz. Es ist egal, aus welcher Spielart Sie Ihre Auswahl treffen. Es wird immer das Richtige sein, wenn Sie davon überzeugt sind. Die Vorüberlegungen haben Sie dahin geführt. Jeder sollte seinen eigenen Weg finden. Und der Weg ist so breit, interessant und erlebnisreich, wie wir ihn mit offenen Augen, Ohren und Herzen wahrnehmen.

Nach den ersten Erfahrungen mit einzelnen Spielen werden Sie sich umfangreicheren Spielinhalten zuwenden und auch bald einmal einen ganzen Spielnachmittag anbieten wollen. Wie Sie das inhaltlich und zeitlich gestalten können, beschreibe ich Ihnen an einem Beispiel:

15.00 Uhr	Begrüßung der Teilnehmer, Wiederholung der Spielankündigung und Informationen über den Verlauf der gemeinsamen Aktion.
15.05 Uhr	Kaffee trinken und private Gespräche an den Tischen.
15.40 Uhr	Abräumen des Geschirrs, Raumgestaltung (wenn möglich, Tische an die Wand, Stuhlkreis).
15.50 Uhr	1. Spiel „Gemeinsames verbindet" 2. Spiel „Rhythmische Bewegungskette" 3. Spiel „Wer hat die Uhr?" 4. Spiel „Zu jedem Topf ein Deckel"
Pause	(nur wenn es gewünscht wird, da Spielwärme und Offenheit sich zurückentwickeln können und somit

oft einen neuen Anfang zur geistigen und körperlichen Bewegung nach sich ziehen.)

5. Spiel „Gleich- und Wechselstrom“
6. Spiel „Hauptgewinn“
7. Spiel „Gewürfelte Buchstaben“

Ca. 17.30 Uhr Zusammenfassung der gemeinsamen Spielaktion, Ankündigung der nächsten Aktivitäten, Verabschiedung.

Bei der Auswahl der Spiele habe ich bewußt mehrere Wahrnehmungs- und Fähigkeitsbereiche angesprochen. Sobald Sie Ihre Gruppe kennen, wissen Sie, welche Schwerpunkte Sie spielerisch betonen wollen. Eine Vertiefung erreichen Sie, wenn Sie eine themenorientierte Entwicklung der Spielinhalte anstreben, die sich auf die Gruppe bezieht. Dabei sind Interesse und Begeisterung die Voraussetzung zum gemeinsamen fröhlichen Spiel.

Wenn Sie sich dann an eine Spielfolge heranwagen wollen, die Sie in Ihrer Gruppe entwickeln können und die praktische Arbeiten innerhalb der Gruppe und auch außerhalb (z. B. zu Hause) einschließt, dann lesen Sie im Spielekatalog die aneinandergereihten Variationsketten. Vielleicht finden Sie dort eine Anregung.

Spielmaterial

Das wichtigste Material ist ein Spielbuch mit unterschiedlichen Spielen, Regeln und einfachem Zubehör sowie brauchbaren Tips, die aus einer langjährigen Erfahrung resultieren und auch Variations- und Veränderungsvorschläge enthalten. Außerdem viel Schreibpapier, unterschiedliche Stifte und ein Ordner. Denn von Beginn der ersten Spielstunde an sollten Sie sich Ihre speziellen Vorbereitungen für Ihre Gruppe aufschreiben und sich auch nach jeder Spieleinheit die wichtigsten Erfahrungen, die Sie mit jedem Spiel gemacht haben, notieren. Ihre Spielstimmung und Spieleinführung beeinflussen das Spielgeschehen auffallend stark. Jede bewußte Erfahrung kann zur Bereicherung der eigenen Fähigkeit beitragen.

Sollten Sie das Spiel zur Unterhaltung oder als Programm-Variante für Ihr buntes Seniorenprogramm ansehen, dann ist das Aufschreiben sicherlich für sie nicht so wichtig, da Sie den Anspruch der eigenen spielerischen Entwicklung nicht als Schwerpunkt haben, sondern einen anderen Bereich.

Reichlich Papier in verschiedenen Größen und farbige Filzer brauchen Sie für Schreib- und Malspiele. Umweltfreundliche Filzer gibt es inzwischen schon in allen entsprechenden Geschäften.

Spielbuch, Papier, Schreibstifte, Filzer, Ordner

Große Fotos mit unterschiedlichen Motiven finden wir in Zeitschriften, Katalogen, Werbeblättern und auf Postkarten. Die Senioren können zum Schauen und Sammeln angeregt werden. Für Rollenspiele, Wortspiele, Puzzle und Quartette können wir vieles gebrauchen. Wollen Sie mit Ihren Senioren z.B. ein eigenes Quartett herstellen, können Sie aus den vielen Themen Ihrer Gruppenstunde eines auswählen. Sie reden über Alltagsfragen, Sorgen und Nöte, über Umweltereignisse, Filme, Ausstellungen und Literatur. Sie singen, spielen, tanzen und basteln. All diese Gemeinsamkeiten können zum Inhalt eines Spielprojektes, also auch zur Herstellung eigener Spielmaterialien wie z.B. Quartette, gewählt werden. Suchen Sie sich dazu Bildmotive aus den Zeitschriften heraus. Mit eigenen Fotos oder Zeichnungen können Sie sie ergänzen und zu einem Quartett zu den Themen gestalten: „Die vier Jahreszeiten“, „Eltern, Kinder und Kindeskinder einst und jetzt oder früher und heute“, „Der Mensch in der Veränderung“, „Sehenswertes in der Umgebung“.

Bilder zeigen uns auch Träume und Realitäten, die unterschiedliche Bezüge zu uns haben. Sie stimulieren zur Beschreibung der Aussage und fordern zur optischen und emotionalen Wahrnehmung heraus. So kann aus einer Bildsituation ein Rollenspiel entstehen oder sie kann eine Erfahrung darstellen, auch eine Diskussion über den Inhalt der Aussage entfachen. Damit mobilisieren Sie die Teilnehmer und regen zu immer neuen und weiteren Erfahrungen an, die Lebensfreude und Vitalität erzeugen. Die ausgeschnittenen Fotos und das Quartett können Sie auch für folgende Spiele einsetzen: Hauptgewinn, Puzzle, Pantomimisches Kartenspiel, Geräusche erkennen, Merk es dir, Rätselhafter Ausschnitt.

Große Bilder und Fotos, Ansichtskarten, Zeichnungen

Große Buchstaben und Wörter finden wir in allen Tageszeitungen und Zeitschriften. Wir können sie leicht zu Hause ausschneiden, durch die Gruppe sammeln oder das Ausschneiden zum Spielanfang werden lassen. Mit Buchstaben und Wörtern werden wir jeden Tag konfrontiert. Wie nehmen wir sie noch wahr? Wie können wir mit ihnen spielen, sie neu entdecken, sie miteinander verbinden und sogar erfühlen? Lesen Sie einzelne Gedächtnisspiele, Konzentrations- und verschiedene Buchstabenspiele wie z. B. Wörterkette, das Alphabet doppelt und dreifach und die Drucksprache. Spielen Sie mit den Buchstaben herum. Grenzen Sie ihre Phantasie nicht ein. Wenn wir ein A hören, denken wir vielleicht an Anna, Amalie, Amadeus Mozart, Admiral, Ameisenbär, Alpenglühen, vielleicht aber auch an Ali Baba und die 40 Räuber, Aschenputtel und Abenteuer. Sie erinnern sich an die Geschichten und erzählen sie. Die Gedanken können noch weiter spazierengehen bis zur Akropolis, dem höchstgelegenen Teil der antiken, griechischen Stadt, dem Kultplatz Athens und seiner Geschichte, vielleicht weiß sie noch jemand und erzählt davon.

Vielleicht reist jemand in Gedanken nach Amsterdam, erzählt von den Grachten und alten Kaufhäusern im Barockstil. Wer einmal dort war, kann berichten oder Amsterdam besingen.

Auch an die Antarktis, das Südpolargebiet werden sich Teilnehmer erinnern. Greenpeace hat uns darauf aufmerksam gemacht und das große Robbensterben aufgezeigt.

Über Buchstabenspiele können Sie auch zu anderen Spielrichtungen kommen wie z. B. zu Anspielen und Rollenspielen.

Große Buchstaben, Wörter

Gebrauchsgegenstände und Wegwerfmaterialien, mit denen wir ständig umgehen, eignen sich vorzüglich zur Sensibilisierung des Tastsinns und des Gedächtnisses bei Menschen mit leichten und schwereren visuellen und taktilen Wahrnehmungseinschränkungen. Menschen mit leichten Einschränkungen können ihre Fähigkeiten zur Selbsteinschätzung daran überprüfen und gegebene Spielregeln verändern.

Krimskrams empfehle ich Ihnen für Geschicklichkeitsspiele, Wort-, Interaktions-, Szenen- und Rollenspiele. Diese Gegenstände haben einen großen Aufforderungscharakter und eignen sich für umfangreiche Spielanfänge. Sie unterstützen die Spielmotivation und sind Brücken für Menschen, die sich neu mit dem Spiel beschäftigen: für Lernende und Lehrende. Ich habe sie z. B. für folgende Spiele gebraucht: Taschenspiel Krabbelbeutel, Stockpantomime, Geräusche und ihre Geschichten.

Papprollen, Schachteln, Kartons, Büchsen, Schüsseln, Becher, Bierdeckel, Stöcke, Stoffreste, Löffel, Öffner, Quirl, Reifen, Ringe, Schnüre, Sicherheitsnadeln, Wolle, Nadeln, Flaschen, Knöpfe, Blei-

stifte, Radiergummi, Verpackungsmaterial, Schleifen, Scheren, Klebestreifen, Luftballons, Knipsgummi, Glocke, Locher, Gardinenringe, Schlüssel, Schlüsselring, Etiketten, Stecknadeln, Murmeln, Münzen, Perlen, Schnürsenkel, Tablett, Lupe, Perücke, Federn, Schirm, Handtasche, Krawatte, Kerze, Dosenöffner, Korken, Korkenzieher, Kronkorken..

Diese und weitere Materialien aus dem Wohnbereich, dem unmittelbaren Umfeld der Senioren, eignen sich zur schnellen und variablen Verkleidung für Rollenspiele besonders gut. Auch sie sind in unserer Wegwerfgesellschaft zum Nulltarif erhältlich. Sie fördern die Kreativität und verstärken die Spielfreude. Sie sind z. B. für folgende Spiele zu gebrauchen: Modenschau, Hut-Salon, Ein Wort wird lebendig, Wer fehlt?

Große und kleine Tücher, Gardinen, Tischdecken, Stolen, Hüte, Brillengestelle

Würfel und Bälle gibt es in vielen Größen, Farben und Materialien mit Punkten, Zahlen und Buchstaben. Für Kreisspiele eignen sich die großen Schaumgummiwürfel, die es in einer Größe von 20 cm Durchmesser gibt. Für Tischspiele wählen wir kleinere. Die gewöhnlichen Würfelbecher sind manchmal zu klein. Würfel lassen sich für vertraute Spiele und als Bindeglied für neue Spielinhalte einsetzen, wie z. B. Bewegungsspiele, Geschicklichkeits- und Wortspiele: Schnelle Korken, Gewürfelte Buchstaben, Wörter und Geschichten, Pantomimisches Kartenspiel.

Bälle eignen sich für Kontakt- und Geschicklichkeitsspiele, Frage- und Antwortspiele, da von ihnen eine Bewegung ausgeht und die Herausforderung sichtbar ist. Der Spielpädagoge sollte ein positives Ballgefühl und eine Bewegungsflexibilität haben, aber auch bedenken, daß ältere Menschen vielleicht schon lang keinen Ball mehr angefaßt und mit ihm gespielt haben.

Verschiedene Bälle und Würfel (auch aus Schaumgummi)

Für Streichholz-, Geschicklichkeits- und Kimspiele, wie z. B. Eiffelturm, Bunte Zahlenschachtel, Hölzerne Geschöpfe brauchen Sie

Streichhölzer, Schachteln, Papprollen

Für Wort- und Gedächtnisspiele, für Rollen- und Anspiele eignet sich Interessantes und Wissenswertes aus Zeitungen und Zeitschriften. Hier kann sich jeder Senior zum wichtigen Informationsträger angesprochen fühlen und aktiv werden. Artikel können gelesen, diskutiert und spielerisch verwendet werden. Verschiedene Bücher und Lexika werden für Frage- und Antwortspiele, für Konzentrations- und Singspiele gebraucht. Wenn sie ständig im Seniorenraum vorhanden sind, können sie jederzeit genutzt werden. Bleiben trotzdem Fragen unbeantwortet, können die Teilnehmer aufgefordert werden, bis zum nächsten Zusammentreffen nach Antworten zu schauen. So wecken Sie Interesse und Neugierde und fordern die Teilnehmer heraus, auch über die Zusammenkunft hinaus aktiv zu sein.

Für folgende Spiele können Sie Zeitschriften und Nachschlagewerke gebrauchen: Anspiel-Situationen, Quizspiele, Wasser-Luft-Erde, Wörterkette.

Zeitschriften, Illustrierte, Lexika, Duden, Märchenbücher, Kurzgeschichten, gebrauchte Bücher

Wenn Sie Ihr Spielmaterial mit der Gruppe selbst herstellen wollen, sind entsprechende Grundmaterialien und Geräte notwendig. Ich empfehle Ihnen die Eigenproduktion, da sie zur Bewußtmachung der herumliegenden Materialien führt, die die geistige und manuelle Fähigkeit fördern und die Teilnehmer enger zusammenführt:

Schreibzeug, Filzer, Papier, Pappe, Klebstoff, Klebestreifen, Scheren, Linial, Radiergummi, Schnur.

Cassettenrecorder

Für unsere spielpädagogische Arbeit ist ein Cassettenrecorder eine Bereicherung. Wir gehen mit dem Medium gezielt um: wählen den Tonträger zur Erweiterung der sinnlichen und körperlichen Wahrnehmung; lassen uns anregen mit musikalischen Tönen, Worten und Geräuschen, die uns öffnen können für ganzheitliche Erfahrungen, wenn wir es zulassen. Die gewählten Inhalte können zudem bewußt machen, daß eine Selektierung in unserem Überangebot der Medien notwendig und sinnvoll ist und aufzeigen, welche Umgangsmöglichkeiten sich anbieten.

Ein Cassettenrecorder kann für verschiedene Spiele und natürlich für Tänze eingesetzt werden. Es sollte eine gute Qualität und Lautstärkenfrequenz vorhanden sein. Sie muß den Spielraum ausfüllen, da die akustische Wahrnehmung bei einzelnen Menschen gelegentlich oder konstant eingeschränkt ist. Schwerhörige Teilnehmer sollten so lang wie möglich und so oft es geht von uns die Voraussetzung zum mitspielen und tanzen erhalten. Natürlich in einem ausgewogenen Verhältnis zu den anderen Teilnehmern. Oftmals reicht es, wenn wir das Gerät in die Nähe der entsprechenden Teilnehmer stellen.

Neben dem vorhandenen Netzkabel wird eine Verlängerungsschnur benötigt, die im Raum ausgelegt, vielleicht auch festgeklebt werden sollte. Klebeband gehört also auch in den Spielschrank. Das Zählwerk eines Recorders ist von besonderer Wichtigkeit, da der Spielpädagoge sich die Anfänge der Lieder, Tänze, Geräusche, Quizfragen usw. notiert. Wiederholungen des Gehörten sind im Spiel angebracht. Wenn Sie aus irgendwelchen Gründen gelegentlich einen fremden Recorder benutzen müssen, bedenken Sie: Die Zählwerke unterscheiden sich. Darum ist es ratsam, sich den Inhalt einer Cassette zu notieren und sie gut zu kennen, damit wir sie gelegentlich auch spontan einsetzen können. Gerade das zeugt von intensiver Lebendigkeit und schafft eine Atmosphäre der Anstekkung und Faszination.

Manchmal besitzen Gruppen oder Institutionen keine einsetzbaren Geräte. Liegt dem Gruppenleiter daran, dieses Medium zur Mobilisierung und Bereicherung zu nutzen, wird er sein eigenes Gerät einsetzen. Wenn Ihnen dieser Umstand nicht angenehm ist, dann informieren Sie Ihre Gruppe über die Lage. Reden Sie auch sonst über Ihre kleinen Probleme. Die Senioren werden aufmerksam zuhören und zuweilen auch helfen, Situationen positiv zu verändern. Vor vielen Jahren habe ich nach einem Gespräch einen gruppeneigenen Recorder geschenkt bekommen und auch einen Elektroherd für unsere Küche erhalten. Über einen Gruppenteilnehmer erfuhr ich von der Neueinrichtung einer Firmenküche. Ein Anschreiben mit ausführlicher Begründung überzeugte die Verantwortlichen, und durch die tatkräftige Unterstützung junger Helfer besaßen wir sehr bald einen eigenen Elektroherd.

Cassetten

Hier ist die Auswahl sehr groß, und jeder wird sich fragen, womit fange ich an. Mit Vertrautem, für die Gruppe und den Leiter Bekanntem zu beginnen, kann allen Beteiligten wichtige Grunderfahrungen mit dem Medium vermitteln. Eine Cassette mit schwungvoller Tanzmusik für eine Polonaise haben Sie sicher zu Hause und vermutlich auch schon zum Tanzen eingesetzt. Diese Musik können Sie auch für Frage- und Antwortspiele gebrauchen. Hierzu werden die Titel angespielt bzw. ausschnittweise vorgespielt, so daß die Zuhörer sie aufschreiben oder auch sich gleich äußern können. Andere Musikcassetten lassen sich hier gut anschließen, z. B. Cassetten mit folkloristischen und klassischen Stücken sowie Evergreens aus verschiedenen musikalischen Bereichen. Manche Senioren kennen auch Rhythmen, können die Tänze benennen und sich danach bewegen. Interessant und beliebt sind auch die Seniorentänze. Musikfachgeschäfte haben hierin eine Auswahl, Begleithefte werden dazu angeboten. Vielleicht lassen Sie sich hier auch gleich Bänder oder Platten mit verschiedenen Geräuschen der Natur, dem Personen-Verkehr, der Menschen und Tiere vorspielen, die sich nicht nur für die bekannten Quiznachmittage, sondern auch als großartige Starter für die Sprach-, Bewegungs- und Szenenspiele eignen. Ich nahm Geräusche auf, die ich in meinem Wohn- und Arbeitsbereich verursache bzw. wahrnehme. Besonders interessant sind die Küchengeräusche, die ich immer wieder gern einsetze und vor einiger Zeit mit Geräuschen der Elektrogeräte meines Wohnbereichs ergänzte.

Diaprojektor

Noch hat die private Filmkamera den alten Diaprojektor nicht abgelöst. Er bleibt interessant, weil er viele Möglichkeiten bietet. Lichtbilder verschiedenster Herkunft lassen sich aneinanderreihen und zeigen. Jeder Teilnehmer kann seine Dias für eine Lichtbilderveranstaltung mitbringen. So manch ein Senior ist ein begeisterter Hobbyfotograf und zeigt interessierten Menschen gern seine gelungenen Schnappschüsse. Die Bilder eines Ausfluges oder einer Seniorenreise sind ideale, wenn auch stumme Animatoren, die sich für Frage- und Antwortspiele großartig eignen. Vielleicht wissen die Senioren noch Details zu den im Bild festgehaltenen Situationen: Zeitpunkt, Ort, Reiseteilnehmer, Aktivitäten, spaßige und ernste

Besonderheiten, abendliche Spielprogramme, Besuche, Telefonate, Randbegebenheiten. Einzelne Erlebnisse dieser gemeinsamen Aktion lassen sich nachspielen und lustig pointieren. So kann die Erinnerung eine positive Verstärkung auslösen. Der Spielleiter braucht hier Sensibilität, damit niemand verletzt wird.

Videofilme können ebenso zum Spielanlaß genommen werden. Ob Ratespiele, Bewegungs- oder Konzentrationsspiele, der Pädagoge muß sich vorher genau überlegen, welches Ziel er verfolgen möchte. Der Übergang vom Schauen zum aktiven Spielen kann durch lockere Bewegungseinheiten gestaltet werden und so von der geschlossenen zur offenen Phase hinüberleiten. Sitztänze, Geschicklichkeitsspiele, Lieder, rhythmische Bewegungsketten sind brauchbare, motivierende Auftakte.

Teilnehmer

Das Alter der Teilnehmer liegt zwischen 65 und 95 Jahren. Überwiegend sind es die mittelalten und alten Senioren, die die Gruppen besuchen. Die jüngeren, 65–73jährigen, sind nur vereinzelt anzutreffen. Sie kommen, wenn sie gerade einen Ehepartner verloren haben oder eine körperliche Einschränkung sie zur langsameren Lebensweise veranlaßt. Ansonsten suchen die jungen Alten, dank ihrer Vitalität, ihre Kontakte überwiegend in ihrem privaten Umfeld oder in Hobby-Gruppen, wo sie mit jungen oder gleichaltrigen Menschen aktiv sein können. Wo sie stricken, weben, malen, basteln, werken, wandern, Gymnastik betreiben etc.

Die alten Senioren zwischen 85 und 95 Jahren bilden ebenso eine Minderheit in den Gruppen. Sie kommen, weil sie sich noch rüstig fühlen. Sie wollen die oft letzten gemeinsamen Gruppenaktivitäten erleben und sich so weiter fit und beweglich halten; ein Ende dieser lebendigen Teilnahme bedeutet für sie, dem Tod noch näher zu sein.

Der überwiegende Teil der Senioren ist zwischen 74 und 85 Jahren alt. Die Amerikaner teilen diese dritte Lebensphase in drei Gruppen ein. Sie sprechen von den „Go-Gos“, „Slow-Gos“ und den „No-Gos“, den Gehenden, den langsam Gehenden und den Nichtgehenden. Aus eben dieser Erfahrung teilen manche Gruppenleiter ihre Seniorengruppe in zwei oder drei kleinere Gruppen, um so mit ihnen bedürfnisorientierter spielen und arbeiten zu können. Wobei sie nicht das Alter als Teilungsgrundlage oder Prinzip wählen, was auch nicht zu empfehlen ist, sondern das Interesse und die Vitalität. So entsteht dann eine zweite oder dritte Seniorengruppe, die z. B. überwiegend spielt, tanzt, singt, Musik hört, Reisebilder und Filme sieht und bespricht. Besonders stolz berichten mir zuweilen Senioren, daß sie auch noch zu dieser oder jener Gruppe gehören.

Die durchschnittliche Gruppenstärke liegt zwischen 15 und 20 Teilnehmern. Diese Größe ist auch als optimal zu bezeichnen. Aber auch andere Gruppenstärken gibt es, sie liegen zwischen 8 und 50 Personen. Mit allen Gruppen können Sie spielen. Eine große Gruppe ist dann lediglich in mehrere kleine zu teilen. Wenn alle Teilnehmer an Tischen sitzen, ist die Teilung schon vorgegeben. Lediglich ein Teilnehmeraustausch ist dann ab und zu ratsam, um so die Spielstärken und Schwächen auszugleichen und eine Erweiterung der Erfahrungen zu ermöglichen.

Betrachten wir die Zusammensetzung der Gruppe, stellen wir fest, daß der überwiegende Prozentsatz der Teilnehmer der Mittel- und Unterschicht angehört. Die heute ca. 80jährigen wurden um 1910 geboren und waren überwiegend in der Familie und im Haushalt tätig. Ein kleiner Teil war im Büro, in der Industrie und der freien Wirtschaft. Höher dotierte Stellungen waren damals den Männern vorbehalten. Nur in Ausnahmefällen wurden Stellungen dieser Art von Frauen besetzt. Und diese Frauen haben heute ihre eigenen Kreise oder wollen noch nicht zu einer Seniorengruppe gehen, weil sie von ihren Aufgaben, Verpflichtungen und Hobbys ausreichend angeregt und erfüllt sind. Sie erleben sich noch vital genug, um eigene Unternehmungen allein oder mit Freunden zu gestalten.

Schauen wir uns in der Zusammensetzung der Teilnehmer die Geschlechter an, sehen wir hauptsächlich Frauen. Männer sind eine kleine Minderheit. Jede Leiterin ist glücklich, wenn sie zwei oder drei Männer in der Gruppe hat. Diese Männer kommen mit ihren Frauen oder sind Witwer, die neue Kontakte und die Gemeinschaft suchen.

Alle Teilnehmer kennen körperliche Einschränkungen, die das Alter so mit sich bringen kann. Diese äußern sich überwiegend in der geringen Bewegungsfähigkeit. Da wollen z. B. die Beine nicht mehr so, wie man möchte. Mit den Armen kommt man nicht mehr da hin, wo man hin will. Die Hände sind nicht mehr so feinfühlig, manchmal durch Rheuma oder Arthritis zum Teil so bewegungseingeschränkt, so daß man nicht mehr zugreifen kann. Bei einigen Teilnehmern ist der gesamte Bewegungsapparat so krank, daß die

Senioren mit Stöcken und Krücken gehen bzw. nur noch im Rollstuhl gefahren werden können.

Eine andere Behinderung stellt sich durch das Nachlassen der Sehstärke ein. Zuerst können die Menschen noch mit Brillen einen Ausgleich ihrer Sehfähigkeit erreichen. Später erfahren sie jedoch zuweilen eine allmähliche Erblindung, die kaum noch durch ärztliche Hilfe aufzuhalten ist.

Eine weitere Belastung für ältere Menschen kann die Schwerhörigkeit sein, die im Alter zunimmt, wenn die Sinneswahrnehmung nachläßt. Mit leichter Schwerhörigkeit leben manche Teilnehmer noch recht gut. Gelegentlich empfinden sie es sogar als angenehm, wenn sie nicht mehr alle Geräusche und manches unnütze Gerede wahrnehmen, so jedenfalls erzählen sie es mir. Wenn die Schwerhörigkeit zunimmt, können sie sich mit einer Hörhilfe Besserung verschaffen. Wofür sich manche Teilnehmer allerdings schwer entscheiden können, da sie von der psychischen Belastung des Gerätes wissen, auch aus Eitelkeit noch keine positive Einstellung zum Gerät haben.

Zu nennen sind auch noch die organisch-kranken Teilnehmer, die Tabletten und Spritzen benötigen. All diese Einschränkungen ähneln sich in ihren Erscheinungsbildern, die individuelle Betroffenheit jedoch zeigen uns die Teilnehmer in unterschiedlichem Maße. Immer wieder fällt mir bei einzelnen auf, daß sie ihre Eingrenzungen als Signal und Hilferuf einsetzen, weil ihnen dadurch vermehrte Aufmerksamkeit, Zuwendung und so manch eine freundliche oder auch liebevolle Geste entgegengebracht wird. Einzelne Teilnehmer flirten mit ihrer Behinderung und pflegen sie; sie gibt ihnen Gesprächsthemen und wohltuende Anteilnahme.

So manch ein hörgeschädigter Teilnehmer versteht auch leise Töne, so manch ein Gehbehinderter kann auch ohne seinen Stock gehen, so manch ein Herzkranker kann noch ausgiebig tanzen, wenn er sich akzeptiert, verstanden und geborgen fühlt.

Diese Erfahrung mache ich allerdings auch in den Spielgruppen mit jungen und ganz jungen Teilnehmern. Auch hier sind Menschen eingeschränkt und behindert. Hier heißen die Einschränkungen Allergien, Bronchitis, Asthma und, und, und... Selbst schwerwiegende Krankheiten können in diesem Zusammenhang gesehen werden. Manche Menschen können damit gut umgehen. Sie akzeptieren sie und haben sich schon längst andere und neue Lebensaktivitäten gesucht. Andere haben Mühe, mit der Begrenzung zu leben und liegen im Streit mit sich und dem Umfeld. Wieder andere können die schmerzfreien Augenblicke genießen und tragen schweigend ihre Last.

Die immer wiederkehrenden Höhen und Tiefen kennen wir alle. So manch ein Tisch- oder Kreisnachbar der Gruppe spricht ein tröstendes Wort und reicht eine helfende Hand, wenn er aufmerksamer Teilnehmer ist.

Neben den körperlichen und geistigen Schwächen, die offen oder verdeckt recht unterschiedlich vorhanden sind und wahrgenommen werden, treten die Eigenarten einzelner Teilnehmer auf, die für andere wieder eine zusätzliche Belastung sein können, z.B. das ständige Dazwischenreden, das Kaffeeschlürfen, der Anspruch auf den Stammplatz, das Reden hinter dem Rücken, das hektische Helfen-Wollen, das Besser-Wissen, das nervöse Hin- und Herrutschen auf dem Stuhl usw. All das sind Eigenschaften, die in jeder Gruppe, in jeder Gesellschaftsschicht zu erleben sind. Weil jedoch der ältere Mensch zudem oft allein ist, sich einsam und verlassen fühlt, kann bei ihm schnell eine Unzufriedenheit aufkommen und verstärkt spürbar werden.

Manchmal werden auch die Alltagssorgen und Ängste sichtbar, wie die Angst, verhungern zu müssen und keinen Besitz mehr zu haben. Dann erleben wir, wie die Senioren beim Kaffeetrinken alles in sich hineinstopfen, was an Eßbarem auf den Tellern liegt, und sie Gegenstände einstecken, die ihnen gar nicht gehören. Sie können nicht genug bekommen, weil sie denken, zu wenig zu besitzen, das ihnen Sicherheit bietet.

Hinzu kommt manchmal die Angst vor der Abhängigkeit und dem Versagen. Sie erleben, daß ihre Kräfte immer mehr nachlassen. Sie können nur noch wenig allein bewältigen. Und dieses Wenige dezimiert sich immer stärker. Darum wird das Wenige wichtig und groß. So erhalten sie sich ihren Wert und ihr Prestige. Weil sie ihre Unzulänglichkeit nicht zugeben wollen, wählen sie Ausflüchte oder Unwahrheiten. So können wir z.B. hören: „Doch, das habe ich ganz allein gemacht, nicht gekauft oder geschenkt bekommen." Oder: „Die Tasse habe ich nicht fallen gelassen. Frau F. ist gegengestoßen, und da fiel sie runter." Sie haben Angst zu versagen und dadurch nichts mehr wert zu sein.

Gelegentlich erleben wir auch Menschen, die sich im Alter immer wichtiger nehmen. Sie wollen immer mehr Ansprache haben, gefragt werden, wenn es um Kleinigkeiten geht. Alles mitentscheiden, vieles bestimmen und als Persönlichkeit behandelt werden. So hören wir manchmal: „Mich fragt keiner" oder „Wann sagt ihr schon mal Fr. M. zu mir“ oder „Ob ich komme oder nicht, das ist euch ja so egal, mich vermißt keiner.“

Wenn wir wissen, daß dies die Urängste unserer Senioren sind, können wir damit besser umgehen. Den Abbau der fünf Sinne – Sehen, Hören, Schmecken, Riechen, Tasten – zu erleben und zu akzeptieren, fällt uns leicht. Das findet unser Verständnis durch eine überzeugende Erklärung, die im Prozeß des Älterwerdens begründet liegt. Die Menschen können uns mit ihrer Wahrnehmungseinschränkung auch nicht verletzen. Mit ihren Ängsten aber können sie zur Belastung werden, denn sie greifen andere Menschen an und kritisieren ihr Verhalten, das eigene aber bleibt unreflektiert.

Adler, Freud und Jung sehen die Angst in Verbindung mit Verlusten, die menschlich real sind und eine Beziehung zum Seelischen haben. Aufgehoben werden kann diese Angst durch die Verbindung mit anderen Menschen, durch das bewußte Erfahren der Zugehörigkeit.

Bei Spielaktionen treten die Ängste dieser Menschen seltener zutage. Hier sehen wir die Senioren als einzelne Persönlichkeiten und gehen auf individuelle Fähigkeiten und Schwächen ein. Hier wird jeder als wichtiges Glied einer Gemeinschaft angesprochen und hat die Chancen, seine Wahrnehmungen zu erkennen, zu vergleichen und zu entwickeln.

Hier, bei der spielerischen Herausforderung, wird die kleinste Fähigkeit verstärkt. Jeder kann sich einbringen und findet Beachtung und Anerkennung in der Gruppe. Die spontane Herausforderung läßt das Alter, die Schmerzen und das momentane Befinden vergessen und eine Freude aufkommen, die im Spiel zur spürbaren Zunahme der Vitalität führt und noch lang danach als Bewußtseinserweiterung und Bewegungsverbesserung erfahren wird. Wie das in der Praxis erlebt wird, schildere ich Ihnen an einigen Beispielen.

Spielsituationen

Heute ist wieder ein Spielnachmittag angesagt; die Senioren betreten erwartungsvoll ihren gewohnten Gruppenraum. Einige tragen neben der Handtasche noch eine Plastiktüte oder einen großen Umschlag mit sich; sie haben sich für heute vorbereitet. Sie haben große Bilder gesammelt, bekannte Sprichwörter oder ungewöhnliche Erlebnisse aufgeschrieben. Sie haben Hüte oder

Kleider in den Tüten und manchmal sogar ein besonderes Erinnerungsstück, das sie schon seit vielen Jahren nicht mehr in der Hand hatten.

Frau H. kommt heut zu spät. Wir wundern uns, weil sie sonst immer pünktlich ist. Heute jedoch hatte sie ihr „Spielmaterial" vergessen und mußte nochmals zurücklaufen. Erhitzt vom schnellen Laufen setzt sie sich, öffnet für mich kurz ihre Plastiktüte und flüstert mir zu: „Das Kleid paßt mir wieder. Ich habe extra einige Pfund abgenommen, damit ich heute mit dem Kleid spielen kann, das ich 1957 das letzte Mal getragen habe." Leider konnte sie es an diesem Spielnachmittag doch noch nicht tragen, weil ich wieder so viele ideenreiche Beiträge von den Senioren bekommen hatte, daß ich aus Zeitgründen die letzte große Kleider-Szene nicht mehr entwickeln und spielen konnte. Es tat mir leid für sie. Frau H. hatte Verständnis dafür. So trug sie es Wochen später für die erdachte und von den Senioren gespielte Liebesgeschichte von Amadeus und Thusnelda, die von einer 74- und einer 84jährigen Frau aufgeschrieben wurde und uns allen unvergessen bleibt.

In einer anderen Gruppe regte ich die Teilnehmer zu einem Schreibspiel an. Jeder Anwesende konnte einen Buchstaben des Alphabets, den ich groß auf ein weißes Stück Papier geschrieben hatte, ziehen. Die Buchstaben X Y Z ließ ich weg. Als ich mit meinen Buchstaben zu Frau L. kam, sagte sie zu mir: „Ich mache nicht mit. Ich habe die Brille nicht dabei." Darauf erwiderte ich: „Ich verstehe, daß Sie heute ihre Brille nicht dabei haben. Sie wußten ja nicht, daß wir heute schreiben wollen. Wählen Sie sich hier einmal einen Buchstaben, ich lese Ihnen den vor, und dann schreibe ich Ihnen die Wörter auf, die Sie mir zu diesem Buchstaben sagen." „Nein, das brauchen Sie nicht. Wissen Sie, ich kann mich heute auch gar nicht auf so was konzentrieren", entgegnete sie mir. Ich merkte, wie ich sie überfordert hatte. Obwohl ich dieses Spiel zuvor mit Beispielen erklärte und ihnen eine Wort-Geschichte vorlas, erschien ihr diese geistige Arbeit zu schwer. Sie traute es sich nicht zu, Wörter oder einen Satz mit jeweils ein und demselben Anfangsbuchstaben beginnen zu lassen. Ich zeigte ihr meine restlichen Buchstaben und nannte ihr ein paar Wörter dazu. „Diese Wörter kennen Sie doch", meinte ich, „und wenn sie jetzt zu ihrem gezogenen Buchstaben einige passende Wörter sagen, ist das alles, was wir jetzt spielen." Sie guckte mich unsicher an. Ich merkte, ganz so ablehnend war sie nicht mehr. Da half mir ihre Nachbarin, die zu ihr sagte: „Komm, mach mal, ick helf dir dabei." „Du hast ja auch deinen eigenen Buchstaben und mußt schreiben", meinte sie. Darauf entgegnete die Nachbarin: „Ick schaff' das schon." So machte ich noch eine beruhigende Handbewegung und sagte: „Ich komme gleich noch einmal" und ging. Als alle Senioren beim Nachdenken und Schreiben waren, ging ich zu dem einen und anderen und auch zu dieser Frau und schaute, ob Hilfe nötig war. Sie war nötig, jedoch nicht bei dieser Frau.

Zu jedem Topf findet sich ein Deckel, sagt ein altes Sprichwort. Ist es wirklich so? Wir wollten es heute wissen. Ich brachte 6 verschiedene Cremedosen mit, alle leer, sauber und in verschiedenen Größen, Formen und leicht unterschiedlichen Materialien. Vier davon stellte ich auf ein leeres Tablett, öffnete sie und legte die Deckel daneben. Jeder Spieler konnte sie sich nun angucken, auch anfassen und sich von der Zusammengehörigkeit der Teile überzeugen. Dann begann das Spiel. Die Seniorengruppenleiterin machte den Anfang. Sie schloß die Augen. Ich vermischte alle Dosen und Deckel und nun konnte sie die passenden Deckel zu den Dosen suchen. Wir sahen, wie ihre Hände die Deckel erfühlten und die dazupassenden Dosen suchten. Sie probierte, stellte sie wieder weg und probierte neu. Ihre Hände glitten über Deckel und Dosen, und weil das Tablett recht groß war und die Dosen und Deckel unterschiedliche Höhen hatten, tastete sie sich langsam an eine bestimmte Dose heran, die sie sich wahrscheinlich bei der ersten optischen Wahrnehmung gemerkt hatte. Für uns Sehende war das recht spannend; denn manchmal standen passende Dosen neben dazugehörenden Deckeln, und sie hätte nur zuzugreifen brauchen, ja, wenn sie es gesehen hätte, aber bei diesem Spiel war ja nur der Tastsinn angesprochen. Und sie schummelte nicht. Nachdem sie die ersten zwei passenden Teile gefunden hatte, ging das Spiel schneller, denn es wurden ja immer weniger Teile, und sie hatte sie inzwischen gut kennengelernt.

Bei der nächsten Spielerin erkannten wir, daß sie gezielt vorging. Sie erfühlte zuerst alle Deckel und legte sie auf die linke Seite des Tabletts, alle restlichen Teile schob sie auf die rechte Seite. Dann suchte sie sich den kleinsten Deckel auf der linken Seite und die entsprechende Dose dazu auf der rechten Seite. Nach dieser Ordnung ergänzte sie die Teile schnell.

Eine andere Spielerin richtete sich nach dem Gewicht der Dosen, eine weitere nach dem Material. Nun nahmen wir auch schon die zwei restlichen Dosen ins Spiel; jeder Spieler konnte die Menge seiner Spieldosen selbst bestimmen. Das brachte den Zuschauern neue Spannung und dem Spieler die Chance, eine Herausforderung anzunehmen und sich mit seiner Selbsteinschätzung zu äußern. Am

Ende des Spiels wußten wir: Das Sprichwort bewahrheitete sich. Zu jedem Topf findet man einen Deckel.

Anfänglich hatte das Spiel bei einigen Hemmungen ausgelöst. Die Spieler hatten Angst, es nicht zu schaffen. Einige meinten auch, ich solle ihnen vor dem Suchen die Augen verbinden. Aber es war nicht nötig. Lediglich bei einer Seniorin bemerkten wir, daß sie kurzzeitig blinzelte. Aber das kann an einer Konzentrationsschwäche gelegen haben oder an der ungeübten Tätigkeit, die Augenlider geschlossen zu halten. Dieses Spielverhalten steht ja ganz im Gegensatz zu unserer sonstigen Lebenseinstellung, nämlich alles wachsam mit geöffneten Augen wahrzunehmen.

Durch diesen Spielvorgang erlebten wir, daß wir mit nur einem unserer fünf Sinne manche Dinge viel genauer wahrnehmen können, daß wir Entdeckungen machen, die uns verschlossen geblieben wären, wenn wir uns darauf nicht eingelassen hätten. Wir erinnerten uns an die Reize in unserer Umwelt, die uns täglich überfluten, die zur Zerstreutheit führen und unser Empfinden für die kleinen Details überlagern bzw. zerstören. Nach der Gruppenstunde sagte mir die Leiterin: „Es war für mich heute erfreulich zu erleben, wie alle Senioren mitspielten und auch mit Begeisterung dabei waren. Bei mir in der Gruppenstunde schließen sich drei Senioren aus Aktivitäten dieser Art aus; sie sagen immer, daß sie so etwas wegen ihrer arthritischen Hände nicht mehr tun können. Nun weiß ich, Spielangebote haben einen großen Aufforderungscharakter und lassen Leiden vergessen."

Das ist das Geheimnis, welches zum Erfolg eines Spielnachmittags führt! Wir lernen uns in einer angenehmen, offenen, schöpferischen und oft ganz neuen Situation kennen, dürfen neu entdekken, was uns fremd ist, können mit unseren Sinnen differenziert wahrnehmen, was wir isoliert noch nie oder schon lange nicht mehr ertastet, gesehen, gehört oder bedacht haben. Aktivität und Dynamik werden von uns erwartet. Dies sind auch die Erfolgsgaranten in unserer Gesellschaft. Dabei geht die Fähigkeit, sich zu sammeln, zur Ruhe zu kommen, sich auf seine Person zu konzentrieren, immer mehr verloren. Ohne es zu merken, verliert dabei der eine oder andere seine Persönlichkeit. Denn seine Harmonie, die immer nur durch eine ausgewogene Balance zwischen aktivem Denken und Handeln und bewußter Ruhe und Entspannung zustande kommt, muß gesucht und geübt werden. Das Wissen um diese Wechselbeziehung von Anspannung und Entspannung reicht nicht aus, um geistig und körperlich fit zu bleiben und den heutigen Ansprüchen in unserer Gesellschaft gewachsen zu sein. Wir müssen etwas tun, damit wir die eigenen Kräfte aufspüren, sie entwickeln, stärken und bewußt wieder einsetzen.

In mehreren Gruppen sind mir Menschen begegnet, die mir sagten: „Lassen sie mich zufrieden. Ich kann das nicht mehr. Das Spiel ist mir zu anstrengend." In Wirklichkeit, so vermute ich, wollten sie mir nur zu verstehen geben, daß sie keine Energie mehr aufbringen und nur noch in Ruhe gelassen werden wollen. Dabei sind sie aber im Grunde ihres Herzens recht unglücklich und fühlen sich zurückgesetzt und nicht geliebt. Durch die ständige Berieselung in unserer Gesellschaft gehört schon eine Portion Energie dazu, sich herauszunehmen aus dem Sog der Vereinsamung und sich selbst Werte des Lebens zu geben, die zur Harmonie in sich selbst und mit der Umwelt führen.

Mit Hilfe positiver Gedankenspiele und Impulse lassen sich Ziele oft um einiges müheloser, sicherer und oft auch schneller erreichen als durch ausschließliche Willensanstrengung.

„Der Weg zu dem, was unser Leben über die Sorge hinaus erst lebenswert macht und ihm einen höheren Sinn gibt, alles das, was unser Dasein noch darüber hinaus, daß wir existieren, zu bereichern vermag, führt nicht nur über die Erfahrung der Arbeit, sondern gerade über das Erleben echten Spiels." (Hetzer 1968, S. 10) Denn „was heißt denn bloßes Spiel, nachdem wir wissen, daß unter allen Zuständen des Menschen gerade das Spiel, und nur das Spiel es ist, was ihn vollständig macht" (Schiller). Gezielte Spiele mit körperlicher und geistiger Bewegung können Hilfen sein, sich und andere besser zu verstehen, klärende Gespräche zu beginnen und sich in der Umwelt besser zurecht zu finden. Bei jedem Spielnachmittag erlebe ich, wie Senioren so langsam in ihren Körperbewegungen großräumiger werden, wie nach einem laut ausgesprochenen Wort auch bald das nächste kommt und nach einer lustigen Mitspielphase der Mut zum weiteren Spiel wächst. Am Schluß des Spielnachmittags schaue ich in angeregte Gesichter, die mir offen entgegenstrahlen.

Ich erlebe Menschen, die ihre Stöcke für den Heimweg vergessen. Menschen, die mit ihren Händen zugreifen und Unterschiede erfühlen können, obwohl sie diese Fähigkeit bei sich selbst schon lang nicht mehr festgestellt haben. Menschen, die auf leise Geräusche spielerisch reagieren, obwohl sie nicht mehr gut hören können. Menschen, die große Buchstaben und Wörter erkennen können, obwohl sie doch schon lange nicht mehr lesen können. Menschen, die tanzen können, obwohl sie mit ihrem Herzschrittmacher seit 10 Jahren nicht mehr getanzt haben.

Spielort

Der Spielort ist meist ein Ort, an dem Gruppen regelmäßig zusammenkommen, so auch Seniorengruppen. Sie treffen sich in ihren vertrauten Räumen an bestimmten Tagen, zu festen Zeiten. Alles um sie herum ist den Senioren bekannt: die Möbel, der Wandschmuck, die Lampen und alle kleinen Besonderheiten des Raumes. Sie kennen die Garderobe, die Toiletten und die weiteren Räume des Hauses. Dort treffen sie sich für einige Stunden in der Woche, sie reden miteinander und erleben sich in verschiedenen Aktionen. Manche Senioren sind Besucher oder Mitglieder einer Freizeitstätte, die von montags bis freitags jeweils am Nachmittag geöffnet ist. Wenn sich hier Interessenten finden, kann an jedem Tag gespielt werden. So gestalten sich die Senioren die Nachmittage mit verschiedenen Spielen: Canasta, Skat, Mensch ärgere dich nicht u. a. Gelegentlich spielen sie auch gern mit einem Spielpädagogen und lassen sich auf andere und neue Spiele ein. Auch in Seniorenwohnhäusern wird gespielt. In ihren Aufenthaltsräumen liegen Spielmaterialien aus. Einige Bewohner treffen sich hier nachmittags zum Spiel. In unregelmäßigen Abständen werden alle Senioren zu einem Spielnachmittag eingeladen, den ich mit ihnen gestalte.

Immer sind ihnen die Räume bekannt. Das ist die beste Voraussetzung für alle Beteiligten. Vertrautes gibt Sicherheit und Geborgenheit, ein Urbedürfnis des Menschen.

Wenn wir die Möglichkeit haben, uns einen Raum für eine Gruppe zu wählen und ihn auch einzurichten, dann ist dabei folgendes zu bedenken. Der Raum sollte so groß sein, daß man in ihm einen Stuhlkreis aufstellen kann. Jeder im Kreis Sitzende sollte alle anderen Mitspieler von seinem Platz aus sehen können. Die Stühle sollten dicht nebeneinander stehen. Lücken sind nur in dem Abstand nötig, in dem sie zum bequemen Sitzen gebraucht werden oder behinderten Senioren den nötigen Bewegungsraum schaffen. Eine Lücke neben dem Spielleiter ist angebracht, damit er seine Requisiten und seinen Cassettenrecorder auf einem Tisch erreicht und Mitspieler den Auf- und Abgang in der Tisch- und Türnähe finden.

Bietet der Raum nicht die optimale Spielfläche und Sicht, muß man überlegen, wie man Säulen, Winkel oder andere Hindernisse so einbezieht, daß sie weniger stören. Manchmal wollen sich ruhige, kranke, behinderte Menschen gern auf ungünstige Plätze setzen, um sich zurückzuziehen. Dies Verhalten ist bei jedem Senior individuell zu überdenken und sollte immer wieder überprüft werden.

Manchmal ist dieser Wunsch nicht unbedingt ein Bedürfnis nach Zurückziehung, sondern ein soziales Rollenverhalten, weil der Betreffende sich schon sehr oft zweitrangig behandelt fühlte und diese Rolle verinnerlicht hat.

Andere, bessere Räume im gleichen Haus oder in der Umgebung der Senioren nur für die Spielnachmittage zu wählen, kann ungünstig sein. Eine fremde Umgebung verbreitet Kälte und Angst, und dies blockiert die spontane Spielfreude. Sollte die Umsiedlung in einen anderen Raum einmal unumgänglich sein, muß der Spielleiter eine längere Anwärmphase, Auflockerung und Bewegung einplanen.

Ist der Raum zu groß, sollte man ihn durch Tische und Stühle abgrenzen, damit er die nötige spielerische Nähe zuläßt. Ein kleinerer Raum sollte für Senioren immer vorgezogen werden. Ideal ist, wenn die Zahl der Spieler ihn ausfüllt. Ist er zu groß, wird es leicht ungemütlich. Ist er zu klein, engt er Spieler ein, und die Luft ist schnell verbraucht. Auch die Raumtemperatur sollte ausgeglichen geregelt sein, damit das Wohlfühlen nicht eingeschränkt wird. Auch ein richtiges Licht ist zu wählen. Es sollte nicht blenden, nicht zu hell, nicht zu dunkel sein.

In einem angenehm mit Bildern, Postern und mit Blumen geschmückten Raum ist man gern. Damit sollte er jedoch nie überladen werden. Erst durch die Menschen in ihm soll er eine volle Ergänzung und Bestimmung erhalten. Haben Sie das Glück, die Einrichtung und Gestaltung des Raumes mitzubestimmen, dann stellen Sie sich ein Regal und ein Sidebord bzw. einen Schrank hinein. Das Regal können Sie nach und nach mit Spielen und mit Büchern füllen und den Schrank mit Spielmaterialien, die Sie mit Ihrer Gruppe erstellen bzw. sammeln. Auch die Requisiten wie z.B. Tücher, Hüte, Würfel, Bälle, Schnüre etc. haben hier Platz, ebenso ein Ordner mit ihren Bildern, Wörtern und Artikel-Sammlungen, sowie der Cassettenrecorder, Cassetten und das Verlängerungskabel.

Spielen Sie gelegentlich mit Senioren in fremden Räumen, dann nehmen Sie sich Ihre notwendigen Materialien mit. Es ist ratsam, den Raum eine Stunde vor Spielbeginn kennenzulernen und ihn nach den genannten Gesichtspunkten einzurichten und die Anwärmphase entsprechend zu gestalten. Bei Ausflügen, Gruppenreisen oder anderen Zusammentreffen in unbekannter Umgebung ist selten der optimale Spielraum vorhanden. Sollten Sie zwischen zwei verschiedenen Räumen wählen können, dann wählen sie den kleineren. Hier entsteht eher die berühmte Gemütlichkeit und das

Wohlfühlen, das eine positive Grundstimmung zuläßt. Wir brauchen sie für unsere Spiele, die zur ganzheitlichen Sensibilisierung in allen Wahrnehmungsbereichen führen. Wenn Sie Spielveranstaltungen für zwei oder mehrere Gruppen zusammen anbieten wollen, dann bedenken Sie neben dem Spielort auch die gesamte Umgebung, einschließlich Weg. Welcher Gruppe können sie die eine oder andere Wegstrecke zumuten?

Sehen Sie sich einmal mit einem Raum konfrontiert, der all diese Voraussetzungen nicht erfüllt, können Sie trotzdem spielen. Mit Mut und Akzeptanz kann die Herausforderung gelingen.

Spielen kann man zu jeder Tages- und Nachtzeit. Unsere Senioren spielen am liebsten am Nachmittag, dann haben sie ihre privaten Arbeiten erledigt und ihre aushäusigen Termine meist wahrgenommen. Der Nachmittag ist für sie die Zeit der bewußten Freizeit, für die sie sich gern gelegentlich etwas Schönes vornehmen, dazu gehören auch die regelmäßigen Zusammenkünfte der Seniorengruppe.

Sie beginnen zwischen 14 und 15 Uhr und enden zwischen 16 und 17 Uhr, wobei manche Gruppen im Herbst und Winter den Zeitpunkt ihres Treffens um eine halbe Stunde vorverlegen, damit alle Senioren noch bei Tageslicht nach Hause kommen. Ist der Beginn des Seniorenkreises z. B. für 14.30 Uhr festgelegt, kommen die ersten Teilnehmer schon gegen 13.30 Uhr. Sie möchten noch vor dem offiziellen Anfang einen Plausch miteinander halten, wichtige Absprachen treffen, die anderen Teilnehmer in Ruhe wahrnehmen, Ärger und Sorgen abladen, sich über andere aufregen, eine eigene Handarbeit vorzeigen, Ideen für ein bevorstehendes Fest erörtern oder nur dabeisein. Nicht jeder Senior kann und will sich mitteilen. Er möchte einfach nicht zu spät kommen und das Gefühl empfinden: Ich gehöre dazu.

Der Gruppenraum sollte den Senioren auch von diesem Zeitpunkt an offen stehen, damit sie sich in Ruhe, Geborgenheit und angenehmer Wärme austauschen und wohlfühlen können. Manche Gruppenleiter möchten diese erste Phase der wöchentlichen Begegnung miterleben; jeden einzelnen Menschen nach dem Ankommen begrüßen, ihn nach dem Befinden befragen und zuhören, wenn er sich mitteilen will. Manche Seniorengruppenleiter können oder möchten bei diesem Anfang nicht gegenwärtig sein. Sie haben dafür keine Zeit oder können sich noch nicht öffnen, weil sie innerhalb eines Tages auch eine Verschnaufpause brauchen und nicht für viele Menschen die seelische Abladestelle sein können.

Für den Spielpädagogen ist das frühe Dabeisein interessant und hilfreich, denn je intensiver er einen Teilnehmer wahrnimmt, desto gezielter kann er im Spiel mit ihm umgehen, sensibel auf ihn eingehen, ihn herausfordern, anleiten und bestätigen. Wenn der Pädagoge dies bedenkt, kann er sich vielleicht auf den frühen Zeitpunkt einstellen. Auf den langen Prozeß der gemeinsamen Weiterentwicklung bezogen, beinhaltet das Dabeisein von Anfang an die besten Chancen dazu, zudem erfährt der Spielleiter von den Senioren in der Phase des Eintreffens Alltäglichkeiten, die er im Spiel einbringen, spielerisch umsetzen, vielleicht auch verarbeiten kann.

Grundlegendes in Kürze

Verschaffen Sie sich vor der Planung eines Spielnachmittags soviel Informationen über Ihre Zielgruppe wie nur möglich. So können Sie sich um so gezielter Ihre Spielaktionen überlegen und die Steigerungen und Dynamik Ihres Programms besser einplanen. Die Überraschungen bleiben trotzdem nicht aus, und Ihr geplantes Programm wird durch die Lebendigkeit der Gruppe verändert.

Planen Sie alternativ und strukturieren Sie die Spielideen so, daß sie immer veränderbar sind. Wenn Sie z. B. 10 Spiele in einer bestimmten Reihenfolge geplant haben, kann es im Spielverlauf ratsam sein, nach dem 3. Spiel das in Ihrer Reihenfolge an achter Stelle gesetzte Spiel zu spielen, da die Gruppe gerade zu diesem Spiel eine Beziehung aufbringen kann.

Gehen Sie von bekannten, vertrauten Spielangeboten allmählich über zu originellen, spannenden und unbekannten Spielen. Eine schrittweise gewachsene Spielsicherheit verträgt eher eine „kalte Dusche“, obwohl Sie die „Dusche“ ja sicherlich nie ganz kalt, sondern wohltemperiert regulieren wollen.

Bereiten Sie sich auf ein umfangreiches Programm vor, auch wenn Sie wissen, Sie werden und möchten nicht alles schaffen. Spiellöcher sollten nicht entstehen. Eine Unsicherheit überträgt sich.

Spielen Sie mit Begeisterung und Hingabe. Genießen Sie die Spielfreude und das Spielgeschehen mit Ihrer Gruppe.

Wechseln Sie an dem Spielnachmittag mehrfach die Spielrhythmen. Anspannung und Entspannung vertiefen die Erlebnisse. Nach einem aktionsreichen Spiel sollten Sie die Ruhe eines besinnlichen Spiels genießen.

Merken Sie sich soviel Namen wie nur möglich, das verbindet Sie stärker mit der Gruppe und gibt den Senioren das Gefühl des Dabeiseins und der persönlichen Herausforderung.

Beziehen Sie jeden Anwesenden nach Möglichkeit in Ihre Spielaktionen mit ein. Zwingen Sie ihn nicht. Kleine Aufgaben jedoch, wie z.B. das Festhalten eines Balls, Weiterreichen eines Hutes, Betätigen einer Klingel sind vielleicht von ihm zu übernehmen.

Haben Sie die Chance, mehrere Nachmittage in der gleichen Gruppe spielerisch zu gestalten, verteilen Sie kleine Arbeiten an die Senioren. Sie können noch viel, wenn wir sie positiv herausfordern und ihnen gelegentlich die nötige Hilfestellung geben.

Ermutigen Sie jeden Spieler zur eigenen Aktion und geben Sie ihm eine positive Rückmeldung.

Wählen Sie sich Spielmaterialien zum Nulltarif. Unsere Wegwerfgesellschaft ist reich damit ausgestattet. Bereiten Sie die Spielutensilien auch mit den Senioren vor. Sie helfen gern.

Setzen Sie gelegentlich Tonträger für die verschiedenen Spielformen ein. Sie bereichern die Wahrnehmungsfähigkeit und fördern die Aktivität.

Wählen und gestalten Sie sich einen Raum, der warm, hell und freundlich ist. Schmücken Sie ihn mit Bildern, Postern und Blumen, und legen Sie in Abständen immer wieder andere Spielmaterialien darin aus.

Suchen Sie sich einige Gedanken heraus, die Sie für Ihre Arbeit als hilfreich akzeptieren können. Nehmen Sie sich Zeit für die Reflektion nach einem Spielnachmittag. Ihre Lernschritte sind abhängig von dem, was Sie erlebt und verstanden haben. Sie können nur das verändern, was Ihnen bewußt ist.

Und noch dies: „Leute, die viel arbeiten, machen viele Fehler. Leute, die weniger arbeiten, machen weniger Fehler. Es soll Leute geben, die gar keine Fehler machen.“ (Curt Goetz)

Spielanregungen mit Beiträgen von Senioren

Die nun folgenden Spiele habe ich zwölf verschiedenen Spielarten zugeordnet, die alle ihre unterschiedlichen Tendenzen haben. Sie sprechen primär den Bereich an, den die Spielart in ihrer Überschrift vorgibt. Gleichzeitig werden die Spielinhalte jedoch von mehreren Sinnen wahrgenommen und beeinflußt. Ein Kontaktspiel zum Beispiel führt einzelne Menschen zusammen, es schafft Kontakt. Dieser Kontakt wird mit den Augen verfolgt, mit der Sprache begleitet, durch die Ohren akustisch wahrgenommen und durch eine taktile Aktion ausgeführt, auch erfühlt und vielleicht sogar errochen. So sind bei einem Spiel mehrere Sinne, manchmal sogar alle, angesprochen. Da zudem die Spielregeln von Menschen unterschiedlich gelesen und wahrgenommen werden, kann eine Spielart nur richtungsweisend zu verstehen sein.

Bei vielen Spielen werden Sie Satzinhalte nicht immer gleich erkennen und gleich betonen. Sie gehen mit einer Regel differenziert um. Einmal liegt Ihnen mehr an dem einen Spielteil, dann verstärken Sie diese Komponente, eine anderes Mal bevorzugen Sie einen anderen Schwerpunkt.

Wenn Sie auch noch die Anregungen zur Spielvariation ausprobieren, bemerken Sie spätestens hier, daß das Spiel dadurch einen anderen Akzent bekommt und somit eigentlich unter einer anderen Kategorie aufgeführt sein müßte. Darum empfehle ich Ihnen bei der Suche nach Spielen, sich zuerst einmal einen Überblick zu verschaffen.

Lesen Sie sich viele Spiele zuerst einmal durch. Wenn Sie z.B. Kontaktspiele suchen, dann schauen Sie auch in die Kategorien Tanzspiele, Bewegungsspiele und Geschicklichkeitsspiele. Vielleicht entdecken Sie das Kontaktspiel, wonach Sie suchen, sogar in den Anspielen oder Kimspielen; weil Sie sich dieses Spiel für Ihre Gruppe kontaktfördernd vorstellen können und Sie selbst einen positiven Kontakt zu dem Spiel gefunden haben. Probieren Sie es aus.

Die Beispiele der Senioren zeigen Ihnen, wie und mit welchem freudigen Einsatz die Spieler, Mitspieler und Teilnehmer die Spiele aufnehmen, verarbeiten und sich selbst einbringen. Auch wenn einzelne Senioren nicht gleich die große Begeisterung über unsere Spielidee äußern, sollten wir uns nicht irritieren lassen, sondern immer wieder mit neuem Schwung und neuer schöpferischer Kraft an die Herausforderung zur vermehrten Lebendigkeit gehen. So werden Sie mit einem veränderten Bewußtsein gemeinsam „spielend ins Alter“ gehen.

Vor Beginn jeder Spielregel informiere ich Sie über die Gruppenstärke, die Spieldauer und das nötige Material. Diese Angaben sind als Empfehlungen zu verstehen und sollen keine Eingrenzungen beinhalten. Wenn ich z. B. Spieler: 8 – angebe, dann habe ich die Teilnehmerzahl nach oben hin offen gelassen. Sollten Sie ca. 15, 30 oder mehr Teilnehmer haben und den Spielinhalt reizvoll und interessant finden, dann probieren Sie das Spiel aus. Erscheint Ihnen die Gruppe dann doch zu groß, teilen Sie sie in zwei Kleingruppen und schon geht's besser.

Probieren Sie mutig alle Spiele in unterschiedlichen Gruppengrößen aus, wenn es die Teilnehmer nicht überfordert, und machen Sie Ihre eigenen Erfahrungen. Sollte Ihnen gelegentlich ein Spiel gar nicht gefallen, streichen Sie es nicht gleich von Ihrer Spielliste. Zu einem anderen Zeitpunkt können Sie positive Erfahrungen mit dem Spiel machen. Denn das Gelingen eines Spiels hängt von vielen Gegebenheiten, so auch von der momentanen Spieloffenheit ab.

Ebenso ist auch die Spieldauer nur eine Cirka-Angabe. Bald werden Sie erfahren, daß ein Zehn-Minuten-Spiel vielleicht eine Stunde lang Spaß macht, oder ein Zwanzig-Minuten-Spiel an einem Tag keine Minute Begeisterung auslöst. Bleiben Sie offen und interessiert.

Kontaktspiele

Kontaktspiele haben leicht verständliche Spielregeln, die dazu führen, auf einfachen und direkten Wegen menschliche Beziehungen zu schaffen. Sie vermitteln Geselligkeit und verhelfen zur spontanen Öffnung der Spieler untereinander.

Ihre Aufforderung zielt auf die gemeinsame körperliche Bewegung. So eignen sich auch andere Bewegungsspiele, Tänze und Polonaisen für den Anfang einer spielerischen Kontaktaufnahme.

Wenn ein Pädagoge Spiele dieser Art für seine Seniorengruppe wählt, sollte er die Körperlichkeit seiner Teilnehmer bedenken, da manche Spieler mit Einschränkungen leben und somit nur bedingt großräumige Spielaktionen genießen können.

Kein Spielleiter unterliegt der pädagogischen Pflicht, mit Spielen dieser Art gesellschaftliche Kontakte zu schaffen. Er kann mit jedem anderen Spiel Menschen näher zusammenbringen, sie aufeinander aufmerksam machen und eine Atmosphäre schaffen, die Wärme und Geborgenheit ausstrahlt.

Die Vorstellung

Spieler: 8– Dauer: 8–15 Minuten
Material:

Alle Spieler stehen oder sitzen im Kreis. Jeder stellt sich nun mit seinem Namen vor und macht dazu eine ihm angenehme Geste, Bewegung oder einen Gesichtsausdruck. Der Spielleiter beginnt. Er sagt seinen Namen und macht z.B. eine Körperdrehung oder klatscht in die Hände oder streicht sich über die Haare oder schneidet eine Grimasse oder rollt mit seinen Augen ... Er kann auch seine Stimmlage verstellen.

Die zweite Runde der Vorstellung beginnt wieder beim Leiter. Jetzt bleibt er aber stumm und still stehen, und alle anderen sagen seinen Namen und machen seine typische Bewegung, Geste oder Grimasse dazu. Fällt den Mitspielern das nicht mehr ein, wird die erste Runde wiederholt. Jetzt aber langsamer, damit jeder genügend Zeit zum Schauen und Spielen hat. Danach beginnt die zweite Runde wie schon beschrieben.

Variation

Bei einer nächsten Vorstellungsrunde kann die Vorstellung ohne Sprache gespielt werden; dabei aber nicht die Mundformung für den entsprechenden Namen vergessen.

Menschen und Namen unterwegs

Spieler: 10– Dauer: 5–10 Minuten
Material:

Die Spieler sitzen im Kreis. Der Spielleiter fragt in alphabetischer Reihenfolge nach den Vornamen der Spieler. Jeder sollte sich so viele Namen wie möglich merken. Wenn wir alle Namen der Senioren gehört haben und keiner geschummelt hat (auch Senioren machen das manchmal gern), beginnen wir mit dem Bewegungsspiel. Der Spielleiter sagt einen Vornamen, steht auf und geht zu dem betreffenden Spieler. Dieser Spieler sagt einen anderen Vornamen oder auch den gleichen, wenn noch ein Spieler in der Runde diesen Namen trägt und geht zu dem. Der erste Spieler kann sich nun auf den freigewordenen Stuhl setzen. Der dritte Spieler nennt einen Vornamen, steht auf und geht zu dem Namensträger. Der zweite Spieler kann sich setzen. Schwer kann das Spiel werden, wenn uns keine Namen mehr einfallen. Aber hier kann jeder helfen, auch der, dessen Name noch nicht genannt wurde.

Auftrag zum Auftakt

Spieler: 12– Dauer: 10–20 Minuten
Material: Hut, Stock, Buch, Brille, Tasche etc.

Alle Spieler bewegen sich nach einer Musik frei im Raum. Nach einem Musikstopp bilden die Spieler Gruppen zu vier, fünf oder sechs Personen und erhalten einen gemeinsamen Auftrag, z.B. einen Hut holen, ein Tuch, Stock oder Schirm, Brille, Buch, Tasche oder Tüte etc. Nach mehreren Stopps haben sie diese Gegenstände zusammengesucht und auf ihren dafür vorgesehenen Tisch oder Stuhl gelegt. Nun wählt sich jede Gruppe einen Spieler aus der eigenen Kleingruppe, den sie mit den Gegenständen schmückt und so zur Statue, zum Kleiderständer, Werberedner oder Modell werden läßt. Diese damit geschaffene Rolle ist nun von dem einzelnen oder der Gruppe zu spielen. Da die anderen Kleingruppen auch eine Rolle oder Figur geschaffen haben, können auch diese sich zu einem gemeinsamen Spiel zusammenschließen. Zum Schluß bringen die Akteure ihre Gegenstände zum Besitzer zurück; die Spieler können dabei helfen.

Variation

Je nach Spielfreude, Phantasie und Beweglichkeit kann dieses Spiel vielseitig verändert werden. Die Gegenstände können zugedeckt und als Rätsel den anderen Spielern umschrieben oder als Requisiten für einen bestimmten Bewegungsauftrag gewählt werden.

Immer wieder gern entwickeln die Spieler in Kleingruppen Szenen mit diesen Gegenständen. So können alle am ehesten nach ihrer individuellen Spielfreude und Spielidee eine gemeinsame Aktion erfinden und darstellen, in der jeder Teilnehmer die Rolle spielt, die er für sich in der Kleingruppe entwickelt und mit allen anderen abgesprochen hat.

In einer Gruppe entstand einmal ein Verkaufsstand mit Marktschreier und Interessenten, in einer anderen ein Sonntagsspaziergang mit Kind und Kegel, in einer dritten ein Ausflug einer Schulklasse, und in einer vierten das Märchen vom „Tapferen Schneiderlein“.

Wenn die Gegenstände als Rätsel umschrieben werden sollen, bekommt jede Kleingruppe ihren individuellen, schriftlichen Auftrag, so daß alle Gegenstände noch geheim bleiben bis zum Beginn des Ratens. Will der Spielleiter mit dem Requisit einen Spielauftrag verbinden, kann z. B. ein Taschenträger seine Tasche so tragen, wie er seine Rolle ausspielen möchte, vielleicht als Postbote, Hausfrau, Schulkind, Gepäckträger, Versicherungsinspektor etc.

Zahlenmystik

Spieler: 10–26 Dauer: 8–15 Minuten
Material: Liste mit verschlüsselten Zahlen

Jeder Spieler stellt seinen Stuhl so hin, daß alle Stühle zusammen eine Doppelreihe ergeben. Die Sitzfläche ist außen. Die Teilnehmer setzen sich auf ihre Stühle und erhalten Nummern. Die ersten beiden Spieler am Ende der Reihe bekommen die Nummer 1, die beiden zweiten die 2, das dritte Paar die 3 usw. Ist am Schluß der Reihe ein Teilnehmer übrig, ist dieser der Spielleiter. Er stellt sich an die Seite und ruft eine Paarnummer auf, die nun die Stuhlreihe herumgehen und sich wieder hinsetzen muß. Alle Nummern kommen mal ins Spiel. Ist die Regel allen Spielern bekannt, kann der Spielpädagoge verschlüsselte Zahlen nennen, so z. B. für die
1: Einsiedler, Einmaleins, Einband, Einbrecher
2: Zweisamkeit, Zweikampf, Zwilling, Duett
3: Dreiklang, Dreiblatt, Trimester, Trio
4: Vierbeiner, Quartett, Viertel, Quarta
5: Fünflinge, Finger an einer Hand, Quintett, Olympiaringe
6. Sechser, Sechseck, halbes Dutzend, Sextett
7: Weltwunder, Wochentage, Siebenschläfer, Geißlein
8: Achterbahn, Achtbarkeit, Achtpfennigmarke, Oktave
9: Neunlinge, Neunfache, dreimal 3, Neuntöter.

Atomspiel

Spieler: 12– Dauer: 8–15 Minuten
Material: Musikcassette und Recorder

Alle Spieler laufen im Kreis herum. Sie können schlendern, hüpfen im Wechselschritt gehen, sich so fortbewegen, wie sie möchten. Eine schwungvolle Musik oder bekannte Lieder, vom Spielpädagogen und den Teilnehmern gesungen, fordert zum gelösten Mitspiel

auf, besonders dann, wenn die Senioren zuvor eine Zeitlang still auf ihren Stühlen verweilten.

Nach einer Zeit der freien Bewegung im Raum ruft der Pädagoge den Teilnehmern eine Zahl zu, z. B. vier. Die Anwesenden finden sich dann in Gruppen mit je 4 Spielern zusammen. Bleiben einige Teilnehmer übrig, bilden sie die Restgruppe.

In dieser Formation erhalten die Spieler kleine Aufgaben, wie z. B. sich vorzustellen und zu begrüßen; sich anzufassen und im Kreis zu laufen; als Kurz-Schlange durch den Raum zu gehen; im Kreis stehend, einmal in die eigenen Hände, dann in die Hände des Nachbarn – eine Hand nach links und eine Hand nach rechts – zu schlagen; mit den Füßen auf der Stelle zu treten; die Arme nach oben zu strecken usw. Wählen Sie Körperbewegungen, die Ihrer Gruppe angemessen und förderlich sind.

Wenn Sie gelegentlich von einigen Senioren Sätze wie folgende hören, dann sollten Sie nicht erschrecken, enttäuscht sein und ihre Spielfreude verlieren. „Ich kann das nicht mehr mit meinen kranken Beinen"; „Ich bin doch keine zwanzig mehr, daß ich so herumhopse"; „Ich fühle mich heute nicht so, lassen Sie mich mal sitzen!"

Nach einer langen Sitzphase fällt es einzelnen schwer, aufzustehen und in die Bewegung zu kommen.

Blinder Fänger

Spieler: 12– Dauer: 8–15 Minuten
Material: 3 oder mehrere kleine Bälle in verschiedenen Farben

Die Gruppe sitzt im Kreis. 1 Spieler steht in der Mitte und schließt die Augen. Der Spielleiter verteilt 3 verschieden farbige Tennisbälle an 3 sich gegenüber sitzende Spieler und eröffnet das Spiel mit „los“. Nun geben alle Spieler die Bälle reihum weiter, bis der Mittelspieler „halt“ ruft. Wer nun einen Ball in der Hand hat, muß den Platz mit den anderen Ball-Besitzern tauschen. Dies werden sie vorsichtig und leise durchführen, damit sie unbemerkt am Mittelspieler vorbeikommen; denn dieser versucht, sie einzufangen bzw. zu berühren. Gelingt es ihm, findet ein Rollenwechsel statt.

In fremden Gruppen ist es manchmal sinnvoll, die Rolle des Mittelspielers das erste Mal selbst zu spielen, um die großen Bewegungsmöglichkeiten gezielt einzusetzen. Leise im Kreis mit ausgestreckten Armen herumzulaufen, führt schnell zum Erfolg. Wenn Sie allerdings eine so bewegliche 76jährige Frau H. in Ihrer Gruppe haben, wie ich, dann müssen Sie Ihre Hände auch zum Fußboden bewegen, weil da jemand entlangrutschen kann.

Für größere Spielkreise und/oder bewegungseingeschränkte Mitspieler können noch mehr Bälle herumgegeben werden. Bereiten Sie sich darauf vor, und probieren Sie das Spiel damit aus. Nicht immer gelingt ein Spiel das erste Mal.

Bälle in verschiedenen Farben kann man beim Herumgeben besser beobachten als einfarbige oder bunte. Keiner sollte den Ball längere Zeit in der Hand behalten. Ihre Bewegungen sind gezielt zu verfolgen. Der Fußboden des Spielraumes darf keine Unebenheiten aufweisen oder in irgendeiner Form die sichere Bewegung behindern.

Manche Teilnehmer entwickeln bei dem Spiel eine auffallend zunehmende Lebendigkeit, die den aufmerksamen Pädagogen überraschen kann. Der Wunsch, etwas oder jemanden zu ergreifen, begleitet den Menschen wohl sein Leben lang. Das Ziel spornt an und mobilisiert.

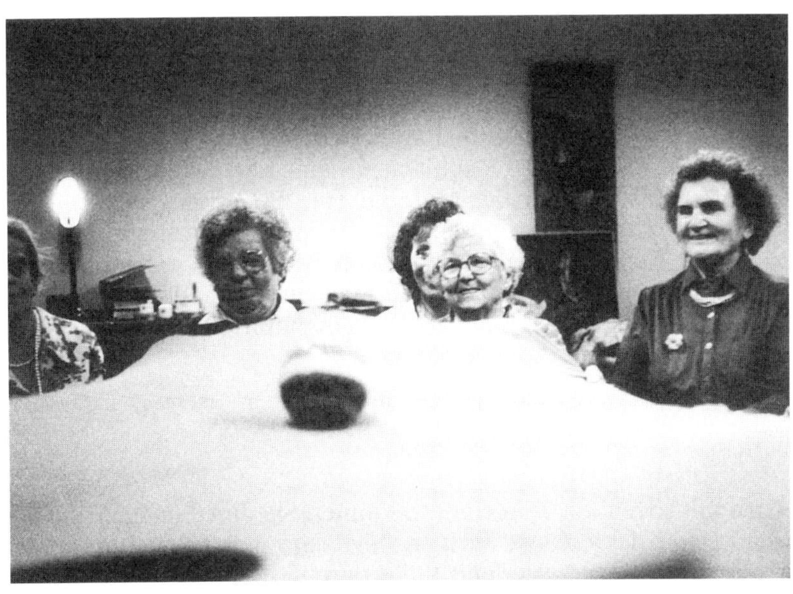

Tanzball

Spieler: 8–25 Dauer: 10–15 Minuten
Material: feste Folie oder Stoff (Laken, gewebefeste Gardinen), Gummiball

Der Spielleiter benötigt eine dicke Folie, die gewöhnlich zum Abdecken des Fußbodens vor der großen Renovierung gebraucht wird. Er schneidet sie zu einer entsprechenden Größe, ca. 4 × 4 = 16 qm für ca. 20 Personen. Da die Folien meist größer verkauft werden, kann ein rundes Tuch zugeschnitten, bzw. können die Ecken abgerundet werden. Die Spieler halten die Folie am Rand mit beiden Händen fest. Der Pädagoge legt auf die gespannte Fläche einen Ball, ca. 20 cm Durchmesser, der von den Mitspielern ständig in Bewegung gehalten wird, aber nicht hinunterfallen darf. Nun probiert jeder Teilnehmer mit seinem ganzen Oberkörper den Ball zu halten, so daß er nicht zwischen den Händen, Armen oder an der Schulter vorbei auf den Fußboden rollt. Da jedoch immer irgendwo eine Lücke ist, rollt er hindurch und muß erneut auf die Spielfläche gelegt werden. Die Tanzzeit des Balles nimmt allmählich zu, da sich Geschicklichkeit und Sensibilität für das Spiel entwickeln.

Variation

Wenn Sie die Folie zwischen dem Mittelpunkt und äußeren Rand mit einem ca. 30 cm großen Loch versehen, wird es noch schwerer sein, den Ball nicht auf den Fußboden kommen zu lassen. Reicht die Größe der Folie für zwei Spielflächen – eine mit und eine ohne Loch – ermöglicht das doppelte Material eine Steigerung der spielerischen Aktivität und dynamischen Spannung. So können Sie mit dem einfachen Tuch beginnen und das Loch-Tuch später anbieten. Beim Loch-Tuch sollten die Spieler mehrmals ihren Standort verändern, so daß alle Mitspieler einmal das Loch in unmittelbarer Nähe haben und es durch ihre Aktion bewachen.

Variation

Auch mit sitzenden Teilnehmern können Sie den Tanzball spielen. Nehmen Sie das lochlose Tuch und legen Sie zuerst einen und später immer weitere verschiedene Bälle darauf. Beachten Sie, wie die Bälle rollen; wie sie sich berühren, anstoßen und abstoßen; wie jeder tanzt, bis er wieder durch äußere Einwirkungen oder Zusammentreffen mit einem anderen seine Richtung und Geschwindigkeit verändert. Hier können Sie mit der Gruppe phantasieren, philosophieren und meditieren. Probieren Sie es aus. Es lohnt sich.

Gemeinsames verbindet

Spieler: 12– Dauer: 12–15 Minuten
Material: Musikcassette, Recorder, Papier, Schreibzeug

Nach den Klängen einer angenehmen Musik bewegen sich die Spieler im Raum, dazu können sie sich auch einen Partner wählen oder in der Kreisformation laufen. Während der musikalischen Phase beobachten sie sich untereinander und suchen Gemeinsamkeiten. Wenn der Spielleiter die Musik unterbricht, geht jeder zu einem anderen Spieler, mit dem er etwas Gemeinsames hat. Es kann ein Gürtel, Pullover, Ring, Hut oder Stock, eine Uhr, Kette, Handtasche, Brosche, Brille oder Weste sein. Jedes Paar zeigt der Gruppe die verbindende Gemeinsamkeit. Eine ganz genaue Übereinstimmung wird nicht erwartet. Auch kleine Gleichheiten werden akzeptiert und animieren zum weiteren genaueren Hinschauen und

Reden. Die Phasen der rhythmischen Bewegung und der vorzeigbaren Gemeinsamkeiten wechseln so lang es möglich ist.

Hat sich der optische Bereich der Ähnlichkeiten erschöpft, können sich neue Möglichkeiten durch Gespräche auftun. So erfahren Teilnehmer, daß sie in der gleichen Straße wohnen, die gleiche Hausnummer haben, den gleichen Vornamen, Geburtstagsmonat, das gleiche Hobby oder bevorzugte Reiseziele, die gleiche Anzahl Kinder oder Enkelkinder, das gleiche Alter usw. Eine Gruppe kommt so schnell in Kontakt. Das gezielte Interesse gibt die Spielregel vor.

Fangen Sie mit äußeren Verbindungen an und gehen Sie im Laufe weiterer Spielaktionen auf persönliche Hobbys, Umgebungen und Familienzusammenhänge ein. Alle Teilnehmer machen sich so allmählich spielerisch miteinander vertraut, und der Pädagoge erfährt dabei Informationen, die er für seine weitere Spielarbeit gezielt nutzen kann.

In einer meiner ersten Spielgruppen hörte ich so ganz nebenbei die Sätze wie diese: „Dann haben wir ja den gleichen Weg und können gemeinsam nach Hause gehen.“ „Die Bluse habe ich mir in Bad Salzuflen gekauft; da fahre ich öfters hin wegen des Thermalbades; das tut mir so gut.“ „Ich wandere gern noch ein wenig; mir fehlt nur jemand zum Mitlaufen, dann würde es mehr Spaß machen.“ Seit dieser Erfahrung spiele ich das Spiel in allen Gruppen. Die Musik ist keine unbedingte Voraussetzung. So können Sie es als Stegreifspiel überall einsetzen.

Variation

In einer noch recht fremden Gruppe mit einer größeren Anzahl bewegungseingeschränkter Senioren improvisierte ich das Spiel am Tisch. Die Teilnehmer saßen an 4 Tischen und hatten alle ihre Stammplätze eingenommen. Ich gab ihnen zur Aufgabe, jeweils in ihrer Tischrunde Gemeinsamkeiten zu entdecken und diese aufzuschreiben. Auf jeden Zettel sollte eine Gemeinsamkeit mit der Anzahl der entsprechenden Senioren geschrieben werden, z.B. 4 Personen mit Röcken, 5 mit Schnürschuhen, 7 mit Knöpfen an der Kleidung, 3 mit Ohrringen usw. Jeweils 1 Teilnehmerin am Tisch hatte die Gemeinsamkeiten zu notieren. Als allen Senioren nichts mehr auf- bzw. einfiel, wurden die Notierungen vorgelesen.

Nun hatten sich die Spieler mit den Röcken zusammenzusetzen, die mit den Ohrringen, Schnürschuhen und Knöpfen. Bei 4 Tischen wählten wir uns die Merkmale der Gemeinsamkeiten aus, die gerade von der Menge her an einem Tisch Platz hatten. Weniger und häufiger vertretene Gemeinsamkeiten wurden erwähnt, jedoch beim Umsetzen nicht berücksichtigt. Bei Überschneidungen konnten die Senioren sich für eine Gruppe entscheiden.

So hatten alle miteinander zu reden, schauten sich genauer an und lösten sich einmal von ihren Stammplätzen. Einen Nachmittag lang blieben wir bei dieser Sitzordnung.

Luftballon in Bewegung

Spieler: 10– Dauer: 10–15 Minuten
Material: Luftballons

Jeweils 2 Spieler probieren, einen Luftballon von dem einen Ende des Raumes zum anderen zu bewegen und ihn dort in einen großen Karton oder Kasten hineinfallen zu lassen. Der Luftballon darf nicht festgehalten bzw. getragen werden. Er sollte zwischendurch nicht hinunterfallen. Das Spiel kann auch innerhalb eines Kreises gespielt werden. Dann können alle zuschauenden Spieler sitzen, was für einige oder viele eine Voraussetzung zum Mitspielen ist. Selbstverständlich können sie auch im Spalier sitzen. Bei jedem Spiel lassen sich gruppenspezifische Veränderungen vornehmen, die sich ein Pädagoge bei der Spielplanung überlegt. Sinnvolle und originelle Einfälle entstehen auch durch das Spielen. Probieren Sie die Ideen gleich aus.

Variation

Die beiden Spieler bewegen den Luftballon nur mit einer Hand oder mit dem Handrükken, Zeigefinger, Arm, Ellenbogen usw. Dieses usw. gilt für ganz sportliche und ganz jung gebliebene Senioren. Die jeweiligen Spieler können sich für ihre Spielaktion selbst eine Regel geben. Das kann zu ganz lustigen Einfällen führen.

Wer hat etwas zu verstecken?

Spieler: 10– Dauer: 8–12 Minuten
Material: kleiner Gegenstand, z. B. Kastanie...

Alle Spieler, bis auf einen, bilden einen Kreis. Sie stehen Seite an Seite und schauen zur Mitte. Hinter ihren Rücken geben sie einen Gegenstand geschickt weiter. 1 Spieler in der Mitte des Kreises versucht, die Weitergabe zu entdecken und dadurch den „ertappten Spieler" in die Mitte zu bitten. Da aber vielleicht alle Mitspieler so tun, als ob sich der Gegenstand gerade in ihren Händen befindet, werden bei dem Spieler in der Mitte Sherlock Holmes Fähigkeiten erwartet.

Variation

Wenn sich 2 Spieler in die Mitte stellen, kann das Spiel spannender werden. Auch 2 Gegenstände lassen sich im Kreis rechts- und linksherum weiterreichen. Vorsicht bei der Übergabe der beiden Teile ist geboten.

Herzinsel

Spieler: 8– Dauer: 10–20 Minuten
Material: Kartons, Pappe, Zeitungen, Stoff, Reifen, ca. 6–100 cm, Tanzmusikcassette und Recorder

Ein Spiel, das schnell zur Bewegung, zum Zusammenspiel und körperlichen Kontakt führt, da alle Spieler nach einer tänzerischen Phase auf eine kleine Insel gehen müssen. Diese Insel ist jedoch nur so groß, daß die Spieler bei der ersten Spielrunde sich mit einem Fuß daraufstellen können. Bei der zweiten Runde ist das Herz schon kleiner, somit ist es notwendig, sich eng nebeneinander zu stellen und sich aneinander festzuhalten. Nach der dritten Tanzphase haben die Spieler eine noch kleinere Insel zur Verfügung. Jeder Spieler kann da nur eine kleine Fläche einnehmen. Die Teilnehmer müssen nun reden, probieren, Tips geben und sich noch enger stellen und festhalten, damit alle Platz haben. Nach der vierten Tanzrunde ist die Insel noch kleiner. Nun können die Spieler vielleicht nur noch mit den Fußspitzen auf die Insel und müssen noch dichter zusammenrücken und sich stärker stützen. Eine fünfte und sechste Runde kann sich anschließen, wenn es dem Spielleiter gelingt, eine kreative und lustige Gruppe weiter herauszufordern, so daß einzelne Spieler der Gruppe auf die Idee kommen, sich nicht mit dem Schuh auf die Insel zu stellen, sondern sich hinhocken, um ihre Hand auf die Insel zu legen, oder es so machen wie die 76jährige Frau W., die noch regelmäßig zur Gymnastik geht. Sie legte sich auf den Boden und hielt lässig einen Finger in eine Lücke, was natürlich Staunen und Bewunderung bei den anderen Teilnehmern auslöste. So lassen sich manche Spieler herausfordern, immer schwerer werdende Aufgaben irgendwie zu meistern. Und nun die Regel zu diesem Spiel.

Je nach Gruppenstärke und Herzgröße werden zu Beginn des Spiels 1, 2 oder mehrere Herzen auf den Fußboden gelegt. Die Spieler tanzen um die Herzinseln herum bis der Spielleiter die Musikcassette stoppt. Dann müssen alle Senioren zu einer Insel gehen und sie mit einem Körperteil, z. B. einem Fuß, besetzen. Der Spielleiter überzeugt sich, ob auch alle Spieler auf der Insel sind. Ist das der Fall, läßt er weitere Musik erklingen. Während die Spieler tanzen, zeigt er ihnen das nächstkleinere Herz und tauscht es gegen das erste aus. Bei einer größeren Gruppe werden gleichzeitig mehrere Herzen ausgetauscht. Erscheint Ihnen eine Tanzphase lang genug, stoppen Sie die Musik wieder, und jeder Tänzer sucht sich einen erneuten Platz auf der Insel. So wird das Spiel fortgesetzt, bis zum Schluß alle Spieler auf der kleinsten Insel sind. Der Spielleiter kann durch begleitende Beschreibung der Inselbesetzung und lustbetonte Herausforderung die Spieler bis zur kleinsten Insel führen.

Variation

Das Spiel läßt sich auch mit sitzenden Spielern am Tisch spielen. Dazu schneiden Sie mit Ihrer Gruppe kleine Herzen in 3 verschiedenen Größen aus. Das größte legen Sie zu Beginn in die Tischmitte. Nach einer Musik können nun die 4 Spieler, die um den Tisch herumsitzen oder sich gegenüber sitzen, mit ihren Händen um das Herz herumtanzen. Nach dem Musikstopp müssen die Teilnehmer einige Finger einer Hand auf das Herz legen. Ist die Insel von allen Teilnehmern besetzt, kann die zweite Tanzphase beginnen. Der Spielleiter tauscht während des Tanzes die Herzinsel gegen eine kleinere aus. Auch auf der zweiten und dritten Herzinsel müssen die Finger der Spieler Platz haben. In einer Gruppe Behinderter legten die Spieler die Hände einfach alle übereinander auf das kleine Herz und erklärten: „So sind wir auch alle drauf."

Bewegungsspiele

Frau L., eine Teilnehmerin der Kreuzberger Seniorengruppe, kann bei Kim-Spielen, die primär die optische Wahrnehmung zum Inhalt haben, nur noch bedingt mitspielen. Als sie mir vor Jahren von der Einschränkung ihres Augenlichtes erzählte, meinte sie: „Aber ich kann noch laufen, und bin auch sonst noch recht beweglich im Kopf und auch im Körper, dafür bin ich sehr dankbar." Ihre positive Einstellung zu ihrer Beweglichkeit erhält sie wach und lebendig. Sie akzeptiert ihre Einschränkung und setzt ihre Vitalität dort ein, wo sie für sie effektiv ist.

Der Mensch verändert sich im Laufe seines Lebens. In der Jugend baut er seine Kräfte und Fähigkeiten auf, im Alter nehmen sie ab. Damit setzen sich die Menschen unterschiedlich auseinander. Senioren, die eine Gruppe aufsuchen, wollen meist noch aktiv sein.

Durch Bewegungsspiele können wir ihnen das Gefühl einer angenehmen Aktivität vermitteln, das zur Bewußtheit der eigenen Fähigkeit führt. Mehr noch, sie entdecken, wie ihre körperliche Bewegung auch den Geist und die Seele anspricht, und sie fühlen sich wohl, werden zufrieden und ausgeglichen.

Bei der Auswahl unserer Spiele bedenken wir den differenzierten Aktionsradius der Teilnehmer. Mit regelbedingten Bewegungsabläufen gehen wir großzügig um. Wir lernen, Begrenzungen zu erkennen und uns über minimale Beteiligungen zu freuen. Spieler, die sich hier nur begrenzt einbringen können, werden bei anderen Spielen vielleicht führend sein. Selbstverständlich können auch die Körper-Aktionen der Bewegungsspiele verändert und dem Gruppenniveau angepaßt werden.

Partnersuche

Spieler: 10– Dauer: 2–5 Minuten
Material: Ansichtskarten, Spielkarten, Bilder

Wenn der Spielleiter ein Partnerspiel vorschlägt, können sich die Partner frei zusammenfinden, der Spielleiter kann sie auswählen, oder ein Duo-Spiel kann sie zusammenbringen. Für das Duo-Spiel brauchen wir Bilder, Postkarten, Spielkarten, Fotos oder ähnliches. Diese schneidet der Spielleiter mit unterschiedlichen Schnitten in zwei Teile und verteilt sie an die Spieler. Wählt der Spielleiter dafür gleiche Karten oder Fotos, so kann er aus einer Karte jeweils 2 unterschiedliche Puzzle-Teile schneiden, so daß das Suchen der 2 Hälften erschwert und somit auch spannender wird: Nur durch die persönliche Zuwendung, durch gemeinsames Ausprobieren kann herausgefunden werden, welche Hälften zueinander passen. Es ist ratsam, leicht und schwer erkennbare Teile zu schneiden und bei der Ausgabe der Teile darauf zu achten, welcher Mitspieler welches Teil bekommt, damit eine Über- und Unterforderung nicht die Spannung nimmt. Der Spielleiter hat bei der Ausgabe der Puzzle-Teile zusätzlich noch die Möglichkeit, sensibel und vorsichtig Kontakte zu schaffen. So können Menschen, die bis dahin wenig Interesse füreinander gefunden haben, miteinander zum Spielen kommen.

Rhythmische Bewegungskette

Spieler: 10– Dauer: 10–15 Minuten
Material:

Alle Spieler sitzen im Kreis. Der Spielleiter beginnt mit einer Bewegungseinheit, die alle Mitspieler ausüben können. Z. B.: Mit den Händen auf die Knie schlagen, mit der rechten Hand den linken Ellbogen anfassen, dann mit der linken Hand den rechten Ellbogen anfassen, dann wieder von vorn. Jeder Spieler übernimmt diese Bewegung. Der Spielleiter wiederholt sie in der Reihenfolge so oft, bis alle Mitspieler sie gleichzeitig mitmachen. Nun nimmt er eine neue Bewegung hinzu. Er tippt mit seinen Fingern auf seine Schultern. Mit der linken Hand auf die linke Schulter und mit der rechten Hand auf die rechte Schulter. Haben die Mitspieler auch diese Bewegung übernommen, schließen sich weitere Bewegungen an. Sie können vom Spielleiter oder von den Mitspielern erfunden werden. Wichtig ist die gleichzeitige Wiederholung in der entwickelten Reihenfolge. Werden mehrere neue Bewegungen gleichzeitig an die Kette gehängt, sollte der Spielleiter ohne Verzögerung sofort eine übernehmen und die nächste Bewegung vielleicht nach einem erneuten Durchgang an die letzte neue Bewegung anschließen. Erst nach einem Bewegungsablauf, den alle sicher und gleichzeitig ausüben können, kann die Kette ein neues Glied bekommen. Der

Spielleiter überblickt, wann die Kette ihre endgültige Länge erreicht hat. Wenn er dann noch eine Steigerung der Spieldynamik erreichen will, kann er den Bewegungsablauf beschleunigen.

Variation

Der Spielleiter beginnt mit seinem Bewegungsablauf, und jeweils der linke Nachbar übernimmt ihn vom Vorgänger. So kettet sich einer an den anderen und die Kette wird geschlossen.

Bei dieser Regel kann auch der erste linke Nachbar, vom Spielleiter aus gesehen, eine neue Bewegung hinzunehmen. Wenn der neue Bewegungsablauf bei allen ganz sicher ist, kann der nächste linke Nachbar eine neue Bewegung anhängen. So muß nicht nur der Spielleiter, sondern jeder Mitspieler aufmerksam beobachten, wann die Kette eine ausreichende Länge hat. Keiner soll sich überfordert fühlen, aber verhaspeln kann sich jeder einmal. Das wird auch der Leiter merken.

Stellt der Pädagoge eine Überforderung fest, kann er die rhythmische Bewegungskette im lustigen Durcheinander enden lassen und ein neues Spiel anschließen. Vielleicht eines mit einer ganz anderen Tendenz.

Schleifen, die sich einschleifen

Spieler: 12– Dauer: 5–8 Minuten
Material: Schleifenband oder Wolle, Sicherheitsnadeln

Der Spielleiter bereitet Schleifen in 2 verschiedenen Farben zum Anstecken vor. Die Menge richtet sich nach der Gruppenstärke der Teilnehmer. Alle Ansteck-Schleifen werden in die Mitte des Stuhlkreises gelegt. Der Spielleiter erzählt nun eine Schleifen-Geschichte. Immer wenn das Wort „Schleife" ausgesprochen wird, muß ein Spieler nach dem anderen sich eine Schleife aus der Kreismitte holen; dabei ist der Wechsel der Farben wichtig. Wenn der erste Mitspieler sich beispielsweise eine rote Schleife holt, dann muß der zweite Spieler sich eine gelbe holen, der dritte wieder eine rote usw. Wenn jeder Mitspieler eine Schleife hat, kann die Geschichte beendet werden.

Nun haben sich 2 gleich große Gruppen gebildet, und der Spielleiter kann mit Partnerspielen oder Tänzen beginnen. Die Schleifengeschichte diente der Konzentration, der geistigen Anregung und der Aufteilung der Spieler in 2 gleich große Gruppen. Statt der Schleifengeschichte kann der Spielleiter sich andere Ideen einfallen lassen oder vielleicht sogar einen Teilnehmer bitten, eine Geschichte vorzubereiten. So mancher Mensch schreibt sehr gern Geschichten zu Hause, weil er dort nicht unter Zeitdruck steht und so zu interessanten Geschichten und Wortspielereien kommt. Mancher braucht nur einen kleinen Anstoß und schon sprudeln die Gedanken nur so heraus und können aufgeschrieben werden.

Schleifengeschichte

Als ich neulich nach Hause kam, sank ich müde in meinen Sessel und dachte, das war ja wieder mal ein Tag. Nun werde ich mir den Abend gemütlich gestalten und keine Arbeit mehr anrühren. Da klingelte es. Ich ging zur Wohnungstür, öffnete sie, und vor mir stand meine Nachbarin. „Das wurde für Sie abgegeben", sagte sie. Einen Karton mit buntem Papier umwickelt und mit einer großen Schleife geschmückt hielt sie mir entgegen. Ich bedankte mich, ging zurück zu meinem Sessel und hielt den Karton in der Hand. Die große Schleife auf dem Karton erinnerte mich an mein Konfirmationskleid. Es hatte eine große Schleife an der Taille. Und Schleifen hatte ich auch an meinen Kniestrümpfen und Söckchen, die mir meine Mutter immer strickte. Schleifen liebte ich auch später noch. Mein erster Hut hatte seitlich an der Krempe eine schöne grüne Schleife. Darunter hatte ich das Haar manchmal mit einer Zopfschleife festgehalten. Den Hut trug ich meist, wenn wir ausgingen. Hans hatte dann seinen dunklen Anzug und sein weißes Seidenhemd an und die gestreifte Schleife um. Dazu trug er Slipper; denn Schnürsenkel-Schuhe mochte er nicht, weil sich an denen die Schleifen immer so schnell lösen. Wenn ich ihn manchmal an seine offenen Schleifen erinnerte, sagte er mir: „Ach, laß mal, Uschi, das mit den Schleifen schleift sich ein, wenn man es lang genug schleifen läßt."

Ja, in Verlegenheit kommt er nie, wenn er es sich bequem machen will. Argumente und Ausreden hat er immer, dafür müßte er einmal eine Orden bekommen mit einer großen Schleife auf der Brust. Solch einen Orden, den man den Siegern eines Schleifen-Turniers beim Tennis verleiht. Oder vielleicht eine Schleife in der Art und Größe, wie man sie an Siegerkränzen hat, die Rennfahrer verliehen bekommen, wenn sie in großer Geschwindigkeit ihre Kurven und Schleifen gefahren und Erste am Ziel sind.

Anders verhält es sich mit Männern, die dafür sorgen, daß alles geschliffen ist. Sie schleifen nämlich Messer und Scheren, selbst verbogene und ausgefranste Schnittflächen schleifen sie wieder glatt und scharf. Was so ein richtiger Scherenschleifer ist, der schleift sogar Rasiermesser, Pedikürscheren, Rasenmäher, Äxte, Schraubenzieher, Meißel und schleift, wenn er so richtig im Schleifen ist, auch Teppichmesser, Fleischmesser und Veredelungsmesser. Ja, Schleifer und Schleifen haben immer etwas mit Erneuerung und Verschönerung zu tun.

Klatschball

Spieler: 10– Dauer: 8–12 Minuten
Material: Gummiball, ca. 20 cm Durchmesser

Die Spieler stehen im Kreis. In der Mitte steht ein Ballwerfer, der den Ball irgendeinem Spieler zuwirft. Dieser muß in die Hände klatschen, bevor er den Ball auffängt. Danach wirft er ihn dem Werfer zurück. Ist der Kreis der Teilnehmer kleiner, kann der Ball gleich von einem Spieler zum anderen geworfen werden.

Variation

Das Spiel eignet sich zum Kennenlernen der Teilnehmernamen recht gut. So sagt jeder Teilnehmer zuerst den Namen des nächsten Fängers und wirft ihm dann den Ball zu. Hat man mal einen Namen vergessen, kann nachgefragt werden.

Variation

Geübte Spieler können statt des einmaligen Klatschens zwei- oder dreimal klatschen. Dafür darf der Kreis allerdings nicht zu klein sein, sonst hat der betreffende Fänger nicht genug Zeit zum Klatschen. Kann sich ein Teilnehmerkreis räumlich nicht weiter ausdehnen, dann ruft der Ballwerfer zuerst den Namen des Fängers und wirft den Ball erst nach dem Klatschen los.

Variation

Statt des Klatschens und der Namensnennung kann der Ballwerfer dem Fänger ein Wort zurufen, worauf dieser mit einem Reimwort antworten sollte. Mit dem nächsten Wurf schickt er ein neues Wort zum Fänger, der den Reim kreiert.

Das Spiel ermöglicht viele Variationen. Überlegen Sie sich mit Ihrer Gruppe Ideen. Es fordert die Reaktion, Konzentration, die geistige Flexibilität und den Kontakt.

Florist

Spieler: 12– Dauer: 7–12 Minuten
Material:

Jeder Spieler gibt sich einen Blumennamen, den er laut und deutlich der Gruppe mitteilt. Alle Spieler sitzen im Kreis. Der Spielleiter steht in der Kreismitte. Er hat keinen Blumennamen; er ist der Florist und möchte sich einen hübschen Blumenstrauß binden. Dazu nennt er alle Blumennamen, die ihm einfallen, und die es wirklich in der Runde gibt. Die entsprechenden „Blumen" stehen auf und gehen in die Mitte des Kreises. Hat der Spielleiter sich seinen Strauß zusammengestellt, klatscht er in die Hände, und alle Blumen suchen sich einen neuen Platz, auch der Florist. Somit bleibt ein Blumenspieler übrig. Der ist nun neuer Florist und übergibt seinen Blumennamen dem ehemaligen Floristen. Das Spiel beginnt von vorn.

Variation

Der Spielleiter kann die Blumennamen mit großen Buchstaben auf Karten schreiben und diese von den Mitspielern ziehen lassen. Somit können fremde Spieler früher in die Bewegungsphase gehen und ihren Namen auch nicht so schnell vergessen; sie haben ihn ja vor sich in der Hand. Überlegt sich allerdings jeder selbst einen Namen, den er sich auch merken muß, ist das ein sinnvolles Gedächtnistraining. Für Menschen, denen das schwer fällt, können sich andere Senioren im Kreis verantwortlich fühlen. Es gibt immer Menschen, die gern ihre Aufgaben erweitern, weil sie damit ihre Merkfähigkeit üben und unter Beweis stellen können.

Bei der Wahl eines Blumennamens ergeben sich in der Gruppe oft Bemerkungen lustiger Art. So gab sich Frau B. den Blumennamen „Anemone“, darauf entgegnete ihr gleich Frau S.: „Na, zierlich biste ja och.“ Eine Seniorin nannte sich Veilchen, darauf rief ihr gleich eine andere zu: „Na, paß bloß uff, dat de dit nich mal von deinem Willi krichst.“ Eine Frau, die sich den Blumennamen „Rose“ gab, bekam zu hören: „Na, Lottchen, die Zeiten sind doch wohl vorbei!“

Hauptgewinn

Spieler: 8– Dauer: 10–15 Minuten
Material: diverse Bilder-Lose, Knipsgummi, Behälter

Der Spielleiter geht im Kreis herum und läßt jeden Spieler ein Los ziehen. Das gezogene Los darf nun von dem Spieler geöffnet und betrachtet werden. Reihum spielt jeder pantomimisch seinen Hauptgewinn und die Gruppe errät, was es ist.

Die Lose bestehen aus einem Stück Papier, ca. 6 × 10 cm groß, und einem darauf geklebten Bild, das z.B. eine Hose zeigt, eine Kleid, Uhr, Staubsauger, Fahrrad (Fotos, die aus einem Katalog oder einer Illustrierten ausgeschnitten und aufgeklebt wurden). Das Papier wird gerollt und mit einem Knipsgummi versehen. Die Lose können von den Senioren selbst hergestellt werden. Sie sollten aber erst einige Wochen nach der Herstellung zum Einsatz kommen, damit die Erinnerung daran schon etwas verblaßt ist.

Als Frau L. mit ihrem „Hauptgewinn“ an die Reihe kam – sie hatte einen Schirm gewonnen – nahm sie den Krückstock ihrer Nachbarin, hielt ihn nach oben, spannte ihn pantomimisch auf und ging damit los. Beim Gehen schaute sie nach vorn, wischte sich einen Regentropfen von der Nase, schaute nach unten, hüpfte über Pfützen, wich den Autofahrern aus und veränderte ihre Schirmhaltung, wenn andere Passanten ihr entgegen kamen. Es machte ihr viel Spaß, uns ihre Erlebnisse zu spielen. Spannungsvoll beobachteten wir sie. Plötzlich sagte eine Teilnehmerin: „Paß auf, da ist wieder eine Pfütze, die ist aber größer und tiefer.“ Die Spielerin verstand die Herausforderung. Sie raffte ihren langen Rock zusammen, zeigte Bein und hüpfte mit einem „Huch“ über die Pfütze. Alle lachten. Das hatte zur Folge, daß andere Gewinner ihren Hauptgewinn ebenfalls länger als wohl ursprünglich beabsichtigt ausspielen wollten. Sie waren schöpferisch angeregt worden und wollten nun zeigen, was sie konnten. Es entfachte sich ein intensives Spielfeuer. Wir hörten die Melodie der gewonnenen Schallplatte, sangen mit, als der Text dazu nur bruchstückhaft bekannt war, drehten an dem gewonnenen Leierkasten, dem wir altberliner Melodien entlockten. Es entstand ein bunter Bilderreigen, der mir und wohl vielen anderen unvergessen bleibt.

Würfelsuche

Spieler: 8– Dauer: 8–15 Minuten
Material: Würfel und diverse Gegenstände

Der Spielleiter hat zu Beginn des Spielnachmittags oder während eines vorangegangenen Spiels unauffällig einen Würfel in Augenhöhe und noch sichtbar versteckt. Alle Mitspieler werden zum Suchen aufgefordert. Wenn ein Spieler den Würfel entdeckt hat, geht er zum Spielleiter, flüstert ihm das Versteck zu und setzt sich hin. Damit ein weiterer Gegenstand versteckt werden kann, bittet der Spielleiter die Gruppe in den Flur zu gehen. Zum Verstecken eignen sich besonders gut Gegenstände, die man für das nächste Spiel gebrauchen kann.

Variation

Der zweite zu suchende Gegenstand wird nicht direkt benannt. Die Größe, Farbe und Verwendbarkeit wird umschrieben und der Standort als mobil bezeichnet. An unserem Spielnachmittag bekam die zweite Versteckerin eine Schleife, die von der Gruppe entdeckt werden sollte. Als alle Teilnehmer wieder in den Raum kamen, ging das Suchen los. Man vermutete diesen Gegenstand und tippte auf jenen; keiner hatte zuvor den Raum so wahrgenommen, daß er genau wußte, was sich in ihm befand. Erst nach längerem und genauem Suchen erkannten die ersten Teilnehmer, daß die pfiffige Versteckerin eine Schleife an ihrem Kleid trug, die da zuvor nicht angesteckt war.

Eine andere Teilnehmerin übertraf diese Raffinesse. Sie gab allen eine schwere Nuß zum Knacken auf. Sie umschrieb das zu Suchende mit Maßen, Farben, Strukturen und Ähnlichkeiten, ohne sich genau auf eine der Aussagen festzulegen. Das Rätselraten ging los. Als alle Gegenstände im Raum benannt worden waren, vermutete man einen der Anwesenden. Jeder schaute den anderen interessiert an und äußerte seine Vermutung der Versteckerin. Doch auch das brachte die Teilnehmer nicht auf die Lösung des Rätsels. Was konnte es nur sein? Allmählich kamen Zweifel auf, ob es überhaupt eine Antwort geben würde.

Die Versteckerin wiederholte ihre Aussagen über das zu Suchende. Jeder hörte nochmals genau hin und versuchte, sich die Feinheiten der Formulierungen zu merken. Man schaute sich an, guckte sich um und tiefe Konzentration spiegelte sich in den Gesichtern. Da ging plötzlich eine Teilnehmerin zum Fenster. Sie nahm die Zeitung, die dort lag und blätterte in ihr. Sie suchte etwas. In ihrem Gesicht war Spannung und gezielte Erwartung. Diese übertrug sich auf einzelne andere, die nun auch zum Fenster gingen und die Gesten der Suchenden verfolgten. Auf einmal hörte man sie sagen: „Hab' ich es mir doch gedacht." Und sie las: „Weibliches Wesen, 167 cm groß, 73 Jahre, dunkelblond, an Reise, Kultur und Theater interessiert, sucht männlichen Partner für gemeinsame Unternehmungen." Alles lachte. Das war's also. Eine Anzeige in der Zeitung. Gar nicht so einfach zu finden, dachte man. Doch die Finderin zeigte die mehrfach farbig umrandete Anzeige und die Versteckerin lüftete das Geheimnis. Sie hatte diese Idee mit der Leiterin zusammen vorbereitet.

Aktionsradius

Spieler: 10– Dauer: 10–15 Minuten
Material: Gegenstände aus der Umgebung

Die Spieler suchen sich im Raum ca. 6 oder mehr Gegenstände, die sie zu einem großen Kreis legen, z. B. Buch, Stock, Zeitung, Blumentopf, Teller. Nun überlegen sie sich für jeden Gegenstand eine bestimmte Aktion, die von allen Teilnehmern genau zu beobachten und nachzuahmen ist.

So kann man das Buch mit einer Hand hochheben, aufschlagen, einen Satz lesen, das Buch laut hörbar zuklappen und mit 2 Händen wieder auf den Boden legen. Den Stock nehmen, pantomimisch ein Orchester dirigieren und versuchen, den Stock auf den Boden zu stellen. Da das nicht geht, wird der Stock auch wieder so hingelegt, wie der Spieler ihn vorgefunden hat. Aus der Zeitung wird ein Hut gefaltet, aufgesetzt, mit ihm spazierengegangen, abgesetzt und wieder zur ursprünglich zusammengelegten Zeitung auseinanderge-

nommen. Für die verbleibenden Gegenstände überlegt sich ein Spieler oder die Gruppe andere Aktionen.

Wenn ein Spieler nach dem anderen die vorgegebenen Bewegungen nachmacht, beobachten alle anderen seine Stellung, Handgriffe und Mimik. Es ist interessant zu sehen, was jeder Spieler daraus macht. Die Anzahl der Gegenstände kann erweitert oder verringert werden. Je nach Aufnahmefähigkeit der Gruppe. Beginnen sollte man mit einem Gegenstand. Die Genauigkeit der festgesetzten Aktionen muß großzügig gesehen werden. Das Spiel soll Spaß machen.

Variation

Jeder Spieler probiert mit jedem Gegenstand eine unterschiedliche Aktion. Das Buch kann man sich auf den Kopf legen und damit spazierengehen, mit dem Stock spielt man Flöte, und die Zeitung benutzt man als Serviette.

Früchtespiel

Spieler: 12– Dauer: 8–12 Minuten
Material:

Die Teilnehmer bilden zusammen einen Stuhlkreis und geben sich verschiedene Früchtenamen, die für alle nun recht wichtig werden. Ein Spieler beginnt, nennt eine Frucht und fordert damit den Namensträger auf, aufzustehen, sich einmal um sich selbst zu drehen und sich wieder zu setzen. Nun darf dieser eine Frucht nennen und den entsprechenden Träger zur gleichen Bewegung auffordern. Schwierig kann das Spiel werden, wenn einem die Früchtenamen nicht mehr einfallen, denn zweimal sollte keine Frucht genannt werden. Aber da andere Mitspieler helfen können, gibt es keine Spiellücke.

Variation

Zu den Früchtenamen können die Teilnehmer auch das Herkunftsland der Früchte benennen, so z. B. Äpfel aus Kanada, Kiwis aus Neuseeland und Orangen aus Israel. Vielleicht wissen wir dazu auch noch die Erntezeit. Äpfel kommen im März aus Kanada, Kiwis im Januar aus Neuseeland, Orangen im Februar aus Israel.

Luftballon über die Schnur

Spieler: 8– Dauer: 8–12 Minuten
Material: dicke und gut erkennbare Schnur, 2 Stäbe oder Kleiderständer

2 Spieler halten eine Schnur in ca. 1,50 Meter Höhe und teilen damit die Spielfläche in 2 Hälften. Je 2 Teilnehmer stellen sich in jede Hälfte und versuchen nun, einen aufgeblasenen Luftballon über die Schnur in die andere Hälfte zu schlagen, dabei sollte der Luftballon so selten wie möglich die Erde berühren. Nach einer den Spielern angemessenen Zeit können andere Teilnehmer das Spiel fortsetzen. Die Anzahl der Spieler auf jeder Seite kann verändert werden. Sie richtet sich nach der Vitalität der Teilnehmer.

Der Wirt ist nicht zu Hause

Spieler: 12– Dauer: 10–12 Minuten
Material: Glocke oder Klingel

Die Stühle werden zu einem Kreis mit Lücken gestellt, ein Stuhl weniger als Spieler anwesend sind. Alle Teilnehmer gehen außen um den Kreis herum und sprechen den Vers:

„Der Wirt ist nicht zu Hause,
er ist bei seinem Schmause,
wenn er wird nach Hause kommen,
wird er wohl geklingelt kommen."

Der Spielleiter steht in der Mitte des Kreises und klingelt mit einer Glocke, wenn der Vers ca. zweimal gesprochen wurde. Die Teilnehmer lassen sich dadurch nicht beirren, sie wiederholen ihren Vers immer wieder. Der Pädagoge klingelt zum zweiten Mal und zum dritten Mal. Beim dritten Klingeln setzt sich jeder Spieler und auch der Leiter schnell auf einen Stuhl. Für einen Mitspieler ist zum Schluß kein Stuhl mehr da, somit ist dieser in der nächsten Runde der Spielleiter in der Mitte.

Variation

Statt des obengenannten Verses können sich die Mitspieler auch andere Verse ausdenken, bekannte Reime und Zungenbrecher sprechen oder Lieder singen. Dies ist eine gute Gelegenheit, das zu einem vorangegangenen Zeitpunkt Gelernte zu wiederholen. Ist keine Glocke da, kann mit den Händen geklatscht werden oder es können Stimmen- und Lichtsignale gegeben werden. Kleine Veränderungen bei bekannten Spielen vorzunehmen, ist immer ratsam, es hält flexibel. Geh- und sehbehinderte Senioren erhalten die nötige Hilfe von den anderen Teilnehmern, so daß sich ihre Behinderung im Spiel nicht verstärkt. Sollte der eine oder andere aufgrund seiner Behinderung nicht mitspielen wollen, kann er ein zweiter Wirt sein oder auch einmal zuschauen.

Lied- und Tanzspiele

Jung und Alt lieben musikalisch-rhythmische Bewegungsspiele. Vom leichten Laufschritt über den ruhigen Wechselschritt bis hin zum Schieber, Walzer und Foxtrott kennen die Senioren die Schrittfolgen und heben sich durch die akustischen Klänge leicht von ihren Stühlen. Fällt einzelnen die ganzkörperliche Bewegung im Takt schwer, können sie auf ihren Stühlen sitzenbleiben, kleine Bewegungen mit den Händen, Armen, Schultern, Füßen oder dem Kopf ausüben, den Körper hin- und herbewegen oder auch einmal ruhig sitzenbleiben und zuschauen.

Eine musikalisch-rhythmische Bewegungskette, Sitztänze und Liedspiele sind eine reizvolle Alternative zu den Polonaisen, Tanzspielen und Seniorentänzen.

Körperliche Bewegung beeinflußt die geistige Bewegung. Wer rastet, rostet, gilt für alle Menschen mit ihren mannigfaltigen Interessen, Fähigkeiten und Selbstansprüchen. Die Krankenkassen, Gesundheitsämter und Ärzte weisen in ihrer Statistik auf zunehmende Haltungsschäden, Dickleibigkeit und ernährungsspezifische Schwächen und Krankheiten hin, die in der Tendenz steigend sind.

Durch die Bewegung erhält der Mensch sich seine Vitalität. Die Verbindungen zwischen Körper und Geist werden klarer und in beziehungsvollen Einklang gebracht. Freudige Erlebnisse stellen sich ein, und eine Harmonie wird erfahrbar. Die Musik regt an und stimuliert; sie weckt Erinnerungen, angenehme Erfahrungen und motiviert zu neuen schwungvollen Taten.

Die rhythmische Bewegung weckt die Lebensgeister, läßt das Herz schneller schlagen und ist ein natürlicher Jungbrunnen. Eine uralte Erfahrung! Für unsere pädagogische Gruppenarbeit sollten wir das Angebot nutzen. Es ermöglicht uns wunderbare Erkenntnisse.

Polonaise

Spieler: 14– Dauer: 10–15 Minuten
Material: Musikcassette und Recorder

Wenn die Musik erklingt, geht der Spielleiter oder ein Teilnehmer im Kreis herum und wählt sich einen zweiten Tänzer, den er auffordernd an die Hand nimmt. Beide laufen weiter und bewegen sich

im Rhythmus oder Tanzschritt. Der zweite Tänzer fordert einen dritten auf und so bildet sich allmählich eine Schlange. In Schlangenlinien kann man nun durch den Raum laufen, durch Hindernisse hindurchgehen oder über sie hinwegsteigen und am Schluß im Kreis oder paarweise tanzen.

Hut-Tanz

Spieler: 15– Dauer: 10–15 Minuten
Material: Hut

Alle Spieler tanzen paarweise durch den Raum. Ein Tänzer eines Paares trägt einen Hut auf dem Kopf. Während des Tanzes versucht der behütete Tänzer, seinen Hut im Vorbeitanzen einem anderen aufzusetzen. Klatscht der Spielleiter in die Hände, tanzt das behütete Paar einen Solotanz, und alle anderen Paare stehen im Kreis und begleiten klatschend das Paar.

Fröhlicher Kreis

Spieler: 12– Dauer: 10–15 Minuten
Material: Musikcassette und Recorder

Alle Tänzer fassen sich an und bilden einen Kreis. Jeder kennt seinen Partner, der links bzw. rechts von ihm steht. Alle laufen 8 Schritte nach links, dann 8 Schritte nach rechts, 4 Schritte nach vorn, 4 Schritt zurück, wieder 8 Schritte nach links und 8 Schritte nach rechts, 4 Schritte nach vorn und beim 4. Schritt klatschen sie in die Hände, 4 Schritte zurück und auch hier beim 4. Schritt in die Hände klatschen. Diese einfache Tanzform kann nun nach Lust und Fähigkeit der Gruppe durch Wechselschritte, Tippen und Drehen erweitert werden. Hierfür gibt es Anregungen auf den Begleitzetteln der Tanz-Cassetten. Probieren Sie Ihre Tänze zuerst zu Hause durch und beginnen Sie immer mit einfachen, schon bekannten Tanzschritten, damit Sie sofort Zustimmung und Begeisterung bei den Senioren auslösen. Die Lust zu komplizierten Variationen und Schritten wird durch positive Erfahrung geweckt. Erwähnen möchte ich noch die Möglichkeit von Sitztänzen für Menschen, die körperlich weniger aktiv sein können. Auch hierfür gibt es Vorschläge; erscheinen sie zu schwer, kann man sie leicht verändern.

Hier einige Cassetten-Tips: Fidula Fon 1266, 1268, 1269, 1154, 1157.

Ausführliche Tanzbeschreibungen finden sie auch in „Gesellige Tänze für Jung und Alt“ von Ilse Tutt, Fidula-Verlag Holzmeister, Boppard.

Gleich- und Wechselstrom

Spieler: 14– Dauer: 10–15 Minuten
Material: Musikcassette und Recorder

Die Spieler stellen sich zu Paaren hintereinander in Kreisrichtung auf. Nach einer Musik laufen sie im Rhythmus rechts herum. Auf ein Zeichen des Spielleiters (Klatschen oder Zwischenruf) drehen sich die kreisinneren Partner um und gehen nun in entgegengesetzter Richtung weiter. Die Tänzer im äußeren Kreis behalten ihre Richtung bei. Auf ein Zeichen verändert der Innen- und Außenkreis seine Richtung. Wenn alle Tänzer eine Weile so im Rhythmus links und rechts herumgegangen sind, gibt der Spielleiter ein Zeichen zum gemeinsamen Tanz. Dazu können sich die ehemaligen Paare suchen oder jeder Tänzer tanzt mit dem Menschen, der gerade vor ihm steht. Nach einer gemeinsamen Tanzphase beginnt man wieder von vorn. Bekannte Senioren-Tanz-Musik (z. B. Evergreens) eignet sich hierfür besonders, da sie einen starken Aufforderungscharakter hat. Menschen, die mir vor dem Tanzen sagten, ich tanze aber nicht mit, bewegten sich beim Hören der Musik so rhythmisch auf ihrem Stuhl, daß sie meine Aufforderung zum Tanz oft ganz beglückt annahmen. Ihre Verneinungen haben oft recht unterschiedliche und manchmal schwer zu ergründende Ursachen. Freude, Lust und Bewegung der anderen Tänzer wirken ansteckend.

Taktvolle Lieder und Bewegungen

Spieler: 10– Dauer: 8–12 Minuten
Material: Musikcassette und Recorder

Melodien und Lieder können zur gezielten Bewegungsaufforderung gewählt werden. Sie fördern neben der Bewegung auch die Konzentration und den Zusammenhalt der Gruppe. Melodien und Lieder im 4/4 Takt eignen sich für den Anfang besonders gut. Die Bewegungen kann man der Gruppe vorschlagen oder gemeinsam erfinden. Alle sitzen im Kreis, tippen 1mal mit den Fußspitzen auf den Boden, klatschen 1mal auf die Schenkel, 1mal in die Hände und heben 1mal die Arme in die Luft. Dies Programm kann erweitert bzw. verringert werden. Nach einer Übungsphase wird Musik dazu angestellt, und gemeinsam bewegt sich die Gruppe im 4/4 Takt. Wenn alle Teilnehmer in ihren Bewegungsabläufen sicher sind, kann man statt der Musik Lieder singen, die Bewegungen verändern und einen anderen Takt wählen. Hier wie bei allen anderen Spielen richtet sich der Spielleiter nach der Beweglichkeit der Gruppe. Sie sollte nicht überfordert, aber auch nicht unterfordert werden. Eine gewisse Übung ist die Voraussetzung für das Zusammenspiel. Wer seinen 4/4 Takt vergißt, kommt durch die Gruppe schnell wieder in ihn hinein. Lieder-Beispiele: „Horch, was kommt von draußen rein“, „Wer recht in Freuden wandern will“, „Das Leben bringt große Freud“, „Wahre Freundschaft soll nicht wanken“.

Tanz der Nationen

Spieler: 12– Dauer: 12–15 Minuten
Material: verschiedene Nationalfarben in ausreichender, doppelter Ausführung, oder auch Karten mit anderen Motiven. Sie können hergestellt werden aus Fotos, Bildern, Zahnstochern.

Im Takt der Musik bewegen sich alle Mitspieler am Spielleiter vorbei und bekommen von diesem ein Fähnchen geschenkt. Damit geschmückt können sie sich nun ihren Tanzpartner suchen; denn die Träger von gleichen Fahnen ergeben ein Tanzpaar. Zur Erleichterung und Vertiefung können die Namen der Länder auf die Fahnen geschrieben werden.

Nach einer Tanzphase wechseln die Tänzer ihre Partner durch Zurufen, so tanzt dann z.B. die Schweiz mit Großbritannien und USA mit Deutschland. Ein Wechsel sollte mehrfach vorgenommen werden.

Statt der Fahnen können auch Bilder mit Märchengestalten, bekannten Spielkarten, klassischen Liebespaaren (Romeo und Julia, Tristan und Isolde, Orpheus und Euridike, Caesar und Kleopatra, Adam und Eva, Susi und Strolch...) verteilt werden. Das Spielmaterial kann der Pädagoge, aber auch die Gruppe gemeinsam erstellen. So entstehen neue Anregungen, geistige und praktische Tätigkeiten, die die Gruppe mobilisieren und stärken.

Variation

Die Fahnenträger formieren sich zum Kreis, zu mehreren kleinen Kreisen oder zu einer Schlange und bewegen sich im Tanzschritt vorwärts. Nach einer Tanzphase hebt der Spielleiter Fahnen-Paare hoch, so kann jeder Spieler erkennen, welche Landesvertreter zusammen tanzen. Möchte er seinen geübten Spielern eine verschlüsselte Spielanweisung geben, kann er beispielsweise 2 rote, 2 schwarze oder auch 2 gelbe usw. Farbstreifen hochhalten und damit optisch anzeigen, welche Farbträger sich zur nächsten Tanzpaarrunde finden. Am Ende der Spielrunde sollte jeder mit jedem mindestens 1mal zusammen getanzt haben.

Mögliche Ergänzungen und Veränderungen wird ein Spielleiter so allmählich im Kopf haben. Er führt sie dann ein, wenn er eine allgemeine Aufgeschlossenheit und Bereitschaft zum Erklären und Aufnehmen von etwas Neuem wahrnimmt.

Das Erspüren der Ausstrahlungen, das Erfühlen der Atmosphäre wird ein Spielpädagoge zunehmend lernen und dadurch tiefe Empfindungen der Lebendigkeit wahrnehmen.

Liedkette

Spieler: 8– Dauer: 10–15 Minuten
Material:

Senioren singen gelegentlich gern. So kann der Spielpädagoge eine Gesangsstunde einmal zum Gedächtnistraining werden lassen. Er stimmt ein bekanntes Volkslied an, und bricht das Lied durch ein vorher vereinbartes Zeichen mittendrin ab. Mit dem letzten Buchstaben des letzten Wortes beginnt das neue Lied. Wem es einfällt, der kann es anstimmen. Nach dieser Regel lassen sich viele Lieder aneinanderketten. Natürlich können Wörter auch nach Silben getrennt werden, damit vergrößert sich die Chance der Liedanfänge.

Variation

Zwei sangesfreudige Senioren bereiten sich für diese Stunde vor; agieren als Dirigenten oder Vorsänger und gestalten so eine wesentlich längere Liederkette. Geübte Sänger mit einem umfangreichen Liedrepertoire können sich Aufgaben differenzieren, indem sie Lieder nur nach bestimmten Gesichtspunkten wählen, z. B. Lieder der Jahreszeiten, Wanderlieder, Weihnachtslieder, Abendlieder etc.

Mein Hut, der hat drei Ecken

Spieler: 10– Dauer: 8–10 Minuten
Material:

„Mein Hut, der hat drei Ecken, drei Ecken hat mein Hut, und hätt' er nicht drei Ecken, so wär es nicht mein Hut." Die Melodie des berühmten Liedes wird vielen Teilnehmern bekannt sein. Man singt es einige Male durch, bis jeder die Melodie, den Text und den Rhythmus kann. Dann läßt man beim Singen das Wort „Hut" weg und ersetzt es durch eine Handbewegung am Kopf. Bei der nächsten Wiederholung wird neben dem Wort „Hut“ auch das Wort „Ecken“ nicht gesungen und stattdessen greifen alle Spieler an ihren rechten Ellenbogen. Danach läßt man das Wort „mein“ weg und ersetzt es durch die Bewegung: Hand an die Brust. Das Wort „drei“ wird mit dem Zeigen der drei Finger einer Hand dargestellt. Zum Schluß kann man auch noch das Wort „nicht“ durch ein kurzes Kopfschütteln spielen. Wenn man nun das ganze Lied singen möchte, besteht es nur noch aus den Worten: „der hat, hat, und hätt' er, so wär es“. Dadurch entsteht ein lustiges Durcheinander.

Tanz-Scrabble

Spieler: 15– Dauer: 10–15 Minuten
Material: Pappe, Schnur, Filzstifte, Locher (Musik nach Wunsch)

Jeder Spieler hängt sich einen großen Buchstaben um den Hals. Für ein einmaliges, spontanes Spiel in einer kleinen Gruppe reichen auch Buchstabenzettel aus, die jeder sichtbar in der Hand hält. Einige Buchstaben sind mehrfach geschrieben. Alle Spieler bewegen sich so zur Musik – oder auch ohne – im Raum, wie sie es möchten, und nehmen dabei wahr, welche Buchstaben sie tragen. Nach einer Weile klatscht der Spielleiter in die Hände, oder stoppt die Musik, und fordert die Teilnehmer auf, sich zu einem Wort zusammenzustellen. Das Wort sollte so lang wie möglich sein, damit viele Teilnehmer miteinbezogen werden.

Danach löst sich das „Wort“ wieder auf; die Mitspieler gehen erneut im Raum umher bis zum nächsten Musikstopp. Nach einer gewissen Spielzeit tauscht jeder Teilnehmer seinen Buchstaben gegen einen anderen aus.

Gewöhnlich werden hier mehrere Selbstlaute und auch Mitlaute gebraucht. Natürlich hängt die Anzahl der Buchstaben auch von der Gruppenstärke ab. Erfahrenen Spielgruppen kann der Pädagoge zusätzliche Aufträge geben, so z. B. ein Wort zu stellen, das die Spielsituation der Teilnehmer beschreibt, wie lustig, spielen, nachdenken, Kontakt, Gesellschaft, Gruppe, Nachmittag.

In manchen Gruppen kristallisiert sich sehr schnell ein Teilnehmer heraus, der hierin seine Spielstärke hat und sie auch zeigen möchte. Mit sensibler Aufmerksamkeit wird der Pädagoge das Spielgeschehen beobachten und ergänzende Spielregeln eingeben, wenn er es für nötig hält, damit alle Teilnehmer die Möglichkeit zum Mitdenken bekommen, und ihnen nicht nur gesagt wird, wo sie sich hinzustellen haben. So kann z. B. jeder Mitspieler einmal ein Wort bilden oder partnerschaftlich mit einem anderen ein Wort erstellen.

Variation

Der Spielleiter erweitert das Scrabble und bereitet neben den Buchstaben noch Silben und Verbindungswörter vor, so daß nun längere Wörter und Sätze geschrieben werden können. Auch mit seiner Gruppe zusammen wird er auf diese Endungen und Bindewörter kommen: eit, ung, tät, lich, en, tum, et, isch, ig, schaft... und ist, hat, auf, in, zu, vor, ohne, zu, sondern... So spielen Sie sich gemeinsam von der körperlichen in die geistige Bewegung.

Geschicklichkeitsspiele

Diese Spiele verstehe ich als Übungsmöglichkeiten der Feinmotorik. Wendigkeit, Fingerfertigkeit, Virtuosität und Gelenkigkeit werden durch die Beschäftigung mit dem Spielmaterial angesprochen. Dabei wird nicht aufgezeigt, welche Unsicherheit und Unfähigkeit sich bei uns breit gemacht haben, sondern welche Beweglichkeit wir noch besitzen und welche durch Übung wieder erlernbar ist. Das gilt selbstverständlich für alle Spiele. Die allgemeine Beweglichkeit und Konzentration wird dabei besonders angesprochen.

Der Spieler wird durch eine Regel aufgefordert, sich der Herausforderung zu stellen und sich gelegentlich auf neue Tätigkeiten einzulassen. Wobei die Bewegungsabläufe sein Geschick betreffen und in einer Realitätsbezogenheit zum Alltag stehen, obgleich das im ersten Moment vielleicht nicht zu erkennen ist. In vielen Gruppen treffe ich Menschen, die in den Händen nicht mehr die Beweglichkeit haben, die sie zur Bewältigung ihres eigenen Haushalts benötigen. Ihre Gelenke sind durch Arthritis, Arthrose oder Rheumatismus erkrankt. Bewegungen können sie oft nur unter Schmerzen ausführen. Um den Leidensdruck nicht so oft zu spüren, beschränken sie ihren Bewegungsradius auf das Nötigste.

Nun könnten wir annehmen, daß die Bewegungseinschränkung die Teilnehmer vom Spielen abhält. Das ist nicht der Fall. Ich erfahre zwar zu Beginn des Spiels von ihren Bewegungsschwierigkeiten, erlebe aber im Spiel, wie sie sich einbringen und voll beteiligen. Sie vergessen ihre Krankheit, geben sich entspannt und gelöst.

Bei Behinderungen anderer Art mache ich ähnliche Beobachtungen. Die Senioren vergessen ihre Einschränkungen. Sie müssen diese nicht deutlich zeigen, damit wir den Menschen beachten.

In der Spielgruppe sieht jeder jeden und freut sich an der gemeinsamen Aktivität. Gerade die unterschiedliche Teilnahme der Senioren läßt Spannung aufkommen und ergibt eine Dynamik, die Gefühle erweckt und unsere Sinne ganzheitlich erfaßt und bewegt.

Ein versteckter Ring

Spieler: 12– Dauer: 10–12 Minuten
Material: lange, dicke Schnur, Gardinenring

Alle Spieler sitzen im Kreis. Der Spielleiter hat eine lange Schnur in der Hand und gibt seinem linken Nachbarn das eine Ende der Schnur zum Festhalten. Reihum geht er weiter und gibt jedem Spieler den weiteren Teil der Schnur zum Halten. Am Ende, bei sich angekommen, schneidet er die Schnur ab, streift einen Gardinen-

ring, ca. 7 cm groß, über die Schnur und knotet die beiden Enden zusammen.

Nun kann der erste Spielfreudige in die Mitte gehen, kurzzeitig die Augen schließen, während der Ring schweigend weitergeschoben wird. Auf ein „Halt“ des Spielleiters wird der Ring von einem Spieler fest mit den Händen umschlungen und der Spieler in der Mitte öffnet die Augen. Nun soll dieser entdecken oder erraten, wer den Ring hat. Das ist nicht so einfach, weil jeder andere Mitspieler seine Hände ebenso hält wie der Spieler, der den Ring wirklich hat. Wird der Ring entdeckt, kann der Spieler in die Mitte, der den Ring festgehalten hat. Vielleicht kann jeder Spieler einmal in der Mitte stehen, damit jeder die Chance des Entdeckens erhält. Diese Einstellung sollte bei vielen Spielen bedacht und praktiziert werden.

Variation

Der Ring kann ständig in Bewegung bleiben, auch dann, wenn der Spieler seine Augen geöffnet hat.

Schnelle Korken

Spieler: 10– Dauer: 20–30 Minuten
Material: Korken, Farben, Pinsel, Schnur, Nadeln, Würfel, Scheren

Der Spielleiter und die Senioren bereiten gemeinsam das Spiel vor. Sie sammeln gebrauchte Korken – für jeden Spieler einen und einige zusätzlich als Reserve – und malen sie in 5 verschiedenen Farben an. Gehören z. B. 25 Spieler zur Gruppe, malt man jeweils 5 Korken in einer Farbe an, damit jede Farbe in der gleichen Anzahl vertreten ist. Dann nimmt man einen Würfel, ca. 15 cm Durchmesser für ein Kreisspiel – entsprechend kleiner für ein Tischspiel – und malt ihn mit den gleichen 5 Farben an. Jede Würfelseite bekommt eine andere Farbe, eine Seite bleibt frei. Nun werden die Korken mit einer langen Nadel und einem Faden – 1 Meter lang für das Kreisspiel, entsprechend kürzer für das Tischspiel – durchstoßen und jeweils mit einem Knoten versehen. Jeder Spieler bekommt nun eine Korkenschnur und legt das Korkenende auf den Boden. Der Spielleiter würfelt. Zeigt der Würfel beispielsweise rot, müssen alle Spieler mit einem roten Korken reagieren, d. h. den Korken zu sich auf den Schoß nehmen. Der Spielleiter oder ein anderer Spieler würfelt neu. Es reagieren nach jedem Wurf nur die Spieler, die die gewürfelte Farbe auf dem Korken haben.

Variation

Würfelt der Spielleiter z. B. rot, müssen alle roten Korken in einen Behälter geworfen werden, der in der Kreismitte steht. Hierbei ist die Schnur nicht nötig. Sollte sie aber am Korken sein, wäre es ratsam, sie gleich in der Farbe des Korkens zu wählen, damit man sie besser unterscheiden kann.

Variation

Die Korken werden mit einer Zahl von 1 bis 5 beschrieben. Der würfelnde Spieler sagt zu der gewürfelten Farbe eine Zahl zwischen 1 und 5, woraufhin nur der Korkenhalter seinen Korken wegziehen darf, der zu der gewürfelten Farbe auch die genannte Zahl hat. Konzentration und Reaktion ist nun alles.

Bunte Scheiben

Spieler: 10– Dauer: 15–20 Minuten
Material: Bierdeckel, Farben, Pinsel, runde Etiketten

Jeder Spieler im Kreis bekommt einen Bierdeckel. Reihum versucht nun jeder Teilnehmer, den Deckel in die Kreismitte zu werfen. Hier kann ein Reifen liegen, ein Karton stehen oder eine Form aufgeklebt sein. Zum Schluß werden die Deckel gezählt, die sich in der Eingrenzung befinden.

Variation

Die Bierdeckel können verschieden angemalt und auf der oberen oder/und unteren Seite mit Punkten versehen werden. Die Punkt-Kombinationen 1 und 5, 2 und 4, 3 und 3 eignen sich besonders gut, weil dadurch die Chancengleichheit gegeben ist und eine zusätzliche Spannung aufkommt. Somit können wenige Deckel im Mittelpunkt liegen, jedoch hohe Punktzahlen erreicht werden.

Päckchen auspacken

Spieler: 12– Dauer: 8–12 Minuten
Material: 1 Päckchen, mehrfach verpackt und verschnürt, Requisit Musikcassette, Recorder

Der Spielleiter hat ein Päckchen in viele Lagen Papier eingewickelt und diese immer wieder mit Schnüren befestigt. Während nun im Hintergrund bekannte Musik erklingt, wandert das Päckchen von Hand zu Hand. Wer es gerade hat, wenn die Musik stoppt, fängt an, es aufzumachen. Setzt die Musik wieder ein, wird das Päckchen weitergereicht. Durch gezielte Beobachtung kann der Spielleiter die Spannung erhöhen, indem er sich Kriterien zur Musikunterbrechung wählt. Erfolgserlebnisse können auch hier bewußt einzelnen Teilnehmern vermittelt werden. Der letzte Spieler entnimmt dem Päckchen ein Requisit für ein neues Spiel.

Korken schnipsen

Spieler: 10– Dauer: 8–12 Minuten
Material: Flasche, Korken

Alle Spieler sitzen im Kreis. In der Kreismitte auf einem Tisch steht eine Flasche, auf dem Hals der Flasche ein Korken. Ein Spieler nach dem anderen probiert nun, von einer vorher verabredeten Startlinie (ca. 3 Meter) im Gehen den Korken von der Flasche zu schnipsen (Zeigefinger an den Daumen der gleichen Hand von unten nach oben entlangstreifen.) Der jeweilige Spieler darf nicht vor der Flasche stehenbleiben und dann den Korken hinunterstoßen; er muß es im Vorbeigehen probieren.

Flaschen fangen

Spieler: 1– Dauer: 5– Minuten
Material: Flaschen, Gardinenringe, Schnur, Stäbe

Für dieses Spiel braucht man mindestens 3 Flaschen und 3 Gardinenringe in jeweils unterschiedlichen Größen. Die Ringe werden an eine Schnur von ca. 30–50 cm Länge gebunden. Das andere Ende der Schnur wird an einen etwa 30 cm langen Stab befestigt. Die

Spieler bekommen nun nacheinander die Stäbe und die entsprechenden Flaschen dazu – großer Ring für große Flasche, kleiner Ring für kleine Flasche – und versuchen, die Flaschen einzufangen. Fällt das Flaschenfangen einzelnen Spielern schwer, kann die Schnur durch Aufdrehen verkürzt oder der Stab am Anfang festgehalten werden. Das Spiel eignet sich für jede Geburtstagsfeier und jedes entspannte Zusammensein von Menschen.

Wackelteller

Spieler: 8– Dauer: 10–15 Minuten
Material: Teller, Stecknadeln, Brett, diverse Gegenstände

Der Spielleiter steckt in ein kleines Brett drei Stecknadeln zu einem Dreieck, so daß darauf ein Teller gestellt werden kann. Dies Gestell schiebt er in die Mitte des Tisches. Reihum legt nun jeder Mitspieler einen kleinen Gegenstand: Murmel, Gabel, Schere, Bleistift, Heft, Schraube auf den Teller. Durch Gespräche und taktisches Vorgehen wird die Gruppe den Wackelteller mit einem Berg voller Gegenstände belegen können. Probieren Sie unterschiedliche Tellergrößen, Materialien und Stapelarten aus. Interessante Erfahrungen können hier gemacht werden.

Schlangen reißen

Spieler: 10– Dauer: 10–15 Minuten
Material: 1 Stapel Zeitungspapier, Klebstoff

Jeder Spieler bekommt ein gleichgroßes Stück Papier (Zeitung, Schreibblatt, Serviette), aus dem er eine lange Schlange reißen soll. Wie schmal und lang können sie gerissen werden? Reichen sie von einem Ende zum anderen Ende des Raums, wenn man sie aneinanderlegt? Man kann die Schlange als Spielflächeneingrenzung oder Raumteiler für das nächste Spiel gebrauchen, z. B. „Bunte Schleifen“, „Modenschau“, „Geräusche und ihre Geschichten“.

Variation

Die Zeitungensblätter können in Streifen gerissen und dann aufgerollt werden. Jeder verknüpft das Zeitungsende so, daß die Rolle sicher verschlossen ist. Dann stellt oder legt man die Rolle oder das Paket vor sich hin. Der Spielleiter schaut sich nun mit der gesamten Gruppe jede Rolle, manchmal ist es auch ein Päckchen, an. Bei jedem Teil merken sie sich etwas Typisches, z. B. die Schrift, Farbe, Größe, Zipfel, Ecken, Rundung etc. In der ersten Runde kann jeder Teilnehmer bestimmt 1, 2 oder 3 Rollen den Herstellern zuordnen. Vor der zweiten Runde werden einige Rollen umgestellt, und wieder werden die Rollen mit den Namen der Wickler benannt. Vor der dritten Runde werden alle Rollen umgestellt. Wer kennt nun die Besitzer?

In einer Spielgruppe suchten die Teilnehmer markante Merkmale der Rollen heraus und setzten diese durch humorvolle Parallelen in Beziehung zu den Herstellern. So entstanden hilfreiche „Eselsbrükken“, die uns das Erkennen und Zuordnen schneller ermöglichten. Es wurden witzige Bemerkungen kreiert und Spitznamen erfunden, an die wir uns noch Monate später erinnerten. So gehörte z. B. die große Rolle zur großen Spielerin, die spitze, schlanke Rolle zur Seniorin mit dem schmalen Gesicht, und die mehr zu einem Paket zusammengelegte Zeitungsschlange zu der Dame mit der zugeknöpften Bluse, und die locker gewickelte Rolle zu der gelockten Teilnehmerin. Zum Schluß hatten wir unsere begründeten Beziehungen zwischen Rolle oder Paket und den Senioren. Beinahe alle Teilnehmer trafen die richtige Zuordnung. Es war ein einfallsreiches und munteres Spiel, ein Gedächtnistraining.

Löffelkette

Spieler: 10– Dauer: 10–15 Minuten
Material: Eßlöffel, Kartoffellöffel, Knöpfe, Kastanien, Tischtennisbälle, Schachteln etc.

Jeder Spieler im Kreis bekommt einen Eßlöffel, den er mit einer Hand festhält. Der Spielpädagoge legt auf seinen Löffel einen Knopf und reicht ihn so zu seinem Nachbarn. Nun wandert der Knopf von Löffel zu Löffel und wird vielleicht auch nicht hinunterfallen. Wird diese erste Runde mit Spaß und Leichtigkeit bewältigt, kann der Spielleiter einen anderen Knopf wählen, oder ihn aus seiner mitgebrachten Knopfschachtel auswählen lassen. – Es gibt kleine, große und sehr große Knöpfe, auch eckige, halbrunde und kugelförmige Knöpfe. – Eine dritte und weitere Löffelketten lassen sich anschließen. Die geeigneten Gegenstände hat der Spielleiter mitgebracht.

Die Spieler merken sehr bald, daß sie ihre Löffel unterschiedlich halten können, um so die Übergabe sicherer vorzunehmen. Menschen mit körperlichen Einschränkungen lernen, sich zu helfen, indem sie aufstehen und so den Gegenstand gezielter auf den anderen Löffel übertragen können. Eine Hilfe kann auch vom Nachbarn kommen, der sich dem Mitspieler besonders zuwendet. Frau S., die wegen ihrer arthritischen Hände schon starke Bewegungseinschränkungen wahrnimmt, bekam einen großen Kartoffellöffel und konnte ihn in beide Hände nehmen. Frau K., die durch ihre zittrigen Hände nicht immer das tun kann, was sie möchte, bekam durch die Hand der Nachbarin Unterstützung. Ein Spielpädagoge wird bei der Spieleinführung seine Gruppe über diese Hilfen und Möglichkeiten informieren, damit die Sorge und Angst keinen Besitz ergreifen kann.

Variation

Wenn Ihre Gruppe eine stärkere Herausforderung vertragen kann, dann legen Sie mehrere Gegenstände in einen Löffel oder probieren flache, längliche, eckige Dinge weiterzureichen, die über die Löffelmulde hinausreichen. Vielleicht möchte der eine oder andere Spieler auch einmal mit 2 Löffeln spielen.

In Ihrer Spielkiste können Sie alle Gegenstände vorrätig haben. Wenn diese in der Kreismitte steht, kann sie anregend für individuelle Spielideen wirken.

Perlenschnur

Spieler: 8– Dauer: 15–25 Minuten
Material: Perlen, Schnur, Schale oder Tasse, Papier, Schreibzeug

Die Spieler sitzen an Tischen. Jeder Spieler erhält eine kleine Schale voller bunter Perlen und eine Schnur, die er zum Aufziehen der Perlen benötigt. Wenn ein Mitspieler seine Perlenschnur fertig hat, verknotet er sie und bildet daraus einen Buchstaben. Vielleicht paßt dieser Buchstabe zu den anderen Buchstaben der Gruppenteilnehmer, und so kann daraus ein Wort in Schreib- oder Druckschrift gelegt werden. Buchstaben können ausgetauscht und verändert werden. Zu den geschriebenen Wörtern suchen die Spieler Sprichwörter, Redensarten oder gewohnte Aussprüche, die aufgeschrieben und später vorgelesen werden.

Variation

Wenn Ihre Gruppe die phantasievolle, künstlerische Gestaltung vorzieht, kann sie einzelne Motive aus der Perlenschlange legen oder sogar ein Gruppenbild kreieren. Ein sprach- und phantasiereicher Spieler weiß bestimmt, warum ein gelegtes Bild für alle Teilnehmer heute so wichtig ist. Ein gelegter Vogel animiert die Gruppe vielleicht zum Singen, eine gelegte Kaffeekanne stellt die Aufforderung zur Pause dar, ein Mensch erinnert an das Brüsseler Wahrzeichen, ein Baum an die letzte gemeinsame Reise, ein Fisch fordert zum gemeinsamen Aquariumbesuch heraus usw. Der Spielpädagoge kann die ausgesprochenen Gedanken zur weiteren Gestaltung des Zusammenseins nutzen und sich somit als Mittler oder Kooperateur verstehen. Findige Spieler können bei solchen Gelegenheiten die Aufgaben eines Spielleiters in für sie reizvollen Spielphasen übernehmen. Ein Spielpädagoge sollte diese Gedanken der Aufgabenbewältigung und Aufgabenverteilung immer im Kopf haben, damit seine Gruppe an Selbständigkeit und Unabhängigkeit gewinnt. Hat er mit dieser Einstellung seine Gruppe eine Zeitlang geführt und das Spielmaterial auch gemeinsam hergestellt, darf er sich das Fehlen bei einer gewohnten Gruppenstunde sorglos erlauben. Probieren Sie es einmal aus. Mit der Herausforderung wächst auch die Fähigkeit in Ihrer Gruppe. Ihre Erfahrungen werden Ihnen zeigen, zu welchen Teilzielen Sie Ihre Gruppe geführt haben.

Eiffelturm

Spieler: 4– Dauer: 10–15 Minuten
Material: leere Flaschen, Streichhölzer in unterschiedlichen Farben, Pappscheiben

Wir stellen in die Mitte des Tisches eine Flasche und geben jedem Mitspieler ca. 6 Streichhölzer. Reihum probiert jeder ein Streichholz nach dem anderen auf den Flaschenhals zu legen. Sind alle Streichhölzer verbraucht, kann der Turm wieder abgebaut werden. Fallen Streichhölzer zwischendurch hinunter, bekommt sie der, der den Anstoß dazu gab. Natürlich können sich andere Mitspieler an der Aufteilung der Hölzer beteiligen.

Variation

Größere Gruppen können in kleinere aufgeteilt und mit entsprechendem Material versorgt werden. Die Teilnehmer können sich selbst gruppieren oder durch den Spielpädagogen zusammengesetzt werden. Trifft der Spielleiter die Wahl, so kann er die Fähigkeiten der Spieler bedenken und ausgleichend wirken, wobei Vorsicht geboten ist, da die Stärken und Schwächen nicht vordergründig gesehen werden sollten. Aber ein aufmerksames Umgehen mit den Senioren und ihren unterschiedlichen Fähigkeiten sollte Grundtendenz aller Arbeit sein.

Auch hier wird reihum der Turm aus Streichhölzern gebildet. Am Schluß wird die Turmarchitektur an jedem Tisch anders aussehen. Breite Türme sind leicht, sicher und relativ risikofrei zu bauen. Hohe und in der Konstruktion ungewöhnliche Türme verlangen mehr Zeit und Konzentration. Aus der Beobachtung und Erfahrung kann den Spielern eine weitere Spielrunde angeboten und mit einer zusätzlichen Regel gekoppelt werden. Gibt der Spielleiter dann noch farblich unterschiedliche Hölzer hinzu, kann der optische Reiz vermehrt und die Chance des miteinander Redens, Tauschens und Konstruierens initiiert werden. Weitere Variationen lassen sich hieraus entwickeln.

Variation

Die Streichholzmenge kann nach Bedarf beliebig sein, und kleine Pappscheiben in unterschiedlichen Formen können zu neuen Ideen anregen.

Gedrehte Entscheidung

Spieler: 4– Dauer: 1 Minute
Material: Flasche

Kommt ein Spielleiter einmal in die Situation, keinen freiwilligen ersten Spieler für ein neues Spiel zu finden, kann eine Flasche die Entscheidung herbeiführen. Dazu legt man sie in die Mitte des Kreises oder Tisches und dreht sie. Wenn die Flasche zur Ruhe kommt, zeigt ihr Hals auf den ersten Spieler.

Die fremde Entscheidungshilfe ist als Spiel und nicht als Zwang zu verstehen.

Gerissene Tiere

Spieler: 4– Dauer: 3–20 Minuten
Material: Zeitungen, Papier, Schreibzeug, Malstifte

Die Teilnehmer bekommen alle ein Din A 3 großes Stück Zeitungspapier und damit die Aufgabe, ein Tier ihrer Wahl daraus zu reißen. Dazu kann das Papier doppelt gelegt, oder auch einfach zu jeder anderen Größe verkleinert werden. Das Tier sollte nach Möglichkeit aus einem Stück gerissen werden. Der Phantasie sind keine Grenzen gesetzt. So kann ein Tier letztendlich auch hinter einem Baum hervorschauen, sich bei den Steinen verstecken, oder nur mit dem Kopf aus einer Blumenwiese hervorschauen. In einer Gruppe rissen die Senioren folgende Tiere: Esel, Schwein, Hase, Schlange, Fisch, Tausendfüßler (nicht mit 256, sondern mit 12 Füßen), Kuh (aufgeklappt war es eine Kaulquappe), 2 Katzen, ein Nilpferd im Wasser. Frau H. meinte, heute sei nicht ihr tierischer Tag, und gab es nach einigen Versuchen auf. Herr K. sagte laut, für dieses Spiel fehle ihm die zarte Hand.

Variation

Die gerissenen Tiere können zur neuen spielerischen Herausforderung genutzt werden. So kann jeder Schöpfer sein Tier vorstellen, realistisch mit allem Wissen, was er dazu hat, so zum Schwein z. B.: Haustier, Säugetier, unsauberer Mensch, Glück, Massel, Dusel, da hast du aber Schwein gehabt, Glück, inwendig ein Schwein, das kann kein Schwein lesen, Hans im Glück, Schweinebraten, Schweinearbeit, Schweinewetter. Menschen, die Märchen lieben oder gern Geschichten erzählen, können das Grimmsche Märchen vom „Hans im Glück" erzählen oder phantasievoll für das derzeitige Jahr neu gestalten und ausschmücken.

Zum Hasen wird dem einen oder anderen oder der ganzen Gruppe vielleicht folgendes einfallen: Osterhase, Angsthase, Alter Hase = viel Kenntnisse, 'mal sehen, wie der Hase läuft, da liegt der Hase im Pfeffer = die Schwierigkeit, dort sagen sich Fuchs und Hase gute Nacht = abgelegener Ort, mein Name ist Hase = ich weiß von nichts. Jeder Teilnehmer kann sich seine vielfältigen Einfälle aufschreiben, so ist sein Kopf immer wieder frei für neue Assoziationen. Nach einer gewissen Zeit können die Schweine- oder Hasenverbindungen vorgelesen werden. Sicherlich können auch andere Senioren diese Ausführungen wieder mit Wörtern, Sätzen oder Geschichten ergänzen.

Variation

Die Teilnehmer überlegen in Kleingruppen, in der Großgruppe oder zu Hause, welche Ursprünge diese Redewendungen wohl haben. Was sie z. B. über die Tradition des Osterhasen in Erfahrung bringen können. Warum das Schwein ein Glückssymbol darstellt und der Esel der dumme ist. Lexika können hierbei recht hilfreich sein. So manch altes Buch wird dadurch wieder zum Vorschein kommen. Und wer darin stöbern kann, dem eröffnen sich neue Hinweise, Fragwürdiges und Interessantes. Ein Spielleiter kann hiermit die nächsten Zusammenkünfte der Senioren anregend, reizvoll und spannend gestalten. Lassen Sie sich auf Ihre neuen Ideen und die Gedanken und Ideen der Teilnehmer ein. Der Spaß am Entdecken und Dazugewinnen kann eine tiefe Freude auslösen, die positive und nachhaltige Erinnerungswerte schafft. Die einzelnen Fähigkeiten und Schwerpunkte der Senioren können eine ganze Gruppe bereichern und sie durch das gemeinsame Forschen, Arbeiten und Spielen näher zusammenführen.

Vielleicht haben Sie auch in Ihrer Gruppe eine(n) oder mehrere Senioren, die die Entdeckungen und Inhalte der Zusammenkünfte aufschreiben und dadurch für die ganze Gruppe ein eigenes Nachschlagewerk schaffen, das immer wieder zur Hand genommen werden kann, nicht nur am Ende des Jahres, wenn Resümee gezogen wird.

Variation

Die Tiere können bemalt werden und bekommen somit eine stärkere Individualität. In einer Gruppe wurden innerhalb dieses Spielprozesses die Tiere gemalt. Da die Gruppenzusammensetzung an dem Nachmittag eine andere war, wurden noch weitere Tiergestalten gezeichnet. Wenige Senioren beschränkten sich auf ihr einmal gerissenes Tier. Die meisten Teilnehmer malten mehrere Tiere auf das Blatt und probierten immer wieder andere und neue Tiere zu zeichnen. Es entstand ein lustiges Miteinander, denn die Senioren sprachen während ihrer zeichnerischen Arbeit und teilten sich dem Nachbar mit. Gelächter entstand hier und dort über die treffenden Kommentare und Zeichnungen. Lustige, interessierte und offene Senioren betrachteten zum Schluß ihre Werke mit Spaß und Bewunderung. Aus den einzelnen Personen wurde wieder eine Gruppe, die lachte, sich intensiv empfand und angeregt nach Hause ging. Herr P. meinte bei der Verabschiedung: „Daß ich noch einmal Tiere zeichnen würde, hätte ich nicht gedacht. Fünfzig Jahre habe ich mich nicht mehr für das Malen interessiert." Sein Elefant hatte mehr Ähnlichkeit mit der Realität als die Schlange, die dem „Kleinen Prinzen" von Saint Exupéry gezeichnet wurde.

Wollspinne

Spieler: 12– Dauer: 5–20 Minuten
Material: reißfeste Wolle in verschiedenen Farben. Flauschige, fransige und knotenreiche Wolle ergeben arteneigene Veränderungen

Alle Spieler stehen im Kreis oder sitzen auf Stühlen. Ein Teilnehmer hat ein Knäuel Wolle in der Hand, hält das Wollende fest und wirft einem Mitspieler das Knäuel zu. Dieser Spieler hält den Faden leicht gespannt und wirft das Knäuel zu einem gegenüber stehenden

Spieler. Dies geht fortlaufend so weiter, bis jeder Teilnehmer mit zwei Spielern verbunden ist. Dann wird die Spinne in umgekehrter Weise wieder aufgelöst.

Variation

Die Spinne wird in gleicher Spielweise gebildet. Ein zweites Knäuel Wolle, diesmal in einer anderen Farbe, wird nun weitergeworfen oder weitergereicht, bis alle Spieler in jeder Hand einen Wollfaden haben. Der Anfänger verknotet seine farbigen Enden, und legt die Knäuel-Reste weg.

Die Wollverbindungen führen zu einem reizvollen Gebilde. In zwei Farben wirkt es noch stärker als in einer Farbe. Die optische Wahrnehmung kann faszinieren und den Geist zu Gedanken anregen, die ein Spielpädagoge für seine Gruppenarbeit nutzen sollte.

Das gesponnene Netzwerk führt zu Assoziationen und Vergleichen, die recht vielseitig sind. Es deutet auf Kunstwerke und Gemälde hin. Es erinnert an Mondrian's lineare Strich- und Farbserien, die die Linien des bestehenden Ordnungssystems kennzeichnen; an Kandinskys abstrakte Bilder und Zeichnungen des Kubismus; an Paul Klees formale Werke, die neue Dimensionen und Weltanschauungen aufzeigen.

Bewegen Sie gemeinsam die gesponnenen Fäden vertikal, horizontal und diagonal, so entdecken Sie immer wieder neue Kreationen. Erfreuen Sie sich an der fließenden Veränderlichkeit Ihres Gebildes.

Sehr bald werden die Spieler durch die Bewegung der Spinne angeregt, über die Verbindungen in ihrem und unser aller Leben nachzudenken. Sie berichten von ihrem Erfahrungswissen, das Philosophen, Soziologen und Kommunikationspsychologen aufgeschrieben haben.

Jede Bewegung des Einzelnen verursacht eine oder mehrere Folgebewegungen. Jede Aktion hat eine Reaktion. Jede senkrechte, waagrechte und schräge Veränderung beeinflußt und verändert das gesamte Gebilde und muß von jedem Teilnehmer mitgehalten werden, sonst zerfällt es. Hält einer den Faden locker, ist das Netzwerk schlaff und tendentiös spannungslos. Zieht ein Teilnehmer einen Wollfaden näher zu sich, müssen andere Spieler den Faden locker lassen und nachgeben, sonst kann der Faden reißen; denn die Spannkraft der Wolle ist gering.

Die Wollspinne zeigt uns optisch sichtbar und läßt uns körperlich erfahren, was Ursache und Wirkung bedeutet. Wie Veränderungen in Gang gesetzt werden; unser Leben beeinflussen; in die Umwelt eingreifen und sich auf der Erde, ja im gesamten Kosmos auswirken.

Von den globalen Gedanken können Sie zu Ihren spezifischen, personen- und gruppeninternen, alltäglichen Spannungen, Freuden und Problemen kommen, und so manch ein Thema angehen bzw. aufarbeiten.

Verschiedene Spiele können so zur Gesprächs-Animation, zum Brainstorming führen. Manchmal fließen die Gedanken während eines Spiels nur so aus den Köpfen und Herzen der Teilnehmer. In solchen Situationen müssen Sie Ihre gruppenpädagogischen Entscheidungen treffen. Wenn der Spielverlauf in eine Richtung geht, die Sie nicht beabsichtigten, können Sie dann spontan Ihr Spielziel verändern, oder bleiben Sie bei Ihrem Vorhaben und führen die Gruppe zurück zum ursprünglichen, von Ihnen geplanten Inhalt? Entscheiden Sie sich immer für Ihre Gruppe.

Variation

Alle Spieler stehen im Kreis und entwickeln gemeinsam eine neue Wollspinne. Diesmal reichen Sie das Wollknäuel nicht zum gegenüberstehenden Spieler, sondern probieren neue Möglichkeiten der Linienbildung aus. Die 2 Enden verknoten Sie. Nun lassen Sie leise – später stärker – eine ruhige, getragene, besinnliche Musik erklingen. Vielleicht findet die Gruppe mit ihrer Spinne eine Bewegung dazu. Wenn den Teilnehmern Tanz- und Bewegungsspiele vertraut sind, werden sie sich leichter in eine Bewegung begeben.

Variation

Auch am Tisch läßt sich die Wollspinne entwickeln. Haben Sie z. B. nur 8 oder 10 Teilnehmer, kann jeder Spieler den Wollfaden zwei oder dreimal um seine Hand legen, wobei der Faden immer über den vorangespannten Faden gereicht werden muß. Gelingt es den Spielern mit jeder Hand 2 oder 3 Fäden zu halten, kann die ganze Gruppe die Spinne in allen Richtungen vielseitig bewegen und gestalten. Wenn ab und an einmal einer oder mehrere Teilnehmer dabei aufstehen können, ergeben sich Veränderungen, die einem Kristall, Gebirge oder geometrischen Gebilden gleichen, die die Phantasie zu weiteren Experimenten und Gedanken anregen.

Konzentrationsspiele

Neben den wunderbaren Erscheinungen unserer Zeit und den positiven Veränderungen in unserer Gesellschaft gibt es auffällige Verhaltensmuster, die sich in Hektik, Anspannung und Nervosität äußern. Ständig wirken neue akustische und optische Signale auf uns ein, die uns in immer größere innere und äußere Unruhe versetzen. Wir müssen uns zur Ruhe und Entspannung zwingen. Dabei entdecken wir, ein Zwang ist nicht das beste Motiv. Er kann weitere Verspannung bewirken, wenn nicht der innere Wille, die Überzeugung und Notwendigkeit dahinterstehen.

In unserer modernen Zeit, wo Bewegung, Aktivität und Dabeisein mit Jungsein, Dynamik und Gefragtsein im Verbund gesehen werden, muß der einzelne Mensch schon einen starken Willen aufbringen, um für seine innere Ausgeglichenheit etwas zu tun und sein

Selbstwertgefühl zu stärken. Die ständige Herausforderung, das Orientieren nach allen Seiten und die Auseinandersetzung mit der Umwelt können nur positiv bewältigt werden, wenn wir immer wieder die körperliche, geistige und seelische Entspannung suchen, die wir nicht für immer erlangt haben, wenn wir sie einmal erlebten, sondern die in einer Regelmäßigkeit aufgebaut und gepflegt werden muß, damit wir das Wesentliche in unserem Leben wahrnehmen, zulassen und als Lebensinhalt und Lebensqualität nicht aus den Augen verlieren.

Ein älterer Mensch ist von seiner Natur aus schon ruhiger. Die allgemeine Aktivität hat nachgelassen. Er kann besser abschalten und sich in sich selbst zurückziehen. Ich beobachte dies bei einzelnen Menschen und bemerke, wie die innere Ruhe auch manchmal mit allgemeiner Müdigkeit und Gleichgültigkeit verbunden ist; ein Anstoß von außen als Herausforderung ist hierbei gelegentlich notwendig.

Mir ist dieses Gefühl der inneren Ruhe und Entspannung bekannt. Besonders angenehm erlebe ich es im Urlaub; dann versuche ich, die Gelassenheit und Konzentrationsfähigkeit mit nach Hause zu nehmen und sie lang festzuhalten. Doch es gelingt mir selten. Sie entzieht sich mir in der Großstadt recht schnell. Ich muß sie immer wieder neu suchen und aufbauen.

Die nun folgenden Spiele können Hilfen sein, die Konzentration zu fördern und sie durch wiederholte Übungen zu verbessern. Gemeinsames Spielen und Lernen kann eine Erweiterung der angenehmen Empfindungen sein, die als positive Motive immer wieder erfahren werden.

Konzentrationsspiele tragen zur Entwicklung der Fähigkeit der „inneren Sammlung" bei und erweitern die geistige Potenz vielseitig, ob beim einfachen „Schleifenspiel" oder beim verwirrenden „Schweigenden Gesprächspartner". Der Spieler muß aufpassen, nachdenken, agieren und reagieren und befindet sich damit in einem Prozeß der herausfordernden Aktivität und lebendigen Vitalität.

Bleistift-Bote

Spieler: 12– Dauer: 8–12 Minuten
Material: Bleistift

2 im Kreis nebeneinander sitzende Spieler bekommen einen Bleistift; den müssen sie gemeinsam zwischen den Handflächen durch leichten Gegendruck festhalten. Es ist nicht erlaubt, ihn zwischen die eigenen Finger zu klemmen. Dann müssen sie den Bleistift zu Spielern tragen, die ihnen gegenüber sitzen. Ist diese Aufgabe zu leicht und spannungsarm, kann der Spielleiter sie erschweren, indem er in die Mitte des Kreises Gegenstände legt, die das Paar übersteigen kann oder muß. Überläßt man diese Entscheidung dem jeweiligen Paar, muß dies miteinander reden und gemeinsam eine Entscheidung treffen. Die beiden Spieler, die den Bleistift erhalten haben, sind nun die neuen Boten, die eine Aufgabe zu bewältigen haben, die sie sich zum Teil selbst stellen können.

Das wandernde Gesicht

Spieler: 12– Dauer: 5–12 Minuten
Material:

Die Spielgruppe sitzt im Kreis. Der Spielleiter oder ein Spieler verzieht sein Gesicht zu einem komischen Ausdruck und wendet sich so seinem linken Nachbarn zu. Dieser schaut sich das Gesicht genau an, übernimmt es und wendet sich damit seinem linken Nachbarn zu. So geht das Gesicht weiter, bis es wieder zum ersten Spieler kommt. Sicherlich hat es sich in der Runde mehrfach verändert.

Variation

Zu dem Gesicht kann sich der eine oder andere Spieler noch eine Körperbewegung einfallen lassen und sie mit dem Gesicht weitergeben. Je größer die Gruppe ist, um so kleiner muß die Bewegung sein, damit die Aufgabe nicht so umfangreich wird. Möchte ein Teilnehmer sein Gesicht nicht wandern lassen, übernimmt der nächste Spieler das Gesicht.

Wer fehlt?

Spieler: 12– Dauer: 5–10 Minuten
Material: ein großes Tuch

Alle Spieler sitzen im Kreis und schließen die Augen. Der Spielleiter geht außen am Kreis entlang und verdeckt einen Mitspieler mit einem großen Tuch. Die Mitspieler dürfen auf ein Geräusch des Spielleiters die Augen öffnen und raten, wer fehlt, wobei die unmittelbaren Nachbarn des Versteckten schweigen müssen.

Es ist ratsam, vorher zu fragen, ob jemand dieses Spiel nicht mitspielen möchte. Manchmal ist einem Spieler die Frisur wichtiger, das Tuch nicht angenehm oder das Spiel zu simpel (obwohl jede Gruppe die Erfahrung macht, daß das Benennen der versteckten Person länger dauert als man vorher annimmt). In einer Gruppe hatte ich einmal 3 Senioren, die das Spiel nicht mitspielen wollten. Bei dem Spielverlauf merkten sie, wieviel Spannung doch in dem Spiel liegt, und wieviel Zeit die Gruppe braucht, bis die verdeckte Person genannt wird.

Wenn die Gruppe sehr klein ist und in unveränderter Zusammensetzung schon recht lange zusammenkommt, kann man die Teilnehmer auffordern, nach jedem Versteck die Plätze zu wechseln.

Wer hat die Uhr?

Spieler: 10– Dauer: 5–10 Minuten
Material: Wecker, Büchsen, Karton etc.

Die Spieler sitzen im Kreis. Ein Teilnehmer steht in der Mitte, schließt die Augen und dreht sich langsam. Währenddessen wird eine tickende Uhr im Kreis herumgegeben. Wenn der Mittelspieler „Halt“ ruft, behält ein Spieler die Uhr in der Hand. Nun konzentriert sich der Mittelspieler auf das Geräusch, läuft ihm entgegen und greift zur Uhr. Der Uhrenbesitzer geht in die Mitte und das Spiel beginnt von vorn.

Variation

Der Erstbesitzer der Uhr geht auf leisen Sohlen zu einem anderen Spieler und übergibt dem die Uhr. Der Spieler in der Mitte kann somit nicht hören, wo das Geräusch im Kreis weitergegeben wird.

Variation

Statt der Uhr kann man Instrumente, Büchsen, Kartons... nehmen, und mit ihnen die Geräusche erzeugen, die sich dann auch variieren lassen. Dies verlangt mehr Einfühlungsvermögen und ist auch für schwerhörige Mitspieler geeignet.

Der wandernde Turm

Spieler: 10– Dauer: 10–15 Minuten
Material: bunte Papprollen, Schachteln, Bleistifte, Luftballon etc.

Der Spielpädagoge hat eine Papprolle, ca. 30 cm lang, naturbelassen oder angemalt und beklebt, hält sie an einem Ende fest und legt obenauf eine kleine leere Schachtel, die in ihren Maßen etwas größer als die Rollenöffnung ist. Beides zusammen wird so von einem Teilnehmer zum anderen gegeben.

In jeder weiteren Runde kann ein Gegenstand ausgetauscht werden oder hinzukommen. Statt der kleinen Schachtel können andere Schachtelgrößen und -formen, Rollen unterschiedlichen Materials, Papierblätter etc. genommen werden. Die Papprolle mit der Schachtel oder einem anderen zweiten Teil kann zu einem Turm aus 3 oder mehreren Teilen aufgestockt werden.

Fallen Turmteile hinunter, werden sie aufgehoben, wieder aufeinandergelegt und weiter geht's.

Als ich in einer Gruppe das Spiel erklärt hatte, meinte eine Teilnehmerin: „Da kann doch Frau R. nicht mehr mitspielen. Sollte sie dann nicht während des Spiels den Kreis verlassen und zuschauen?"

Die Spielnachbarn und ich gaben der sehbehinderten Frau R., die zudem noch taktile Einschränkungen hat, Hilfestellungen. Mal hielten die Nachbarn das Turmgebilde bei der Übergabe fest, mal nahmen wir ein oder mehrere Teile hinunter. So blieb Frau R. im Kreis. Sie erfuhr die persönliche Zuwendung, und wir erlebten gemeinsam unsere Fähigkeiten.

Ein Auge für's Detail

Spieler: 12– Dauer: 10–20 Minuten
Material:

Die Teilnehmer setzen sich in 2 Reihen etwa 2 Meter voneinander entfernt gegenüber. Selbstverständlich können sie auch im Kreis oder an Tischen sitzen. Jeder Spieler schaut sich sein Gegenüber so genau wie möglich an und merkt sich alle Details der Kleidung und Körperhaltung. Nach etwa 2 Minuten setzen sich alle Teilnehmer der Gruppe A mit dem Rücken zur Reihe B. Das einfache Augenschließen ist genauso möglich. Alle in der Reihe B bzw. die gegenübersitzenden B-Partner verändern ein Detail an ihrer Haltung oder Kleidung. Die Veränderung muß erkennbar sein. Auf ein Zeichen des Gruppenleiters dreht sich die Gruppe wieder um bzw. öffnet die Augen und benennt nacheinander die Veränderungen. Dann werden die Rollen getauscht. Gruppe A verändert ein Detail, und die Partner beschreiben es. So wechseln die Gruppen mehrfach. Die Spielfreude, Fähigkeit und das Trainingsbewußtsein entscheidet.

Variation

Statt den Partner zu beobachten, kann jeder auch ein Stilleben betrachten, das der Partner vor sich aufbaut, verändert und ergänzt.

Variation

Der Spielpädagoge kann ein Stilleben für die ganze Gruppe schaffen, und es mehrfach verändern, wenn die Teilnehmer ihre Augen schließen. Die Veränderung wird von jedem Teilnehmer aufgeschrieben und am Schluß des Spiels vorgelesen.

Variation

Für Gruppen, die sich erst kurze Zeit kennen, eine geringe Spielerfahrung haben oder an einem Spielnachmittag zerstreuter und unruhiger sind, eignet sich eine andere Variation. Der Pädagoge kreiert ein Stilleben mit Gegenständen, die sich im Raum befinden, z.B. Tisch, Stuhl, Hocker, Buch, Vase, Schirm, Tasche, Hut, Stock... Beginnen Sie mit zweien dieser Gegenstände. Diese ermöglichen viele Arten der Veränderung. Wenn Sie den Senioren mehrere Möglichkeiten zur Betrachtung und Beschreibung vorgelegt haben, können Sie einen Gegenstand dazunehmen, auch diesen mehrfach verändern und beschreiben lassen. Jede weitere Umlegung des Standbildes kann von den Spielern erfolgen, da sie jetzt wissen, welches Ausmaß die Abweichung vom Ursprung haben kann. Jeder Spielassistent sucht sich den nächsten Assistenten aus. Aber vielleicht soll auch eine kreisende Flasche entscheiden, wer der nächste Schöpfer sein darf.

Von den größeren Gegenständen können Sie zu kleineren übergehen. Die Mitspieler benennen jede Abweichung sofort nach der Entdeckung. So gewinnen alle Teilnehmer allmählich Sicherheit.

Gesummte Signale

Spieler: 12– ca. 20 Dauer: 8–10 Minuten
Material: Kastanie, Knopf etc.

Alle Spieler sitzen im Kreis. Der Pädagoge hält eine Kastanie in der Hand, die er nach Spielbeginn seinem Nachbar zum Weiterreichen gibt. Ein freiwilliger Detektiv steht in der Mitte des Kreises, schließt die Augen oder läßt sie sich verbinden und muß durch das Summen der anderen Teilnehmer herausfinden, wo sich die Kastanie befindet.

Nachdem die Augen des Mitspielers geschlossen sind, reichen die Spieler im Kreis die Kastanie weiter, bis der Spielleiter oder Detektiv „Halt" sagt, dann beginnen die Teilnehmer zu summen. Je dichter der Detektiv an die Kastanie herankommt, desto lauter wird das Summen. Entfernt er sich wieder, wird das Summen leiser. Wenn er die Kastanie erspürt hat, darf er sich den nächsten Mittelspieler aussuchen.

Variation

Das Summen kann auch nur von einem Spieler erfolgen, dann sind alle weiteren Spieler Beobachter. Vielleicht möchte sich der Detektiv seinen Summer aussuchen. Statt der Kastanie können auch andere Gegenstände genommen werden. Auch das Summen kann durch andere Geräusche ausgetauscht werden, z. B. durch Pfeifen, Händeklatschen, Händereiben usw. Erfindungsreiche Teilnehmer geben sich gern unterschiedliche Geräusche.

Wenn das Signal von nur einem Spieler gegeben wird, ist es meist deutlicher, spannender und einfallsreicher. In einer Gruppe bat ich einmal eine Teilnehmerin zu pfeifen. Ich wußte, das konnte sie besonders gut. Also pfiff sie. Daraufhin bat ich die nächste Teilnehmerin zu schnalzen. Das war recht amüsant. So setzten wir unser Stimmen-Konzert fort. Dem Einfallsreichtum waren keine Grenzen gesetzt. So wurde geschlürft, gequietscht, geblubbert und geschnarcht, und natürlich viel gelacht. Der Prozeß des Suchens wurde so zwar nicht erleichtert, aber das Spiel wurde eine einmalige Aktion.

Hände hoch

Spieler: 8– Dauer: 5–10 Minuten
Material: Münze, Knopf, Schlüssel, Watteknäuel etc.

Die Spieler sitzen am Tisch und schieben unauffällig einen Gegenstand weiter. Ein Spieler steht neben dem Tisch und versucht herauszufinden, unter welcher Hand sich der Gegenstand gerade befindet. Ab und an sagt der Beobachter „Hände hoch" und schaut sich die Fäuste und den Tisch an. Bleibt ein Gegenstand dabei auf dem Tisch liegen, oder sieht der Beobachter in wessen Hand sich das gesuchte Ding befindet, tauscht er den Platz mit dem ertappten Spieler.

Variation

Der Gegenstand kann von Hand zu Hand weitergereicht werden. Wenn das Weiterreichen des Gegenstandes ununterbrochen von allen Mitspielern vorgetäuscht wird, ist der Beobachter irritiert und hat eine schwere Aufgabe zu erfüllen.

Kartoffellese

Spieler: 8– Dauer: 10–15 Minuten
Material: Kartoffel oder Korken, Knöpfe, Dosen, Deckel, Schnur...

Alle Spieler sitzen auf Stühlen im Kreis. In die Mitte des Kreises legen Sie eine dicke Schnur oder ein Seil zu einer Form von ca. 1 Meter Durchmesser. Ein Gymnastikreifen tut's auch.

Für eine Gruppe von bewegungseingeschränkten Menschen legen Sie auf den Tisch eine Form aus einer alten Gardinen-Bleischnur oder einen Reifen. In diese Form werden 3 Kartoffeln gelegt, die jeweils von einem Teilnehmer aufgelesen werden sollen. Dabei hält er seine Augen geschlossen oder bekommt sie mit einer Binde verbunden. Haben alle Spieler ihre 1, 2 oder 3 Kartoffeln, je nach Glück und Tastsinn, eingesammelt, überlegen die Spieler gemeinsam, welches Modell, Gebilde oder welche Gestalt sie aus der gesamten Menge legen möchten, z. B. ein Gesicht, eine Pflanze, einen Menschen, ein Tier, einen Turm, ein Boot oder... Wenn sich alle Teilnehmer auf ein gemeinsames Gebilde geeinigt haben, beginnen sie mit der Gestaltung. Ein Teilnehmer beginnt. Reihum legt jeder seine Kartoffeln dorthin, wo sie als Teil des Modells liegen sollen. Verlegt werden dürfen sie nicht.

Obwohl nun jeder weiß, was es werden soll, ist die fertige Figur immer eine Überraschung. Warum wohl? Fragen Sie Ihre Gruppe.

Variation

Jeder Mitspieler kann seine Anzahl Kartoffeln selbst bestimmen, vorausgesetzt der Spielleiter hat eine ausreichende Menge eingekauft. Wenn die Senioren in einem Halbkreis sitzen, kann der freie Teil des Raumes zum Legen der Gestalt genutzt werden. Fällt den Teilnehmern das Bücken schwer, benutzen Sie einen Tisch dafür. Der erste Spieler legt seine Kartoffeln auf den Tisch oder Fußboden und beginnt mit der Gestaltung des Modells. Diesmal wird es vorher nicht verabredet. Die Entwicklung und Vorstellung eines Modells bleibt jedem selbst überlassen. Wenn die Spieler sich dabei ruhig verhalten, kann jeder nach seinen schöpferischen Gedanken und Phantasien die Formation gezielt beeinflussen. Die ständige Veränderung des Gebildes erhöht die Spannung des gesamten Spielverlaufs. Am Ende des Spiels liegt eine Gruppenkreation vor, die ein findiger Mitspieler in Beziehung zur Kartoffel setzen kann. So wird er der Gruppe in einer Geschichte vielleicht begründen, warum gerade die Kartoffel zu dem gelegten Bild eine Beziehung hat, oder das Gebilde und die Kartoffel eine in sich ergänzende Einheit darstellen.

Statt der Kartoffel können auch andere Teile genommen werden.

Wer hat's?

Spieler: 12 – Dauer: 8–10 Minuten
Material: Knopf, Kastanie, Stein...

Bis auf 2 Spieler sitzen alle im Kreis. Die 2 Spieler stehen sich außerhalb des Kreises gegenüber. Einer von ihnen hält einen kleinen Gegenstand in der Hand, den er in fremde Hände legen möchte. Der gegenüberstehende Spieler ist der Beobachter. Der

Gegenstandsüberbringer darf 3 verschiedene Händepaare, die sich ihm von vorn entgegenstrecken, berühren, und dabei in ein Händepaar seinen Gegenstand hineinlegen. Dies spielt er mit seinen auserwählten Spielern so geschickt, daß der Beobachter nur mit großer Konzentration die Übergabe entdecken kann.

Gegenteil

Spieler: 12– Dauer: 8–10 Minuten
Material:

Die Spieler sitzen im Kreis. Der Spielpädagoge zeigt auf seinen Kopf und sagt: „Das ist mein Bauch!" Ein Spieler antwortet und sagt: „Das ist mein Kopf!" und zeigt auf seinen Bauch. Weitere, einfache gegenteilige Benennungen folgen. Die Antwort kann reihum von den Spielern oder auch von persönlich angesprochenen Mitspielern gegeben werden. Wenn der Gruppe die Spielregel vertraut ist, wählt der Spielleiter schwierige Feststellungen, so z. B.: „Das ist mein linker Zeigefinger!" und er zeigt auf seinen rechten Oberschenkel. Der angesprochene Mitspieler antwortet: „Das ist mein rechter Oberschenkel!" und zeigt auf seinen linken Zeigefinger.

Variation

Sind die Körperteile ausreichend benannt worden, eignen sich Gegenstände im Raum, Kleidungsstücke und Personen in ihrer Beschreibung. Ein Spieler zeigt auf seinen Gürtel und sagt: „Das ist meine neue, rote Haarspange!“, oder er zeigt auf die runde neue Deckenleuchte und sagt: „Das ist das eingerahmte Gemälde eines Berliner Künstlers.“ Der angesprochene Mitspieler formuliert das Gegenteil und zeigt auf das benannte Teil, was im Raum vorhanden sein sollte.

In einer Gruppe machte ich die Erfahrung, daß die gegenteilige Benennung eines Körperteils den Spielern und dem Spielleiter große Schwierigkeiten bereiten können. Das Zeigen und Benennen in verdrehter Art und Weise irritierte und führte uns in ein Wirrwarr. Gelegentlich wollte ein Spieler dem anderen helfen und geriet selbst in Konfusion. Wir bemerkten, wie schwer es uns fällt, etwas Bestimmtes zu zeigen und es anders zu bezeichnen bzw. das Hervorgehobene falsch zu benennen. Deutete diese Erfahrung auf unsere Ehrlichkeit oder auf eine geringe Beweglichkeit hin? Jeder konnte sich hier seine persönliche Antwort geben. Nachdem wir diese Erkenntnis besprochen hatten, schlug ich vor, die Gegenstände aus der nahen Umgebung zu wählen. Mit den Sachen zu spielen, die wir vor uns auf dem Tisch liegen hatten, die wir sahen und auch anfassen konnten. Diese Spielveränderung war eine Hilfestellung für viele. Wir machten gemeinsam die Erfahrung, daß greifbare Spielmaterialien zur Einführung eines neuen Spiels nützlich sein können und den Weg bereiten für ungewöhnliche und komplizierte Spielregeln.

Der geheime Bote

Spieler: 10– Dauer: 8–10 Minuten
Material: ein kleines Päckchen, das einen Gegenstand für das nächste Spiel enthalten könnte

Die Teilnehmer sitzen im Kreis. In der Mitte des Kreises stehen 3 leere Stühle nebeneinander. Der erste freiwillige Spieler setzt sich auf den mittleren Stuhl und schließt seine Augen. Ein zweiter Spieler schleicht sich an ihn heran und legt lautlos ein Geschenk auf einen freien Stuhl. Alle Teilnehmer verhalten sich leise. So kann der Spieler in der Mitte auf jedes Geräusch achten und „dort“ rufen, wenn er ein verdächtiges Geräusch gehört hat. Er zeigt in die entsprechende Richtung und öffent dann seine Augen. Nun sieht er, wie nah er den Boten wahrgenommen hat.

Die Spieler wechseln die Plätze. Nach der zweiten Spielaktion suchen sie sich Nachfolger.

Wem gehört der Koffer?

Spieler: 10– Dauer: 10–20 Minuten
Material:

Ein Mitspieler geht vor die Tür. Währenddessen machen die anderen Spieler miteinander aus, für wen sie einen Koffer packen; z. B. für die Senioren Frau Müller, Frau Lehmann, für die Leiterin oder Herrn Schulz... Sie überlegen sich, welche typischen Sachen dieser Reisende in seinem Koffer haben sollte. Wenn die Gruppe sich einig ist, wird der Türsteher hereingeholt. Dieser muß nun einen nach dem anderen fragen, was er in den Koffer gepackt hat. Jeder Befragte muß etwas Neues nennen und aufpassen, daß er die typischen Sachen nicht gleich zu Beginn preisgibt, wie z. B. Rasierapparat, alte Brosche, weiße Wanderschuhe, gehäkelte Weste, Sonnenbrille, warmes Tuch, schwarzer Regenschirm, neuer Hut, große Geldbörse... Das Spiel setzt natürlich voraus, daß sich die Gruppe schon etwas näher kennt und Besonderheiten der einzelnen bekannt sind.

Die gewöhnlichen Sachen zuerst benennen, erhöht die Spannung.

Variation

Alle Spieler sitzen im Kreis. Nur ein Spieler packt einen Koffer. Reihum wird dieser von allen anderen Spielern gefragt. Im Geheimen hat sich dieser einen Teilnehmer ausgesucht, dessen Koffer-Inhalt er nun beschreibt. Er zählt nach und nach typische Sachen auf, die der ausgesuchte Spieler trägt, liebt oder braucht. Er nennt auch die Sachen, die der Spieler gerade anhat; denn diese weisen alle Mitspieler auf die richtige Spur. Übliche Reiseutensilien können zwischendurch aufgezählt werden, damit das Spiel an Spannung gewinnt.

Das Spiel wird mit jeder Runde interessanter, weil auch hier die

Übung den Meister hervorbringt; zudem werden wir zur genaueren optischen Wahrnehmung angeregt, die in unserer hektischen Zeit immer mehr verloren geht.

Tasche packen

Spieler: 8– Dauer: 15–20 Minuten
Material: Tasche und diverse Gegenstände

Wir alle kennen das Spiel „Koffer packen". Probieren Sie heute doch einmal, eine Tasche zu packen. Es werden wirkliche Dinge hineingepackt und auch wieder ausgepackt, wenn alle Spieler dabei helfen. Ein Spieler geht mit einer leeren Handtasche von Teilnehmer zu Teilnehmer und fragt, ob dieser ihm wohl hilft, die Tasche zu packen, da er zu einer Verabredung gehen möchte, und alles Wichtige zu Hause liegen gelassen hat. Nun gibt jeder Mitspieler dem Spieler einen wirklichen Gegenstand, von dem er meint, daß er wichtig wäre, weil er diesen Gegenstand aus einem bestimmten Grund – und der Grund wird auch genannt – benötigt. Der Spieler nimmt den Gegenstand entgegen und versucht, sich zu merken, warum er diesen Gegenstand unbedingt für seine Verabredung braucht. Hat der Spieler von jedem Mitspieler einen Gegenstand, kann die Tasche fertig gepackt sein. Meint der eine oder andere Teilnehmer aber, es fehle noch etwas, können weitere Dinge in die Tasche getan werden. Mit der gefüllten Tasche setzt sich der Spieler wieder in den Kreis. Das Spielprogramm geht mit einem anderen Spiel weiter. Am Schluß des Zusammenseins entleert der Spieler seine Tasche, gibt jedem Mitspieler seinen Gegenstand zurück und berichtet, ob er ihn für die benannte Gelegenheit gebraucht hat. Da das Erinnerungsvermögen nie vollkommen ist, helfen alle Mitspieler.

Variation

Reihum darf jeder Mitspieler einen Gegenstand aus der Tasche nehmen, die zuvor gepackt wurde, und sie dem Leiher mit der benannten Begründung zurückgeben. Auch hier darf geholfen werden, wie bei jedem Spiel, wenn der betreffende Mitspieler Hilfe bekommen möchte. Um bei einigen Senioren keine Angst aufkommen zu lassen, notiert sich der Spielleiter die Gegenstände und ihre

Besitzer; denn Vergeßlichkeit und Irrtümer sind nicht allein altersabhängig. Ein Hausschlüssel sollte beispielsweise auch in die Tasche zurückgelegt werden, aus der er entnommen wurde.

In einer Gruppe hatte die Taschen-Spielerin vergessen, wozu sie, nach Meinung der Mitspieler, einzelne Gegenstände ihres Taschen-Inhaltes braucht. Fünfzehn Antworten waren ihr zuviel, zumal einige Teilnehmer schon zu den Antworten einzelner Senioren ihre Bemerkungen machten, und somit das Reden und Lachen vordergründig war.

Die Voraussetzung zum konzentrierten Gedächtnistraining wurde nicht als Bedürfnis der Gruppe empfunden und von mir auch nicht ausgesprochen. So entwickelte sich das Spiel vom konzentrierten Gedächtnis- oder Kimspiel zum kreativen Einakter. Und das geschah so:

Frau G. sagte: „All' eure Begründungen und guten Ratschläge, warum dieses und jenes in meiner Tasche zu sein hat, konnte ich mir nicht merken (oder wollte sie es sich nicht merken, weil eine Idee in ihrem Gehirn schon Besitz ergriffen hatte?), darum werde ich euch mal erklären, warum ich das Zeug in meiner Tasche alles brauche. „Also“, nun rutschte sie an den Rand ihres Stuhls und holte einen Gegenstand nach dem anderen hervor, „die Brille muß ick erst mal uffsetzen, damit ick sehe, wat ick euch da allet so zeigen kann. Den Blumentop brauch ick als Jeschenk. Der sieht zwar nich mehr janz frisch aus, aber die Müllerin is it ja ooch nich mehr; und die will ick jetzt besuchen. So een Sonderanjebot darf man sich nie jenau ankieken. Den Fahrschein brauch ick für de Busfahrt. Ne Taxe will ick ma jetzt nich nehmen; denn wenn die Müllern ma damit kommen sieht, dann denkt se, ick hab im Lotto jewonnen. Ach ja, den Lottoschein muß ick noch schnell zum Tabakladen bringen, damit ick meene Chance nich vapasse. Jerade jetzt, wo det Horoskop in de Bildzeitung heute so vielvasprechend is. Dabei könnt ick ma gleich ne neue Fernsehzeitung koofen und nachkieken, ob heute dem Juhnke sein schönet Programm wieda kommt.

Und de Visitenkarte, Mensch, wer hat ma denn die jejeben. Det hab ick ja janz vajessen. Friedrich Wilhelm steht druff. Na, der is doch schon lange tot. Ach de Telefonkarte liegt ja gleich daneben; denn muß ick die Nummer ma anrufen, die hier unter Friedrich Wilhelm steht, vielleicht mach ick da noch neue Entdeckungen. Man kann ja nie wissen.

Na erst werd ick ma aba den Rock 'n bißchen höher stecken. Muß ja nich gleich Mini sein, aber so isset schon besser. Ne Sicherheitsnadel is wirklich zu allet zu jebrauchen. Aber so 'n Schnürsenkel

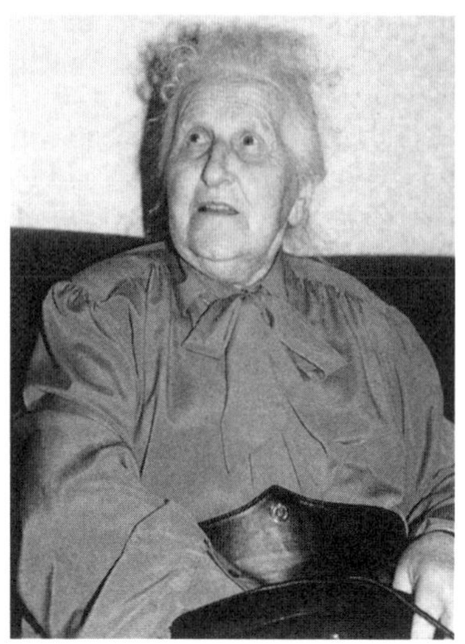

ooch. Da werde ick den kleenen Briefkastenschlüssel 'ranhängen, damit mir der nich mank de Taschentücher fällt, und ick ma mit nen Schlüssel de Neese putze.

Den Nußknacker hab ick inne Tasche, falls de Müllern ma wieda so schwere Rätsel stellt. Mit dem knacken wa die harten Nüsse bestimmt. So is der Zahnstocher ooch janz nützlich; denn mit de Dritten Jarnitur (Zähne) muß man pfleglich umjehen. Ooch mit de Frisur, darum brauch ick den Kamm; denn ick will doch noch na wat aussehen. Und wenn et regnen sollte, und ick wieda mit de Plastiktüte meene schöne Frisur schütze, muß ick ma danach schon wieda ordnen." Sie erhob sich von ihrem Stuhl. „So, det war it, Leute. Aber eens muß ick euch noch sagen. Dat a ma so janz ohne Portemonäe losgeschickt habt, verzeih ick euch nich. Wenigstens an een Pinkelgroschen hättet da denken können."

Lachen und anhaltender Applaus begleiten Frau G. auf ihren Sitzplatz. Eine Spielpause war hier angebracht.

Frau G. hatte folgende Gegenstände aus ihrer Tasche geholt: Taschentücher, Brille, Schnürsenkel, Blumentopf, Visitenkarte, Briefkastenschlüssel, Nußknacker, Telefonkarte, Zahnstocher, Zeitung, Sicherheitsnadel, Kamm, Fahrschein, Plastiktüte, Lottoschein.

Schweigender Gesprächspartner

Spieler: 10– Dauer: 8–12 Minuten
Material: Fragekarten

Der Spielpädagoge oder ein Spieler stellt seinem Nachbarn oder einem anderen Spieler, den er bei seinem Namen nennt, eine Frage, z.B.: „Wie sind Sie heute hierher gekommen?“, „Welche Farben wechseln bei einer Ampel?“, „Welches ist unser kürzester Monat?“ Der Angesprochene schweigt, denn die Antwort muß immer der rechte Nachbar des Befragten geben. Die Fragen können alle Wissensbereiche, auch das gemeinsam erfahrene Umfeld betreffen. Der Spielpädagoge kann sich auf Fragen gezielt vorbereiten und neben der inhaltlichen Vermittlungsabsicht auch die Konzentration fördern.

Variation

Statt der genannten Fragen können die Spieler auch zum Liedersingen, Rätselstellen und Sprichwörterzitieren aufgefordert werden und eine Spielveränderung ausprobieren. Es antwortet dann nicht mehr der unmittelbare Nachbar, sondern der zweite von rechts oder dritte von links usw.

Bei der ersten Einführung dieses Spiels machte ich eine Erfahrung, die mir deutlich zeigte, welche Konzentrationsfähigkeit der Pädagoge und die Mitspieler aufbringen müssen, um nicht noch eine zusätzliche Irritation ins Spiel zu bringen. Ich hatte mir 40 Fragen aus den verschiedensten Wissensbereichen aufgeschrieben und las sie den Spielern nacheinander vor. Dabei sprach ich jeden Spieler namentlich an. Durch den Blickkontakt und das persönliche aufeinander Einlassen reagierte jeder angesprochene Teilnehmer normal, er antwortete. So wandte ich mich mit der nächsten Frage an den rechten Nachbarn und vergaß, zuvor dem Beantworter eine Frage zu stellen, damit sein Nachbar antworten kann. Die Spielregel hatte ich zuvor erklärt, jedoch noch nicht verinnerlicht. So lernen wir gemeinsam. Wir sind immer Lehrer und Lernende zugleich.

Wenn der Spielpädagoge die Fragen noch nicht im Kopf hat, und eine schriftliche Hilfe braucht, sind Zettel oder Karten mit jeweils einer Frage empfehlenswert. Oft habe ich schon Karten in der Hand eines Moderators oder Spielleiters im Fernsehen gesehen. Nun weiß ich aus eigener Erfahrung, wie wichtig und hilfreich sie sind. Lange umfangreiche und kleinbeschriebene DIN-A-4-Blätter sind ungeeignet.

Fragen

Welche Farben wechseln bei einer Ampel?
Welches ist der kürzeste Monat?
Wieviel Tage hat das Jahr?
Wann fiel die Berliner Mauer?
Welches ist Ihr Lieblingsgericht?
Beenden Sie das Sprichwort: „Morgenstund hat...“
Welches Reiseziel bevorzugen Sie?
Wie heißt die Hauptstadt von Frankreich?
Welche Städte am Rhein kennen Sie?
In welcher Stadt steht die Klagemauer?
Kennen Sie einige Komponisten?
Ist Kiwi ein Baum, eine Frucht oder ein Vogel?
Wieviele Buchstaben hat das Alphabet?
Was kostet ein Fahrschein bei den örtlichen Verkehrsbetrieben?
Wie lautet der Notruf der Polizei?
Nennen Sie einige Tageszeitungen der Stadt.
Wo liegt der nächste Flughafen?
Was ist ein Leghorn? Ein längliches Horn, eine alte Tabakspfeife oder ein weißes Huhn, das viele Eier legt?
Nennen Sie ca. 5 verschiedene Bäume.
Wo steht der schiefe Turm?
Wieviel Prozent der Erdoberfläche sind Land, wieviel Wasser?
Nennen Sie 3 Wörter, die alle etwas mit Gold zu tun haben.
Zu welcher Tages- und Nachtzeit bietet die Post einen Telefon-Billigtarif an?
Was ist ein Mikroskop?
Was ist eine Morelle? Eine Pilzsorte, eine Gletscherschlucht oder eine Steinfrucht?
Wie nennen wir einen männlichen Hund?
Wie heißt unser größter Vogel?
Nennen Sie ca. 3 verschiedene Spiele.
Wer schrieb den Faust?
Welche Teesorten lieben Sie?
Wie nennt man eine gesunde Ernährung?
Welche Sehenswürdigkeiten unserer Stadt kennen Sie?
Nennen Sie 3 Wörter, die sich reimen.

Wer war Martin Luther King?
Wie heißt ihr Lieblingslied?
Nennen Sie uns einige Haustiere.
Welches Durchschnittsalter erreichten die Menschen vor 100 Jahren?
Wie heißt ihr Lieblingsspiel?
Nennen Sie uns Namen der regierenden Persönlichkeiten.
Wieviele Füße hat ein Tausendfüßler?

Kimspiele

Dies sind Spiele zur Wahrnehmung. Sie sprechen unsere 5 Sinne an, den Tast-, Geschmacks- und Geruchssinn, die visuelle und akustische Wahrnehmung. Sie führen zu vermehrter Sensibilität in unserer Umwelt.

Alles, was wir sehen, hören, schmecken, riechen und erfühlen, können wir spielerisch wiedergeben, bewußt machen und vertiefen. Besonderes, vorbereitetes Spielmaterial benötigen wir dazu nicht unbedingt. Wir nehmen dazu Gegenstände, die wir gerade zur Hand haben. Darum sind Kimspiele überall zu spielen, in der Bahn, im Bus, Auto und Flugzeug, in allen Räumen und zu jeder Gelegenheit. Alle Menschen können sie leicht verstehen, ob jung oder alt, gesund, krank oder behindert. Lediglich die Spielinhalte sind in Bereiche der unterschiedlichen Fähigkeiten zu gliedern.

Für die Senioren, die mit Einschränkungen unterschiedlicher Art leben, sind Kimspiele eine besondere Chance zur Erhaltung und Verbesserung der noch vorhandenen Befähigung und der Selbständigkeit.

Kim – eine erfundene Jungengestalt des englischen Schriftstellers Rudyard Kipling, entdeckte sein geringes Erfahrungswissen im Spiel und bekam den Rat, die Umwelt genauer zu betrachten und zu erkennen, Wiederholungen und Übungen durchzuführen, um die Fähigkeit wachsen zu lassen.

Ältere und behinderte Menschen lernen gemeinsam. Sie brauchen unsere vermehrten Angebote zur spielerischen Entwicklung ihrer Wahrnehmung und zur Aktivierung ihrer Möglichkeiten.

Älter werden ist eine Gesetzmäßigkeit, der wir uns nicht entziehen können. Alt sein darf nie als Ende der geistigen und körperlichen Aktivität gesehen werden, sondern als Chance, in der neuen Lebensphase andere und noch nie erlebte Lebensqualitäten zu entdecken.

Zu jedem Topf ein Deckel

Spieler: 1– Dauer: 1– Minuten
Material: verschiedene Dosen mit Deckel, Tablett

Der Spielleiter und die Senioren haben Dosen in jeglicher Form und Größe gesammelt, gesäubert und zum Spielnachmittag mitgebracht. 4 verschiedene Dosen werden aus dem Sortiment herausgesucht und auf ein Tablett gestellt. Jeder Spieler kann sich diese Auswahl anschauen, anfassen und ausprobieren, ob die Deckel zu den Dosen passen. Danach werden die Deckel von den Dosen genommen und der erste Spieler bekommt das Tablett mit den 4 Dosen und 4 Deckeln. Er schließt die Augen. Der Spielleiter schiebt die Deckel und Dosen auf dem Tablett durcheinander. Nun muß der Spieler versuchen, zu jeder Dose den passenden Deckel zu finden und ihn auf eine Dose schrauben oder stecken. Für den Blinden und für die Sehenden bringt das Spiel viel Spannung und Spaß (siehe die Beschreibung auf Seite 55). Man kann das Spiel im Kreis und am Tisch spielen. Im Kreis kann man ein Tablett oder auch 2 Tabletts herumgeben. Eines links und ein anderes rechts herum. Am Tisch bekommt jede Tischgruppe ein Tablett. Hier kann man auch eine zweite Spielrunde und weitere Dosen zur Ergänzung anbieten, die sich jeder Spieler vor seinem Spielbeginn aussuchen kann. Das Tablett ist für ein Tischspiel nicht unbedingt erforderlich, es bietet lediglich den Mitspielern eine spürbare Abgrenzung und somit eine Hilfestellung und Sicherheit.

Wertvolles Geldstück

Spieler: 2– Dauer: 2– Minuten
Material: verschiedene und gleiche Geldstücke, Papier, Schreibzeug

Alle Spieler sitzen im Kreis und halten ihre Augen geschlossen. Der Spielleiter gibt 2 verschiedene, bekannte Geldstücke (z. B. 5 und 2 €) nacheinander in die Spielrunde. Die Spieler müssen die Münzen ertasten, ohne dabei den Geldwert laut zu benennen. Zum Schluß, wenn die Münzen wieder beim Spielleiter sind, wird nach dem Geldwert der Stücke gefragt. Wahrscheinlich wissen es alle Spieler, aber wissen sie auch, welches Geldstück zuerst herumgegeben wurde? Wir gehen mit einem Geldstück in die Kreismitte und bitten die Senioren um ihre Entscheidung. Der Spielleiter fragt: „Wer der Überzeugung ist, daß dieses Geldstück herumgegeben wurde, tritt in die Mitte.“ Sie treten in die Mitte und setzen sich dann wieder. Nun zeigt der Spielleiter das zweite Geldstück und stellt die gleiche Frage. Alle Spieler werden merken, daß die Beantwortung der Frage nicht so einfach ist. Wir können das Spiel noch einmal mit den gleichen Münzwerten oder mit 2 anderen, ähnlichen Münzen spielen, z. B. 5 und 2 Cent.

Variation

Der Spielleiter kann nacheinander verschiedene und gleiche Geldstücke durch die Runde geben und zuvor die Aufgabe stellen, die Werte der Münzen zusammenzuzählen. Senioren mit einem ausgeprägten Gedächtnis können sich zudem noch die Reihenfolge der herumgegebenen Münzen merken. Eine Differenzierung der Spielaufgabe ist gelegentlich ratsam, da die Bandbreite der menschlichen Fähigkeiten groß ist und wir bei Regelspielen selten unterschiedliche Aufgaben stellen. Wir Spielleiter müssen hier allmählich mehr Kreativität entwickeln.

Variation

Alle Spieler sitzen an Tischen. Auf ihren Tischen liegt eine geschlossene Geldbörse. Sie enthält alle deutschen Münzen je 2–3 mal. An jedem Tisch greift ein Spieler mit geschlossenen Augen in die Geldbörse, nimmt sich eine Geldmünze heraus und befühlt sie. Ist er sicher in dem Wert der Münze, legt er sie in die Hand des Nachbarn, der sie ebenso mit geschlossenen Augen erfühlt. Diese Münze und weitere Geldstücke machen die Runde. Jeder Spieler schreibt den Münzwert, für die anderen Spieler nicht erkennbar, auf seinen Zettel, so daß der Wert am Schluß des Spiels abgefragt werden kann. Probieren Sie auch 3 Münzen auf einmal herumzugeben. Manche Spieler können eher im Vergleich der Münzgrößen die Werte bestimmen. Sehbehinderte Menschen zeigen uns hier ihre Stärke.

Variation

Während des Tastens oder auch nach dem Spiel können alle Spieler nach Liedern, Versen und Gedichten suchen, die alle etwas mit Geld, Gold, Münzen zu tun haben.

Als ich in einer Gruppe die Anregung dazu gab, wurden mir gleich Sprichwörter, Redensarten und Lieder benannt. Ich schrieb mir die Anfänge dazu schnell auf und gestaltete daraus einen weiteren Spielnachmittag. Die Lieder sangen wir gleich zusammen. Hier fiel dem einen oder anderen Teilnehmer immer noch ein weiteres Stück vom Text ein. Allmählich reihte sich eine Strophe an die andere und wir komplettierten so manches Lied. Einzelne Teilnehmer überraschten uns sehr mit ihrem Liedgutschatz. Wir bewunderten ihr gutes Gedächtnis und konnten wieder einmal die Erfahrung machen: Unsere Fähigkeiten sind unterschiedlich. In einer Gruppe zeigt sich eine bunte Palette von Individuen. Sie wird zu einem blühenden Strauß farbiger Blumen, wenn geeignete Spiele chancenreiche Herausforderungen bieten und wenn die Gruppe offen und bereit darauf zugeht.

Krabbelbeutel

Spieler: 2– Dauer: 5–20 Minuten
Material: Beutel mit diversen Gegenständen

Der Spielleiter hat alltägliche Gegenstände gesammelt, wie z. B. Zwirnrolle, Bleistift, Streichholzschachtel, Joghurtbecher, leere Toilettenrolle, Schraube, Korken... und in einen Beutel getan. Dieser Beutel wird soweit verschnürt, daß alle Spieler noch nacheinander in den Beutel hineingreifen können. Der erste in der Runde bekommt den Beutel. Kein Spieler weiß, was darin ist. Mit geschlossenen Augen muß jeder Spieler nun einen Gegenstand erfühlen und ihn ungesehen benennen. Danach wird der Beutel dem nächsten Spieler übergeben. Der Beutel sollte mehr Gegenstände enthalten als gebraucht werden, damit jeder Spieler eine Auswahl hat. Mit diesem Spiel kann man viele Variationen ausprobieren.

Variation

Der erfühlte Gegenstand kann beschrieben oder umschrieben und erraten werden.

Ein Bauwerk ertasten

Spieler: 2– Dauer: 3– Minuten
Material: 3 verschiedene Gegenstände in doppelter Ausführung

Auf einem Tisch liegen 3 unterschiedliche Gegenstände in doppelter Ausführung, z. B. 2 gleiche Holzkästen, 2 Streichholzschachteln, 2 Kerzen oder Bücher, Zollstöcke, große Schlüssel, Bürsten, Briefbeschwerer, Dosen... Die Gegenstände sollten im Gewicht nicht zu leicht sein. Ein Spieler baut dem Nachbarn, der seine Augen geschlossen hat, ein Bauwerk, das er nach der Fertigstellung ertasten kann. Hat dieser das Werk erkundet, baut er es mit den anderen 3 „Bausteinen" nach, dabei kann er natürlich immer wieder überprüfen, ob seine erste und jede weitere Wahrnehmung richtig war und sein Bauwerk dem ersten entspricht. Ist er sicher in seiner Nachbildung, kann er die Augen öffnen und sich davon überzeugen. Nun kann das Spiel reihum fortgesetzt werden. Jeder sollte einmal die Erfahrung des Bauens, Ertastens und Nachbildens machen. Bei

größeren Gruppen kann man das Spiel an allen Tischen zur gleichen Zeit beginnen. Da es hier um hochgradige Sensibilität geht, empfehle ich dem Spielleiter, mit einem einfachen Gebilde anzufangen und das erste Nachlegen zu übernehmen. Geübte Spieler können sich mehrere Teile nehmen, schwierige Gegenstände wählen und komplizierte Bauwerke erstellen.

Gleich und ungleich

Spieler: 2– Dauer: 10–20 Minuten
Material: Tablett mit Gegenständen aus dem Alltag

Suchen Sie sich in Ihrer Umgebung Dinge, die zusammenpassen, immer 2, 3 oder auch 4 Gegenstände, die etwas Gemeinsames haben. Legen Sie die Teile auf ein Tablett oder einen Teewagen, und schieben Sie den „belegten Tisch“ reihum weiter, so daß sich jeder Teilnehmer Gegenstände erfühlen kann, die zusammenpassen. Das Ganze ist natürlich mit einem Tuch bedeckt, damit es für alle unsichtbar bleibt. Für eine größere Gruppe legt der Spielleiter ab und an Teile nach.

Einige Gegenstände und Beispiele:

Schlüsselring, Gardinenring, Fingerring, Gummiring
Postkarte, Fahrkarte, Stadtkarte, Weltkarte
Kronkorken, Flaschenkorken, Korkenzieher
Papierblatt, Sägeblatt, Pflanzenblatt
Stoffschere, Zackenschere, Nagelschere, Blechschere
Löffel, Teller, Tasse, Filter
Streichholz, Leiste, Holzrahmen
Kreide, Bleistift, Filzstift, Füller
Garn, Stoff, Knopf, Nadel
Buch, Brille, Zeitung, Lupe

Selbstverständlich können die Spieler eine ganz andere Zusammengehörigkeit herausfinden, wenn sie sie durch Phantasie begründen können. Das Spiel kann zu lustigen Geschichten führen. Eine Fahrkarte, ein Fingerring und ein Korkenzieher können etwas Verbindendes haben, ebenso eine Brille, Zackenschere und ein Stoff, oder überzeugt Sie eine Lupe, Weltkarte und Tasse eher?

Sollte sich eine Begeisterung bei den Teilnehmern entfachen, dann fordern Sie sie auf, weitere passende Gegenstände aus der Umgebung zu suchen und das Tablett neu zu belegen. Gleich bei meinem ersten Versuch mit diesem Spiel sagte mir eine Mitspielerin: „Eigentlich paßt alles im Leben zusammen, man muß nur die entsprechenden Einfälle dazu haben.“

Druck-Sprache

Spieler: 2– Dauer: 5– Minuten
Material: große Zahlen und Buchstaben

Wir spielen reihum paarweise oder nach freigewählter Partnerwahl. Ein Partner schreibt dem anderen einen Buchstaben oder eine Zahl auf den Rücken. Die jeweilige Zahl oder den Buchstaben haben wir vorher auf ein großes Stück Papier geschrieben, das wir nun dem Schreiber deutlich zeigen. Alle Mitspieler, bis auf den einen, sehen den Auftrag und verfolgen nun gespannt den Schreiber und den Druck-Empfänger. Malt der Schreiber nun den Buchstaben oder die Zahl langsam und deutlich auf den Rücken des Partners, wird dieser ohne Mühe die Druck-Sprache verstehen. Wählt er aber eine ungewöhnliche Schreibweise, erschwert er dem Empfänger das Er-

kennen. Sind die Mitspieler in dem Spiel geübt, können Wörter oder kurze Sätze geschrieben werden. Diese Sätze können gleich als nächste Spielaufträge gelten. So kann man ein Spiel übergangslos an das andere reihen.

Becherspiel

Spieler: 2– Dauer: 5– Minuten
Material: 10 gleiche Becher, 3 Knöpfe

10 undurchsichtige, gleiche Becher, auch Tassen oder Töpfe, werden so auf den Tisch gestellt, daß der Spielleiter unter ihnen einen Gegenstand (Knopf, Würfel, Tischtennisball) verstecken kann. Für alle Mitspieler sichtbar legt er unter 3 Behälter einen Knopf und schiebt sie anschließend durcheinander. Nun kann jeder Spieler die entscheidenden Becher benennen oder gleich anheben. Bei diesem Spiel bekommt jeder Spieler die gleiche Chance des Beobachtens und Ratens. Die Schwierigkeitsgrade können hier wieder differenziert werden.

Wie viele?

Spieler: 2– Dauer: 5– Minuten
Material: ca. 6 Gläser, verschiedene Kerne, Steine etc., Papier, Schreibzeug

Der Spielleiter hat 4 bis 6 gleiche Gläser mit verschiedenen Dingen gefüllt (Bohnenkerne, Knöpfe, Kirschkerne, Steine, Korken). Jede Dose wird auf dem Tisch entleert. Ihr Inhalt kann für ca. 3 Minuten betrachtet und geschätzt werden. Danach werden die Gegenstände wieder in die Dosen getan. Die Spieler schreiben ihre geschätzten Mengen auf und lesen sie vor, wenn alle mit dem Schreiben fertig sind. Solche Spiele sind gut geeignet, um sie zu Hause im kleinen Kreis erst einmal auszuprobieren, in der Familie oder mit Freunden und Bekannten.

Variation

Der Spielleiter hat 4 bis 6 Gläser, die die Zahlen 1 bis 6 tragen und alle eine unterschiedliche Breite und Höhe haben. Er hat in jedes Glas die gleiche Anzahl unterschiedlicher Kernsorten hineingetan. Jeder Spieler schätzt bei jedem Glas die Anzahl der Kerne und schreibt sie auf.

Variation

In jedes der verschiedenen Gläser kann die gleiche Anzahl unterschiedlicher Gegenstände hineingeschüttet und erraten werden.

Geheimnisvolle Büchsen

Spieler: 2– Dauer: 15–30 Minuten
Material: ca. 10 gleiche Büchsen mit Deckel, ca. 10 verschiedene Materialien oder Lebensmittel, 10 Teller und Etiketten, Papier und Schreibzeug

Der Spielpädagoge hat ca. 10 gleiche Büchsen (Kakao-, Kaffee-, Keks- oder andere Büchsen mit Deckel) allein oder mit seinen Gruppenteilnehmern gesammelt. Dazu hat er 10 verschiedene Materialien oder Lebensmittel auf einzelne Teller gelegt bzw. geschüttet, die sich alle Spieler zuerst einmal anschauen können. Danach füllt er diese Mengen in die Büchsen. Für die nun folgende Vorbereitung sollte es im Raum still sein. Der Pädagoge nimmt eine Büchse in die Hand, zeigt sie und nennt den Inhalt, verschließt die Dosen mit dem Deckel und schüttelt sie. Das macht er mit 4 weiteren Büchsen so. Nun vertauscht er ihren Standort, beklebt die Dosendeckel mit Zahlen von 1 bis 5 und schüttelt die Büchsen erneut. Die Spieler schreiben die Zahlen und die Namen der Dosen-Inhalte auf ihr Stück Papier. Zum Schluß liest ein Teilnehmer sein Ergebnis vor. Weitere Spielrunden können sich anschließen.

Sind in der ersten Runde mehrere Irrtümer vorgekommen, empfehle ich, die gleichen Büchsen nochmals zu schütteln. Vertauschen Sie aber zuvor unbeachtet die Zahlendeckel.

Für die nächste Runde nehmen Sie eine Büchse hinzu, füllen sie mit dem sichtbaren Material und stellen der Gruppe das neue Geräusch vor. Die Zahlendeckel werden wieder vertauscht. So geht es in die neue Konzentrationsphase.

Für das Spiel haben Sie die Büchsen-Inhalte und ihre Mengen so ausgewählt, daß sie sich deutlich hörbar voneinander unterscheiden, was bei den ersten 5 Dosen noch leicht ist. Schwieriger wird es mit jeder weiteren Büchse. Aber keine Sorge, wir werden allmählich sensibler für die Geräusche. Wir müssen das Spiel – oder ähnliche Spiele – nur mehrmals spielen. Geben Sie die Büchsen ab und zu aus der Hand und spielen Sie mit. Ich kann mich mit geschlossenen Augen besser auf Geräusche konzentrieren und erlebe eine unterschiedliche Fähigkeit und Intensität der Konzentration und des Hörsinns.

Variation

Schreiben Sie die Namen der Büchsen-Inhalte in großen Buchstaben auf Pappstreifen, ca. 12 × 35 cm, so können die Teilnehmer einzeln oder in der Gruppe damit spielen. Wenn Sie das Spielmaterial des öfteren im Gruppenraum auf den Tisch stellen, werden Teilnehmer, die gern rechtzeitig – manchmal schon eine Stunde vor Beginn der gemeinsamen Veranstaltung – kommen, es ausprobieren wollen. Auch andere Spiele, wie z. B. „Flaschen fangen“, „Zu jedem Topf ein Deckel“, „Krabbelbeutel“, „Kreisverbindungen“ etc. animieren die Besucher zum Alleinspiel, zum Üben, Lernen und miteinander Reden.

Nach einer Zeit des gemeinsamen Spielens können sich einige Teilnehmer Gedanken über neue Dosen-Inhalte machen und diese auch praktisch umsetzen, d. h. die Vorbereitung für eine neue Spielrunde treffen. So werden die Spieler zum Nachdenken, Organisieren, Ausprobieren und zur Spielleitung aufgefordert und befähigt. Sie sind Teilnehmer, können entspannt beobachten und mitspielen. Dabei entdecken Sie vielleicht ihre neuen Spiel-Assistenten und -Vertreter, falls Sie zu einer Gruppenstunde einmal nicht erscheinen können.

Merk es Dir

Spieler: 2– Dauer: 10–20 Minuten
Material: ein Tablett, ein Tuch, ca. 10 verschiedene Gegenstände

Der Spielleiter hat vor Beginn des Spiels ca. 10 verschiedene Gegenstände, wie z. B. Schere, Brille, Ring, Armbanduhr, Schlüssel, Streichholzschachtel, Würfel, Buch, Bleistift, Löffel auf einem Tablett ausgelegt und mit einem Tuch zugedeckt. Nach dem Erklären der Spielregel nimmt der Spielleiter das Tuch für ca. 10 Sekunden ab, so daß sich jeder Mitspieler die Gegenstände anschauen und vielleicht auch merken kann. Nach dieser Zeit verdeckt er die Gegenstände wieder und bittet die Mitspieler, die Gegenstände aufzuschreiben und dann zu verlesen.

Variation

Jeder Spieler merkt sich zu dem Gegenstand auch noch die Farbe und Besonderheit. Wenn sich ein behinderter Teilnehmer der Gruppe ein Merkmal einprägen kann, ist das anerkennungswert.

Variation

2 Gruppenteilnehmer bekommen die Aufgabe, ein neues Sammelsurium von Gegenständen zusammenzustellen. Im Raum und in den Handtaschen der beiden befinden sich bestimmt reizvolle und leicht zu merkende Teile. Nach dem Aufschreiben und Verlesen der Dinge versuchen die Mitspieler zu erraten, welches Detail in welche Tasche gehört. Vielleicht erzählen sie der Gruppe auch, warum es

unbedingt in diese Tasche gehört. Wer hier seine Phantasie einsetzt, findet bestimmt freudige Zustimmung bei den Mitspielern.

Bunte Zahlenschachteln

Spieler: 2– Dauer: 10–20 Minuten
Material: 3 Schachteln, Dosen oder Büchsen, die mit Zahlen, Farben oder Buchstaben versehen und mit Kernen oder Streichhölzern gefüllt werden. Papier, Schreibzeug, Filzer

Füllen Sie 3 gleichgroße Schachteln, Dosen oder Büchsen mit einer jeweils anderen Anzahl von Streichhölzern oder Kernen, und versehen Sie die Deckel mit unterschiedlichen Zahlen, Buchstaben oder Farben, z.B. 1, 2, 3 oder Rot, Gelb, Schwarz oder A, B, C. Durch Schütteln der einzelnen Schachteln stellen Sie Ihrer Gruppe die Geräusche vor. So können die Senioren die Unterschiedlichkeit der Schachteln wahrnehmen und lernen, Geräusche zu differenzieren und sie den 3 unterschiedlichen Mengen zuordnen: Wenig, mehr, viel.

Alle Spieler erhalten einen Zettel und Filzer, damit sie die folgenden Aktionen notieren. Dazu können sie sich 3 Spalten ziehen und diese mit den Worten „Wenig, mehr, viel“ überschreiben.

Nach dieser Einführung tauscht der Spielpädagoge unbeobachtet die Deckel der Schachteln oder Dosen und schüttelt sie einzeln in einer wahllosen Reihenfolge. Die Spieler sollen nun heraushören, um welche Mengen es sich handelt, und die Zahl der Schachtel in die entsprechende Spalte eintragen. Der Spielleiter sollte sich auch einen Vermerk machen oder die Schachteln in der Reihenfolge ablegen, in der er sie geschüttelt hat. Zum Schluß liest ein Spieler das Ergebnis vor, und die anderen vergleichen es. Es könnte lauten: 3, 1, 2, gelb, schwarz, rot oder A, B, C usw. Die jeweiligen Inhalte können überprüft werden.

Variation

Der Spielleiter nennt der Gruppe die Inhalte der 3 Schachteln. Schachtel 1 enthält 3 Hölzer, Schachtel 2 hat 9 Hölzer und Schachtel 3 kommt auf 15 Hölzer. Nun nimmt der Spielleiter nach und nach weitere Schachteln hinzu, füllt sie mit größeren Mengen und versieht sie mit höheren Zahlen, anderen Buchstaben oder Farben.

Daraufhin benötigen die Teilnehmer auf ihrem Ergebnispapier eine vermehrte Anzahl von Spalten. Wieder werden die Schachteln geschüttelt.

Variation

Bleibt der Spielleiter bei Zahlen, kann er durch das Schütteln bestimmter Schachteln Rechenaufgaben damit verbinden. Er kann malnehmen, teilen, zusammenziehen und voneinander abziehen lassen. Einige Beispiele: Schachtel 2 und Schachtel 3 addieren 2 = 9 + 3 = 15 ergibt 24, und Schachtel 3 multipliziert mit Schachtel 1 heißt 15 × 3 = 45 usw.

Eine Stimmen-Geschichte

Spieler: 12– Dauer: 5–10 Minuten
Material: eine Geschichte, für alle Spieler deutlich lesbar aufgeschrieben

Der Spielleiter hat eine Geschichte mit großen Buchstaben auf ein großes Stück Papier geschrieben. Die im Kreis sitzenden Spieler schließen die Augen und konzentrieren sich. Der Spielleiter geht leise zu einem Mitspieler, tippt ihn an, damit dieser die Augen öffnen kann, und übergibt ihm die Geschichte. Der Spieler liest den ersten Satz und macht dann eine Pause. Alle Spieler, bis auf die unmittelbaren Nachbarn des Vortragenden, sagen nun den Namen des Lesenden. Hat keiner die Stimme erkannt, liest er den zweiten Satz der Geschichte und macht wieder eine Pause. Wird seine Stimme noch nicht erkannt, liest er solange weiter, bis er erkannt wird oder die Geschichte zu Ende ist. Dann kommt ein nächster Mitspieler an die Reihe. Sind Senioren das erste Mal in der Gruppe, muß der Spielleiter seine Entscheidung abwägen. Entscheidet er sich für das aktive Mitspielen des neuen Gruppenteilnehmers, kann er bei der Namensnennung helfen.

Variation

Die Vortragenden verstellen ihre Stimme. Sie müssen dann allerdings einen längeren Abschnitt der Geschichte lesen, damit sie von den Hörern erkannt werden.

Einzelne Senioren schreiben die nächste Geschichte oder Gedichte. Sie können sie aus Büchern entnehmen, erfinden oder ihre eigenen Erlebnisse zu Papier bringen. Macht dem einen oder anderen Menschen das Schreiben Schwierigkeiten, können sich die Senioren in ihrer Freizeit treffen und gemeinsam schreiben. Das ist für manchen Menschen ein sinnvoller Anlaß zum Treffen im privaten Kreis.

Rätselhafter Ausschnitt

Spieler: 2– Dauer: 8–15 Minuten
Material: ca. 15–20 verschiedene Fotos, Abdeckungen, nummerierte Plastikhüllen, Papier, Schreibzeug

Für dieses Spiel können Sie sich mit Ihrer Gruppe gemeinsam vorbereiten. Die Senioren bringen ihre alten Illustrierten, Prospekte, Fotobücher, Postkarten etc. mit und schneiden alle Bilder aus, die ihnen gefallen. Solche Aktionen können Sie ab und an durchführen; denn die Bilder sind für verschiedene Spiele verwendbar.

Wenn Sie eine Vorbereitung nur für dieses Spiel treffen wollen, dann erklären Sie den Teilnehmern Ihr Vorhaben. Für dieses Spiel brauchen Sie Fotos von bekannten Sehenswürdigkeiten, Tieren, Menschen, Verkehrszeichen, Fahnen, Symbolen, einfachen Gegenständen etc., die Sie jeweils zum großen Teil wieder mit Papier abdecken, so daß nur ein markanter Ausschnitt des jeweiligen Fotos sichtbar ist, so z. B. der Bart eines Schlüssels, der Knopf des Lichtschalters, der Griff eines Regenschirmes, ein Auge einer Katze, die Lehne eines Stuhls, das gerollte Kabel des Telefonapparates, eine Teilansicht des Brandenburger Tores, des Bundespräsidenten, eines Schauspielers...

Möglicherweise haben Sie auch in Ihrer Gruppe einen fotointeressierten Menschen, der Ihnen eine Ausschnitt-Serie zusammenstellen oder sogar aufnehmen möchte. Ist diese Chance gegeben, kann der „Fotograf" gleich mit einem Großobjektiv arbeiten und alltägliche kleine Dinge aufnehmen, die er durch eine Abdeckung nur im Ausschnitt zeigt. So wird unser Auge auf Details gelenkt, die es so vielleicht noch nicht wahrgenommen hat. Das Spiel erzeugt Spannung und regt die Betrachter zum Gespräch an. Vielleicht möchten Sie selbst sogar in Ihrem Urlaub Ihr Auge für die kleinen interessanten Objekte in Ihrer nahen und fernen Umgebung wekken und Ihren Sinn dafür schärfen. Mit dem Ergebnis können Sie zu jeder Familienfeier, jeder Gruppenzusammenkunft und jedem Kollegentreff gehen. Mitspieler finden sich dafür überall.

Die Teilnehmer sollten ihre Antwort aufschreiben. Dadurch ist allen die Chance des eigenen Erkennens gegeben.

Wort- und Gedächtnisspiele

Die wichtigste Ausdrucksmöglichkeit der menschlichen Kontakte ist die Sprache. Sie ermöglicht es uns, Berichte, Informationen und Erklärungen über das Gehör wahrzunehmen und sie zu gebrauchen, um Mitteilungen zu äußern, Gedanken auszutauschen und über Erlebtes und Erfahrenes zu reden.

Unsere stark auf Konsum und Genuß ausgerichtete Gesellschaft gebraucht einen immer geringeren Wortschatz zur Verständigung. Oft begnügt man sich mit Wort- und Gedankenfetzen, weil so Zeit und Energie gespart werden für andere „wichtige" Lebensinhalte. In der schnellebigen Zeit finden ältere Menschen immer weniger Gelegenheit zum Reden. Oft wollen sie etwas sagen, doch wer hört ihnen zu? So erleben wir, wie durch die Verringerung des Sprachgebrauchs der Wortschatz und die Gedächtnisfähigkeit allmählich abnehmen.

Seniorengruppen sind eine Chance und Wort- und Gedächtnisspiele eine beachtliche und wertvolle Hilfe für sprachliche Übungen, die die funktionale Hirntätigkeit anregen. Der Mensch erfährt hier Spaß an dem spielerischen Umgehen mit Sprache, Erfahrung und Wissen. Er wird in seiner Selbstbestimmung durch die gemeinsame Beschäftigung provoziert. Er erlebt seine Flexibilität und akzeptiert seine geistige Kompetenz in der sprachlichen Äußerung. Dabei nimmt er sich als engagierter Teilnehmer einer lebendigen Gruppe wahr, die mitten im Leben steht und sich noch nicht auf Berieselung und Konsumentenhaltung einstimmen läßt.

Blumengirlande

Spieler: 2– Dauer: 10–15 Minuten
Material:

Ein Spieler nennt einen Blumennamen, z.B. Tulpe. Mit dem Endbuchstaben „e“ muß nun der nächste Blumenname beginnen, z.B. Edelweiß („ß“ gilt als „s“), so wird die Girlande weiter geflochten. Die Namen sollten sich nicht wiederholen. Es folgen vielleicht: Studentenblume, Erika, Aster, Rose, Enzian, Narzisse, Elfenblume.

Variation

Wenn die Spielgruppe hierin sicher ist und der Zeitpunkt einer neuen Herausforderung wahrgenommen wird, kann der Spielleiter die Regel dahingehend verändern, daß er den vorletzten Buchstaben des Namens als neuen Anfangsbuchstaben vorschlägt, so kann die Gruppe die Girlande aus folgenden Blumen winden: Tulpe, Pantoffelblume, Maiglöckchen, Enzian, Anemone, Nelke, Kletterrose, Schneeglöckchen...

Die Möglichkeit zur Wahl des zweiten Buchstabens kann den Spielern auch dann gegeben werden, wenn sie mit dem letzten Buchstaben des Namens keine neuen Namen mehr benennen können.

Variation

Das Spiel läßt sich auch mit anderen Wortgruppen durchführen, z.B. mit Tiernamen, Städtenamen oder mit Wörtern, die in enger Beziehung zur Gruppe stehen. Dies kann zu einer originellen Girlande führen, die die Phantasie stark anregt und den Witz und Humor fördert. Die Girlande könnte so gebunden werden:

Zu unserem Seniorennachmittag gehören: Frau Müller, rote Rosen, neugierige Menschen, neue Lieder, rote Köpfe, erlesene Geschichten, natürliche Bewegungen, nachdenkliche Seufzer, ritterliche Kavaliere, edle Worte, ernste Gedanken, nackte Wahrheiten, naive Aussprüche, erregte Gemüter, rege Bemerkungen...

Die Beiträge können reihum oder nach Lust, Laune und Einfall geäußert werden. Sitznachbarn können beratend helfen.

Gegensätze

Spieler: 2– Dauer: 10–15 Minuten
Material: Liste mit Gegensätzen

Der Spielleiter hat sich eine Liste mit Wörtern vorbereitet, die alle einen Gegensatz haben, z. B. laut – leise. Reihum wird jedem Mitspieler ein Wort vorgelesen, dessen Gegensatz er nennen soll. Hier weitere Beispiele:

schnell – langsam
rund – eckig
früh – spät
dick – dünn
mager – fett
reden – schweigen
essen – fasten
naß – trocken
mutig – feige.

Variation

Das Spiel kann auch ohne Liste gespielt werden. Der erste Spieler sagt ein Wort, der zweite nennt den Gegensatz, der dritte sagt ein neues Wort, der vierte den Gegensatz usw.

Variation

Wenn das Spiel schon bekannt ist, können es zwei Spieler allein spielen. Dann übernimmt einmal der erste Spieler die Führung, dann der zweite. Auch andere Wörter sind möglich, deren Gegensätze individuell gesehen werden:

kunterbunt – einfarbig
hellhörig – desinteressiert
lautlos – schreiend
geständig – verstockt
morsch – stabil.

Hier lassen sich leicht noch andere Varianten finden und Gespräche anknüpfen.

Gewürfelte Buchstaben, Wörter und Geschichten

Spieler: 2– Dauer: 10–20 Minuten
Material: Buchstaben-Würfel oder -Karten, Punkte-Würfel, Papier, Schreibzeug

Reihum würfelt sich jeder Spieler im Kreis einen Buchstaben mit dem Buchstabenwürfel. Dann benennt er Wörter, die mit dem Buchstaben beginnen. Anstelle der Buchstabenwürfel können auch Buchstabenkarten gezogen werden. Wünscht ein Spieler Hilfe bei der Suche der Wörter, kann ihm geholfen werden. Wünschen sich Spieler eine Anzahlbegrenzung, kann man ihnen diese geben. Regeln werden oft von Teilnehmern gern entgegengenommen. Sie brauchen eine Eingrenzung, um sich wohler zu fühlen.

Variation

Zu dem Buchstabenwürfel kann man noch einen normalen Würfel dazunehmen, so daß jeder Spieler gleich mit 2 Würfeln spielen kann. Der Punkte-Würfel bestimmt die Anzahl der Buchstaben-Wörter. Ein geübter Spieler kann sich selbst die Anzahl der Würfel wählen.

Variation

Jeder Spieler bildet einen Satz oder eine Kurzgeschichte aus den benannten Wörtern. Wieder können Hilfen und Ergänzungen der Mitspieler einfließen, wenn es gewünscht wird.

Variation

Die Kurzgeschichte kann gespielt werden.

Roter Buchstabe

Spieler: 10– Dauer: 10–15 Minuten
Material: große rote Buchstaben und einen Fragenkatalog

Der Spielleiter stellt der ganzen Gruppe eine Frage, die von jedem Spieler beantwortet werden soll. Die erste Frage könnte sein: „Welches Tier kennen Sie?“, oder „Was kauft man alles in einer Drogerie?“, oder „Was essen Sie am liebsten?“ Hierauf zu antworten, ist recht einfach. Doch da der Spielleiter für jede Runde einen bestimmten Buchstaben benennt, darf keine Antwort mit diesem Buchstaben beginnen. Wählt er für die erste Runde das „K“, können die Mitspieler: Löwe, Affe, Hund, Fisch sagen, aber keine Katze nennen. Zu Beginn des Spiels ist es hilfreich, den roten Buchstaben jeweils auf ein großes Stück Papier zu schreiben, damit ihn jeder Spieler vor Augen hat.

Das klingt sehr einfach und doch kommt es gelegentlich vor, daß nach deutlicher Spielregel-Erklärung manche Teilnehmer eine Antwort geben, die gerade mit dem roten Buchstaben beginnt. Es ist auch paradox, einen Buchstaben vor Augen zu haben und ihn nicht gebrauchen zu dürfen.

Bei unterschiedlichen Spielinhalten wird jeder Mitspieler seine Stärken und Schwächen entdecken, auch der Pädagoge. Mit Gelassenheit und Humor nehmen wir die Reaktion der Teilnehmer zur Kenntnis und neutralisieren sie, wo es angebracht ist.

Geübte Spieler können schon einen zweiten oder dritten Buchstaben bekommen. Das heißt dann, in einer Runde sind zwei oder drei Buchstaben für sie tabu. Die Fragen und roten Buchstaben können die Spieler auch selbst nennen. Der Leiter kann das vorbereitete Spielmaterial in die Kreismitte legen oder es spontan mit den Spielern erarbeiten.

Natürlich kann man die Regel auch umdrehen und vorgeben, nur Wörter zu benennen, die diesen Buchstaben beinhalten. Interessierte Spieler mit umfangreichem Reaktionsvermögen können während einer Spieleinheit mehrere Regeln genannt bekommen. Sie freuen sich über die Herausforderung.

Von A bis Z

Spieler: 2– Dauer: 10–15 Minuten
Material: das Alphabet auf Zettel geschrieben

Die Spieler sitzen an ihrem Tisch und haben alle einen Schreibstift. Der Spielleiter hat die Buchstaben des Alphabets einzeln auf Zettel geschrieben und hält sie verdeckt wie ein Kartenspiel. Die Buchstaben X und Y sind nicht dabei. Jeder Spieler zieht einen Zettel und hat nun die Aufgabe, Wörter zu finden – vielleicht 5 – die alle mit dem vorgegebenen Buchstaben beginnen. Wenn die Wörter noch zu einem amüsanten Satz geformt werden, gibt das viel Gelächter. Senioren, die ihre Brille an dem Spieltag nicht dabeihaben oder aus anderen Gründen sich das Schreiben und Lesen nicht zutrauen, bekommen Hilfe von Mitspielern und dem Leiter.

Einige Beispiel-Sätze: „S = Susanne sagt, südliche Sonne sticht so.“ „K = Kurt kaufte klebrige Kirschen kiloweise.“

Variation

Zu jedem gewürfelten Buchstaben sagt der Spieler ein Wort und dazu verschiedene Reime. Aus den Reimen können Verse entstehen, wie diese: „Das *Huhn* muß *ruh'n* und manchmal was *tun*.

„Die Spatzen an der *Bank* gerieten in einen *Zank,* das gab einen schrillen *Klang*.“

Wenn es meins wäre

Spieler: 10– Dauer: 10–20 Minuten
Material: kleine Gebrauchsgegenstände

Ein Gebrauchsgegenstand wird in der Runde herumgereicht, z. B.: Becher, Löffel, Korken, Bleistift, Buch, Geldstück, Schere, Handtasche, Schraubenzieher, Brille, Schal. Ruft der Spielleiter „Halt“, behält derjenige den Gegenstand in der Hand, der ihn gerade bekommen hat. Nun hat dieser die Aufgabe, zu erzählen, was er alles mit dem Gegenstand tun würde, wenn er sein Eigentum wäre. Beispiel: „Wenn das meine Schnur wäre, würde ich euch ein Päckchen packen, es damit verschnüren und es euch schicken.“ „... endlich im Garten die Rosen festbinden.“ „... mir neue Schnürsenkel schnei-

den, sie in die alten Schuhe ziehen und damit zum Markt gehen." Hier sind der Phantasie keine Grenzen gesetzt. Je origineller die Ideen sind, um so mehr Spaß macht das Spiel.

Dieses Spiel hat einen umfangreichen Aufforderungscharakter. Man kann es einleiten, um den Mitspielern einen ersten leichten Start zum Reden und Spielen vor der Gruppe zu geben.

Läßt sich anhand eines bekannten Gegenstandes eine kleine Geschichte entwickeln, kann der Spielleiter hier sein Spiel erweitern und zu der sprachlichen Aktion die körperliche hinzunehmen. Manchmal beobachte ich, wie Teilnehmer allmählich auf ihren Stühlen unruhig werden und nur noch angetippt zu werden brauchen, bis sie aufstehen und in der Kreismitte zu spielen beginnen.

Wörter-Kette

Spieler: 8– Dauer: 10–15 Minuten
Material: Ball

Der Spielleiter beginnt mit einem zusammengesetzten Hauptwort, z. B. Hand-Schuh. Ein anderer Spieler nimmt den zweiten Teil des Wortes und bildet damit ein neues zusammengesetztes Hauptwort, z. B. Schuh-Band. Daraus entsteht nun eine immer länger werdende Kette, z. B. diese: Hand-Schuh, Schuh-Band, Band-Wurm, Wurm-Körper, Körper-Funktion, Funktions-Störung, Störungs-Stelle, Stellen-Leiter, Leiter-Haus... Jeder Spieler kann die Wörter beitragen, die ihm dazu passend einfallen. Der Spielleiter wiederholt das neue Wort laut, damit jeder weiß, mit welchem Wort das Spiel weitergeht. Kein Spieler scheidet aus. Eine Zeitgrenze gibt es auch nicht. Sollte ein Spieler das Spiel allein spielen wollen, kann er die Chance dazu bekommen. Bei der zweiten Runde bittet man ihn, Zuhörer zu sein.

Variation

Der Spielleiter kann mit einem Ball beginnen. Er wirft einem Spieler den Ball zu, der ihm signalisiert, daß er ein Wort weiß und es sagen möchte. Dieser Spieler kann den Ball nun wieder zurückwerfen oder ihn zu einem anderen werfen, der das Spiel fortsetzen möchte.

Kreis-Verbindungen

Spieler: 6– Dauer: 10–20 Minuten
Material: für jeden Teilnehmer ein Blatt Papier mit ca. 20 Kreisen

Jeder Teilnehmer bekommt ein Blatt Papier, auf dem etwa 20 gleichgroße Kreise gezeichnet sind. Dazu erhält er die Aufgaben, Dinge in die Kreise hineinzuzeichnen, die kreisförmig sind, wie z. B.: Uhr, Topf, Sonne. Die Kreise können auch übermalt werden, um den gedachten Gegenstand deutlicher zu zeichnen. Wenn die Spieler fertig sind, können sie ihr Ergebnis vorlesen, pantomimisch spielen oder durch Beschreibungen erraten lassen, wie z. B.: Es ist lebenswichtig, kann auch zur Gefahr werden, zeigt die Zeit an ... (Sonne). Einige Beispiele: Topfdeckel, Lampenschirm, Billardkugel ...

Das esse ich gern

Spieler: 8–20– Dauer: 10–15 Minuten
Material:

Der Spielleiter fragt einen Teilnehmer nach einem Lebensmittel, das er besonders gern ißt. Beide müssen sich das Wort merken. Nun geht die Fragestellung reihum weiter. Die Gruppe achtet darauf, daß jeder einmal fragen und antworten kann. In der zweiten Runde wiederholt jeder den Namen des von ihm Befragten und nennt auch seine Lieblingsspeise. Hat sich hier die Vergeßlichkeit eingeschlichen, helfen andere. In jeder weiteren Runde wird die Frage immer an eine andere Person gerichtet. Vielleicht weiß der eine oder andere Spieler noch nach zwei oder drei Runden, welche Menschen was gern essen?

Variation

Die Spieler nennen zwei Lieblingslebensmittel oder ein Lieblingsgericht, das aus zwei verschiedenen Sorten besteht. In der zweiten Runde wiederholt jeder, was er sich merken konnte. In der dritten Runde fragt jeder Spieler einen anderen Teilnehmer. Eine Wiederholung schließt sich an.

Variation

Die Teilnehmer nennen nicht ihr Lieblingsgericht, sondern 3 verschiedene Lebensmittel, wie z. B. Bohnen, Eierkuchen, Hering, die nicht zusammenpassen und von daher nicht so leicht zu merken sind. Eine Wiederholung und neue Fragestellung schließen sich an. Das Spiel kann beliebig lang fortgesetzt werden. Vielleicht möchten einige Teilnehmer zum Schluß der Runde mehrere Lieblingsgerichte von verschiedenen Teilnehmern benennen.

Bei diesem Gedächtnistraining werden einige Spieler Unterstützung benötigen. Wenn der Pädagoge gleich zu Beginn ansagt, daß sich die Mitspieler zu ihren Merkwörtern auch noch andere Lieblingsspeisen merken können, ist dies ein Differenzierungsangebot für Teilnehmer, die ein stärker ausgeprägtes Gedächtnis haben und sich gern mehr als gewöhnlich merken wollen.

Alphabet doppelt und dreifach

Spieler: 2– Dauer: 10–20 Minuten
Material: Buchstaben des Alphabets in 2- bis 3facher und Selbstlaute in 5- bis 6facher Ausführung. Papier, Schreibzeug

50 bis 100 Buchstabenkarten (das Alphabet 2- bis 3mal, und Selbstlaute dazu mehrfach) werden in die Tisch- oder Kreismitte gelegt. Jeder Spieler nimmt sich 5 bis 10 Buchstaben und überlegt sich damit ein Wort. Nach einer verabredeten oder vorher nicht festgelegten Zeit, je nach Lust und Fähigkeit der Gruppe bzw. der einzelnen Spieler, liest jeder sein Wort vor.

Variation

Das Spiel kann auch in kleinen Gruppen von 2 oder mehreren Spielern gespielt werden, dabei kann sich jede Gruppe unterschiedliche Wörter mit den gleichen Buchstaben überlegen und sie aufschreiben.

Variation

Jeder Spieler notiert sich sein gelegtes Wort, verdeckt die Notiz und gibt seinem rechten Nachbarn die vermischten Buchstaben. Nun kann dieser versuchen, das gleiche oder ein anderes Wort daraus zu legen. Der Spielleiter ist zur Hilfe bereit. Das Spiel wird in Frankreich schon seit hundert Jahren gespielt.

Ein Dutzend Wörter

Spieler: 8– Dauer: 15–20 Minuten
Material: Zeitungen, Umschläge, Scheren

Die Spieler schneiden sich aus Zeitungen je 12 Wörter aus, die sie vor sich legen. Behälter oder Umschläge, die mit Namen versehen sind, können recht nützlich sein. Für die erste Runde wählt sich jeder Spieler ein Wort aus seinem Dutzend und bildet damit einen Satz, den er der Gruppe am Tisch vorträgt. Für die zweite Runde gibt der Spielleiter jeder Gruppe die Aufgabe, eine Geschichte zu erfinden. Dazu legt sich jeder Spieler seine Wörter vor sich hin. Ein Spieler beginnt mit einem Satz. Sein gewähltes Wort, das er im Satz verwendet hat, zeigt er der Gruppe und legt es dann in die Mitte des Tisches. Reihum schließt sich jeder Spieler mit seinem Wort und Satz an. Die Geschichte der Gruppe wird solange fortgesetzt, wie die Gruppe Spaß daran hat.

Die Katze des Bürgermeisters

Spieler: 6–20 Dauer: 10–15 Minuten
Material: gegebenenfalls Zettel mit den Buchstaben des Alphabets

Der Spielleiter beginnt mit dem Satz: „Die Katze des Bürgermeisters ist eine – ja, was für eine ist sie denn?" Reihum überlegt sich jeder Spieler eine Eigenschaft. Der erste Spieler beginnt mit dem „A", der zweite mit dem „B" usw. Ein Beispiel:

Die Katze des Bürgermeisters ist eine adlige Katze.
Die Katze des Bürgermeisters ist eine blitzschnelle Katze.
Die Katze des Bürgermeisters ist eine cholerische Katze...

Spieler, die Sicherheit brauchen und weniger Spontaneität lieben, bekommen vorher einen Zettel mit ihren Buchstaben; so haben sie Zeit zum Überlegen. Hilfe gibt es bei jedem Nachbarn. Die Eigenschaften und Aussagen können gelegentlich auch zu Gesprächen, Diskussionen und Rollenspielen führen. Ein Spielleiter wird das Bedürfnis der Gruppe wahrnehmen.

Variation

Statt der Katze des Bürgermeisters kann es auch

der Hund des Nachbarn sein,
der Vogel der Frau Stöhr,
der Esel des Herrn Storch,
das Kaninchen der Ulrike,
das Lächeln des Polizisten,
die Bedienung des Obers...

Verwandlungskünstler

Spieler: 6– Dauer: 15–25 Minuten
Material: Papier, Schreibzeug, Verwandlungsbeispiele, Duden

Bei diesem Spiel darf jeder so bleiben wie er ist. Er muß nicht in eine andere Haut oder Garderobe steigen. Er braucht nur auf Spuren-

oder Stufensuche zu gehen, um das Rätsel zu lösen. Das heißt zum Beispiel: Verändern Sie das Wort „Lupe“ in drei Stufen zum Wort „Bake“. Antwort: „Lupe, Luke, Lake, Bake“, oder das Wort „Tage“ in vier Stufen zum Wort „Putz“. Antwort: „Tage, Page, Pate, Pute, Putz“. Und nun verwandeln sie „Miete“ in sieben Stufen zur „Hacke“. Antwort: „Miete, Miene, Biene, Birne, Birke, Barke, Backe, Hacke“.

In jeder Stufe wird ein Buchstabe ausgetauscht. Beginnen Sie in Ihrer Gruppe mit einfachen Aufgaben, die sich steigern lassen. Das freie Suchen nach Veränderungsmöglichkeiten eignet sich als Vorübung. So kann sich jeder Teilnehmer ein Wort mit vier Buchstaben aufschreiben und einige Verwandlungen dazu notieren. Alle Teilnehmer helfen, wo Hilfe gebraucht wird.

Variation

In einer späteren Runde legt die Gruppe das Minimum der Buchstabenanzahl der gewählten Wörter fest und überläßt es wieder jedem Spieler, ein Wort nach eigener Wahl auf einen Zettel zu schreiben. Dieser Zettel wandert nun reihum weiter, so daß jeder Mitspieler immer auf einem anderen Zettel einen Buchstaben des vorgegebenen Wortes austauscht. Fällt einem Teilnehmer gelegentlich kein neues Wort ein, gibt er den Zettel einfach weiter. Beim nächsten Spieler wird diese Lücke vielleicht wieder geschlossen.

Manche Senioren haben hier ihre Stärke. Kreuzwort- und Silbenrätsel lösen sie zu Hause regelmäßig.

Variation

Aus dem Ergebnis dieser geistigen Arbeit können Sie Verwandlungsrätsel für Fortgeschrittene formulieren. Wieder bekommt jeder einen Zettel und Schreibzeug und das erste und letzte Wort einer Verwandlungsreihe genannt. Die Zwischenstufen hat er zu erforschen. Die Ergebnisse aller Spielrunden können Sie für weitere Rätselstunden vielseitig einsetzen und auch verändern.

Versteigerung

Spieler: 10– Dauer: 15–25 Minuten
Material: Korb mit Nippes, Trödel und Krimskrams, wie z. B. Plastikblumen, Figuren, Steine, Bilderrahmen etc.

Vielleicht haben Sie schon immer einmal nach einer sinnvollen Verwertung Ihres kleinen Krimskrams gesucht, der in Regalen, Schubfächern oder Setzkästen schon jahrelang herumliegt, keine Beachtung mehr findet und nur noch Staubfänger ist. Für das Spiel „Versteigerung" ist Nippes, Schnickschnack und Trödel, wie z. B. Figuren aus Städten und fernen Ländern, Bilder, Vasen, Plastikblumen, Scherben, Haken, Schrauben, Teesiebe, Glocken, zerfetzte Hundeleine... genau das richtige Spielmaterial.

Mit einem Korb voller Gegenstände können Sie das Spiel beginnen. Sie holen ein „Juwel" nach dem anderen aus dem Korb heraus und bieten es mit besonders reizvollen Beschreibungen an, so daß sich Liebhaber und interessierte Käufer finden, die wiederum ihrerseits begründen, warum und wozu sie gerade dieses oder jenes Teil besitzen wollen. Ein Auktionär kennt seine Gegenstände und die Geschichten, mit denen er sie verkauft.

„Ein alter Fächer, gehörte einst Greta Garbo. Sie benutzte ihn in ihrem Film ‚Der blaue Engel', durch den sie weltberühmt wurde. Der Fächer wurde extra entworfen, gearbeitet und mit ihren Lieblingsblumen handbemalt. Spuren ihrer Fingerabdrücke sind noch mit der Lupe zu erkennen; ein Hauch ihres Parfüms ist noch zu erriechen."

„Das alte Buch, ein Gedichtband von Schiller aus seiner Weimarer Zeit. Ein Geschenk für König Wilhelm I. von Preußen, anläßlich seiner Proklamation zum deutschen Kaiser in Versailles."

„Ein Bild, das erste Gemälde von Picasso, das er als 12jähriger malte und seiner Mutter zum Geburtstag schenkte. Die persönliche Widmung ist auf der Rückseite handgeschrieben. Das Bild ist signiert. In der linken Ecke des Bildes erkennt der Betrachter schon surrealistische Züge. Für Liebhaber dieser Kunst ein Frühwerk, das einmalig in seiner Bedeutung ist, da es das Unbewußte und Traumhafte des angehenden Künstlers schon erkennen läßt."

„Eine Tonscherbe, die nachweislich zu einem Korngefäß gehörte, das Christoph Kolumbus auf seinem Schiff hatte, bis er auf der Insel La Gomera Zwischenstation machte, um wichtige Lebensmittel zu ergänzen. Am Eingang der Vorratskammer fanden Archäologen Reste einzelner Gefäße, die die Initialen C K aufwiesen und zweifelsohne das Eigentum des großen Entdeckers bekunden. Da dies das letzte Beweisstück ist, das die wahre Geschichte der Reise des Christoph Kolumbus nach Amerika belegt und bezeugt, ist das Stück unverkäuflich, aber tauschbar. Es ist älter als 500 Jahre."

Wenn Teilnehmer eine Weile vor diesem Spiel mit Wörtern, Reimen, Versen, Sätzen und Geschichten kreativ umgegangen sind, haben sie die Gelöstheit und den Einfallsreichtum für die „Versteigerung" und andere sprachorientierte Spiele. Jeder kann hierbei sagen, was er möchte und erlebt sofort eine spontane Rückmeldung der Mitspieler, der Zuhörer bzw. des aufgeweckten Publikums. Hier bieten die Interessenten dem Auktionär keine finanziellen Reichtümer, sondern sprachlich-geistige Fähigkeiten. Die Spieler fordern sich durch jeden geistigen Beitrag neu heraus.

Der vollendete Ausdruck

Spieler: 10– Dauer: 15–25 Minuten
Material: Liste der Redensarten, Papier, Schreibzeug, Spielrequisiten, wie z.B. Perücke, Salzstreuer, Federn, Scheck, Bär..., je nach Vorhaben

In unserer Umgangsprache haben sich im Laufe der Zeit Redensarten und Ausdrücke gebildet, die teilweise seit Generationen zu unserem alltäglichen Sprachgebrauch gehören.

Vielleicht haben Sie Lust, in einem gemeinsamen Ratespiel die folgenden Ausdrücke zu ergänzen, neue hinzuzufügen, sie zu erklären und als Rätsel pantomimisch darzustellen. Wir fangen leicht an. Zuerst lesen Sie den Teilnehmern die unvollständigen Redensarten vor. Die Mitspieler werden Ihnen das fehlende Wort sofort zurufen, da manche Menschen hierin Spezialisten sind. Durch diese Verfahrensweise wird die Mehrheit der Gruppe keine Gelegenheit zum eigenen Nachdenken erhalten. Sie verliert das Interesse. Alle Teilnehmer gleichermaßen erreichen Sie durch einen Rätsel-Bogen, den jeder mit den fehlenden Wörtern ergänzt. Nach einer Zeit, die allen zum Lesen, Denken und Schreiben ausreichte, lassen Sie die Antworten von einzelnen Spielern vorlesen. Jeder Mitspieler wird dabei auf seinen Bogen schauen und die eigenen Antworten mit dem Gehörten vergleichen. Das Papier kann jeder mit nach Hause nehmen; es nochmals lesen, ergänzen oder als Spielvorlage für eine neue Aktion mit Freunden und Verwandten verwenden. Informieren Sie Ihre Mitspieler über diese Verfahrensweise vor Beginn der

Schreibarbeit. So können Sie Unsicherheit und Angst vermeiden und geben den Senioren eine Anregung zum weiteren Denken und Spielen.

Wenn Sie sich die Arbeit des Aufschreibens nicht machen wollen, können Sie die Redensarten auch beziffern und als erstes, zweites, drittes usw. Rätsel vorlesen und nur unter 1., 2., 3. usw. das fehlende Wort auflisten lassen.

Variation

Gleich im Anschluß an diese Spielrunde, oder auch Wochen später, können Sie in dieses Spiel erneut einsteigen. Sie fragen, wer sich noch an einzelne Redensarten erinnern kann. Hier werden Ihnen die Teilnehmer einige wiederholen, die Sie aufschreiben sollten, damit sie keiner vergißt; denn andere, neue Ausdrücke sollen nun gesucht werden.

Ein gemeinsames Nachdenken wird Schätze hervorbringen. Erklärungen werden zu immer neuen Einfällen führen, weil die Teilnehmer Redensarten unterschiedlich gebrauchen. Eine rege Gesprächsrunde wird sich ergeben. Alltagsgeschichten werden hier und da erwähnt und verdeutlichen den Gebrauch der Ausdrükke.

Wenn Sie Ihre Gruppe ausreichend auf diese geistige Tätigkeit eingestimmt haben, geben Sie Ihre neue Spielregel bekannt. Die Redensarten sollen nun mit Nachsätzen ergänzt werden. Einige Beispiele:

Ins Fettnäpfchen treten kann jeder, sagte der Angestellte zu seinen Kollegen, holte einen Topf Griebenschmalz aus der Tasche und stellte ihn auf den Fußboden.

Eulen nach Athen tragen, sagte der Bankkaufmann und ging für zwei Wochen in den unbezahlten Urlaub.

Ein Haar in der Suppe finden, meinte der Mann zu seiner Frau, strich sich über seine Glatze und kaute an seinem Schweinebraten weiter.

Jemand einen Bären aufbinden, dachte der Junge, nahm die Schnur und den Berliner Bären und ging auf die Straße.

Guter Rat ist teuer, sprach der Bekannte und nahm den Scheck entgegen.

Auch in umgekehrter Weise ist diese Idee ein Spiel:

Als der Mann seiner Frau die müden Füße massierte, bemerkte er, heute kannst du ins Fettnäpfchen treten.

Die Frau rückte ihre Perücke zurecht und meinte, heute wollte ich dir eine Chance geben, vielleicht findest du nun ein Haar in der Suppe.

Variation

Für Sprachinteressierte hier noch eine weitere Idee. Verknüpfen Sie Redensarten in unüblicher Art und Weise untereinander.

Ich habe dich in den April geschickt, sagte der Mann zu seiner Frau. Schicke mich lieber in den Urlaub, meinte sie darauf. Dort fühle ich mich wohler.

Auf großem Fuße leben, kann ich mir nicht leisten, meinte er, und tippelte mit seinen zu kleinen Schuhen davon. Da habe ich ein heißes Eisen angefaßt. Beinahe hätte ich mich verbrannt, dachte sie, und pustete sich in die Hände.

Vielleicht phantasieren Sie die Geschichte weiter.

Variation

Hier läßt sich die pantomimische Darstellung einzelner Redensarten anfügen. Fassen Sie sich an die eigene Nase und fragen Sie nach der Redensart. Werden die Teilnehmer sie benennen? Natürlich.

Drücken Sie ein Auge zu oder sagen Sie etwas durch die Blume, die Sie in einer Hand haben, so werden auch diese beiden Redensarten verstanden. Partnerweise oder in Kleingruppen können sich die Spieler nun auf andere pantomimische Darstellungen konzentrieren. Dazu können sie sich im Raum verteilen, auf den Flur und vielleicht auch in benachbarte Räume gehen. Für Requisiten haben Sie gesorgt.

Redensarten – Ausdrücke

Ein (Auge) zudrücken.
Das Kind mit dem (Bade) ausschütten.
In Bausch und (Bogen).
Etwas durch die (Blume) sagen.
Jemand einen (Denkzettel) geben.
Ein heißes (Eisen) anfassen.
Sich mit fremden (Federn) schmücken.
Die (Felle) schwimmen weg.
Sich die (Hörner) abstoßen.
Jemand in den (April) schicken.
Einen hinter die (Binde) gießen.
Ins (Fettnäpfchen) treten.
Auf großem (Fuße) leben.
Darauf kannst du (Gift) nehmen.
Ein (Haar) in der Suppe finden.
Seine (Hände) in Unschuld waschen.
Alles über einen (Kamm) scheren.
Für jemand die Kastanien aus dem (Feuer) holen.
Etwas oder jemand wie seinen (Augapfel) hüten.
Jemand einen (Bären) aufbinden.
Mit etwas hinter dem (Berge) halten.
Brief und (Siegel) geben.
Eulen nach (Athen) tragen.
Für jemand durchs (Feuer) gehen.
Da liegt der (Hund) begraben.

Über den grünen (Klee) loben.
Es ist höchste (Eisenbahn).
Auf die lange (Bank) schieben.
Den Bock zum (Gärtner) machen.
Jemand aufs (Dach) steigen.
Eine Ente in die (Welt) setzen.
Bei jemand einen (Stein) im Brett haben.
Dort, wo der (Pfeffer) wächst.
Jemand um den (Bart) gehen.
Ein (Brett) vor dem Kopf haben.
An die große (Glocke) hängen.
Ein (Herz) und eine Seele sein.
Jemand etwas in die (Schuhe) schieben.
Aus dem (Regen) in die Traufe kommen.
Sich an der eigenen (Nase) fassen.

Quizspiele – Rätsel

Bei ihnen geht es, ähnlich wie bei den Wort- und Gedächtnisspielen, um überwiegend geistige Spielereien, wobei Konzentration, innere Ruhe und angenehme Gruppenatmosphäre wichtige Voraussetzungen sind. Der Spielpädagoge sollte auch hier mit einfachen Fragen und Aufgaben an die Senioren herantreten und sie so zum Überlegen, Nachdenken und logischen Folgern anregen.

Quizspiele werden wie alle anderen Spielarten einzelne Senioren stärker, andere weniger ansprechen und herausfordern. Bedenken Sie bei der Wahl Ihrer Spiele die Beziehung zur Gruppe. Wenn Sie im ersten Moment keine Verbindung zu ihr entdecken, dann können Sie eine erschaffen. Viele Anregungen dazu finden Sie in den Spielregeln und Variationen. Jeder Spielpädagoge betritt mit jedem neuen Spiel ein neues Gebiet eines weiten Spielfeldes. Erschließen Sie es sich.

Schon die alten Griechen kannten Rätsel. Sie sind seitdem nicht nur bei Menschen mit klugen Köpfen beliebt. Der Schriftsteller Herbert N. Casson sagte einmal: „Was Körperübungen für den Leib, das sind Rätsel für den Geist." Das alltägliche Leben gibt uns so viele Rätsel auf. Wir werden sie schneller und besser lösen, wenn wir unseren Geist mit Rätseln trainieren. Es gibt viele Rätselbücher, die ausschließlich knifflige Denksportaufgaben beinhalten. Mit dem folgenden kleinen Angebot möchte ich Ihr Interesse wekken für weitere Rätsel, die Sie selbst erfinden und auch in Zeitschriften entdecken können.

Bitten Sie Ihre Gruppe, auf Rätsel in der Presse zu achten, sie auszuschneiden und zu sammeln. So tragen die Senioren zur Gestaltung eines anregenden Seniorennachmittags bei.

Wenn Sie eigene Rätsel erfinden wollen, können Sie die zwei folgenden Beispiele als Einstieg nehmen. Beginnen Sie mit dem langsamen Vorlesen eines Rätsels und machen Sie nach jedem Satz eine Pause zum Nachdenken. Glaubt ein Teilnehmer die Lösung gefunden zu haben, schreibt er sie auf einen Zettel. Für die anderen Teilnehmer lesen Sie Satz für Satz weiter. So bekommt jeder Senior seine Zeit zum Entdecken der Lösung.

Sobald die Gruppe ein eigenes Werk erschaffen möchte, überlegen Sie gemeinsam, aus welchem Bereich Sie eine Sache oder einen Gegenstand wählen möchten, den Sie umschreiben und später erraten wollen. Wenn die Gruppe sich für ein Objekt entschieden hat, tragen Sie alles Wissenswerte über diesen Gegenstand zusammen und gliedern es in leichte und schwierige Hinweise. Zum Schluß arbeiten Sie an der rätselhaften Formulierung. Die gemeinsame Arbeit weckt interessierte Senioren auf und motiviert die stillen, hierbei mitzuhelfen. Sie werden im Gespräch bald auf andere Objekte kommen, die die Gruppe umschreiben möchte, weil ihre Gedanken dazu angeregt wurden. Wenn Sie die Senioren nach solch einer Eigenproduktion auffordern, zu Hause weiterzumachen, werden einzelne sicherlich mit weiteren Rätseln in die Gruppenstunde kommen. Mein zweites Rätsel ist eine Hausarbeit von der 75jährigen Frau Reiser.

Sollte das Rätsel bei Ihnen weitere Beachtung finden, dann schauen Sie auf Basaren, in Büchereien oder im Buchhandel nach entsprechender Literatur. Es ist viel auf dem Markt. Wenn Ihnen das eine oder andere Buch in Ansatz und Ausführung zu verstaubt ist, weil die Sprache sich verändert hat und das Spielmaterial umfangreicher geworden ist, dann leisten Sie sich eben mal ein neues Buch. Wir brauchen Bücher. Sie erweitern unser Interesse, unser Wissen und unsere Erfahrung.

Rätsel

Er ist eine hervorragende Persönlichkeit und sehr begehrt. Doch nicht jeder kennt ihn persönlich. Er ist von solider Statur, recht kräftig und eisern.

Er stellt sich gern ins Licht. Für gewisse Verkehrsteilnehmer setzt er Warnzeichen.

Man kehrt sehr gern bei ihm ein. Seine Gastfreundschaft stellt sich unterschiedlich dar. Mal konnte man sich ausreichend bei ihm bedienen, mal hatte er seine Angestellten.

Er ist sehr beliebt und läßt sich seine Attraktivität reichlich bezahlen.

In schöner Jahreszeit liegt ein bunter Blütenteppich zu seinen Füßen.

Man kann hoch zu ihm aufsehen und doch ist er zum Anfassen. Er vermittelt den Menschen einen Weitblick und gibt Nahestehenden vertraute Gefühle.

(Funkturm in Berlin), Seniorengruppe Gent, Mariendorf

Rätsel

In der Bundesrepublik hat man mich, da man sich mit meiner Heimatstadt verbunden fühlt, verschiedentlich aufgestellt. Von Natur bin ich etwas tappsig, ich kann aber auch Purzelbäume schlagen.

Besucher dieser Stadt nehmen mich gern als Reiseandenken mit. Ich befinde mich dann auf den verschiedensten Gegenständen.

Schon mancher hat sich mit mir zusammen fotografieren lassen.

(Berliner Bär), Erna Reiser

Quizbold

Spieler: 6– Dauer: 10–20 Minuten
Material: Scherzfragen

Ein Quizbold ist nicht zu verwechseln mit einem Kobold, der als wohlwollender oder tückischer Hausgeist bekannt ist. Ein Quizbold ist ein Mensch, der dem Frage- und Antwortspiel humorvoll zugeneigt ist. Er beschäftigt sich mit Geist, Witz und Phantasie mit dem Sinn und Unsinn des Möglichen und zieht charmant lächelnd die Zuhörer magnetisch an. Wenn Sie hier Ihre eigenen Entdeckungen machen wollen, können Sie mit folgenden Fragen anfangen. Auch Senioren sind gern Quizbolde. Sie stellten uns z. B. diese Fragen: „Ich habe zu Hause einen Stuhl ohne Beine. Wer kennt ihn?“ (Dachstuhl) „Mit zwei davon wurde ich geboren. Doch nun habe ich drei und bin gar nicht froh darüber. Was ist es?“ (Hühnerauge) Stellen wir die Uhr in Verbindung zum Menschen, lassen sich viele Quizfragen formulieren. „Was schlägt ohne Hände? Was geht und kommt nicht von der Stelle? Wer oder was zeigt jedem deutlich, was die Stunde geschlagen hat?“ (Uhr)

Scherzfragen

Welcher Abend fängt schon am Morgen an? (Sonnabend)
Welcher Tor ist ein studierter Mann? (Doktor)
Welcher Stand ist der klügste? (Verstand)
Welche Mode bleibt jahrelang bestehen? (Kommode)
Welchen Dichter lieben die Hühner? (Th. Körner)
Welches Laub wird immer kürzer? (Urlaub)

Welches sind die klügsten Schützen? (ABC-Schützen)
Was ist der Unterschied zwischen 5 DM und 5 Pfennig? (4,95 DM)
Wer verdient sein Geld im Handumdrehen? (Leierkastenmann)
Was schlägt ohne Hände? (Uhr)
Mit welchem Hut kann man nicht grüßen? (Fingerhut)
Welche Mücken fressen Mücken? (Grasmücken)
Wo führen die Flüsse kein Wasser? (Landkarte)
In welchem Monat ißt man am wenigsten? (Februar)
Auf welcher Straße ist noch keiner gefahren? (Milchstraße)
Was liegt zwischen Berg und Tal? (und)
Wer spricht alle Sprachen? (Echo)
Welcher Ring ist nicht rund? (Hering)
Wann ist es gefährlich, in den Garten zu gehen? (Mai, Bäume schlagen aus)
Welche Lichter brennen länger, Wachs oder Talg? (beide werden kürzer)
Was kann man mit Worten nicht ausdrücken? (Lappen)
Welches Tier geht auf dem Kopf? (Laus)
Wer geht mit mir baden und wird nicht naß? (Schatten)
Was ist wärmer als ein Pelz? (zwei Pelze)
Was ist längst fertig und wird täglich gemacht? (Bett)

Irrgarten

Spieler: 2– Dauer: 15–20 Minuten
Material: Wörterliste, Papier, Schreibzeug

Der Pädagoge gibt den Spielern eine Liste mit ca. 40 verschiedenen Wörtern, wobei er sie in 2 Spalten zu je 20 Wörtern oder mehr geordnet hat. Die Teilnehmer haben die Aufgabe, einfallsreiche Beziehungen zwischen einem beliebigen Begriff der rechten und einem der linken Spalte zu beschreiben. Dabei wählen sie wörtliche, witzige oder bewußt mißverständliche Bedeutungen und begründen diese mit eigenen Erklärungen wie z. B.: „Das Pfauenauge ist eine Brillenschlange, weil es schon betagter ist und die dunkle Jahreszeit beginnt. Ein Gläubiger schlägt eine Luftbrücke, weil all' seine Freunde ihren Zahlungen nachgekommen sind. Dornröschen hängt im Gewächshaus herum und unterhält sich mit ihren Geschwistern." Jeder denkt sich so viele amüsante Verbindungen wie möglich aus, dabei können die Spieler partnerschaftlich oder gruppenweise kreativ sein.

Variation

Den fortgeschrittenen Teilnehmern können Sie 3 Wortspalten anbieten. Stellen Sie die dritte Spalte mit Ihren Spielern zusammen. Das regt die Phantasie der Quizbolde an und gibt allen Gelegenheit, mit den Wörtern und der Sprache allgemein spielerisch umzugehen.

Küchenbrett
Schraubenschlüssel
Liebfrauenmilch
Wasserhahn
Dornröschen
Wiedehopf
Mannsbild
Garnrolle
Luftbrücke
Musterknabe
Kuckucksei
Gardinen
Windhose
Zeitungsbote
Goldmarie
Bankvorsteher
Brillenschlange
Gerichtshof
Briefschalter
Pannenhilfe

Frühlingserwachen
Schwimmvogel
Galerist
Herrenabend
Teil des Hochhauses
Fette Henne
Pfauenauge
Druckfehler
Lachmuskelzerrung
Gewächshaus
Pfennigfuchser
Zierfisch
Vollwertkost
Gläubiger
Bäume schlagen aus
Pferdegeschirr
Damenkränzchen
natürliche Begabung
Vorbilder
Vogelscheuche

Versteckte Sprichwörter

Spieler: 8–
Dauer: 15–20 Minuten
Material: Papier, Schreibzeug

Ein Mitspieler verläßt den Raum. Die anderen Spieler einigen sich auf ein Sprichwort. Der herausgegangene Spieler kommt wieder in den Raum und stellt nun der Reihe nach jedem Spieler eine Frage, die der Befragte kurz beantworten muß. In seiner Antwort muß der zuerst Befragte das erste Wort des Sprichwortes unterbringen, der zweite das zweite Wort usw., bis das Sprichwort komplett ist. Der Fragende kann alle Fragen stellen, die ihm in den Sinn kommen. Er kann auch die gleichen Fragen an verschiedene Spieler richten. Die Beantworter können den Schwierigkeitsgrad des Spiels bestimmen. Sie können kurz und gezielt antworten, sie können aber auch falsche Fährten legen, so daß der Fragende in Verwirrung gerät. Vor Beginn des Spiels haben wir alle bekannten Sprichwörter benannt und aufgeschrieben. Nicht jedem war jedes Sprichwort in seiner Anwendung und Bedeutung bekannt. Also sprachen wir über die Sprichwörter, und so erfuhren wir am Rande auch Familien-Geschichten, die zum Schmunzeln und Lachen anregten.

Das Kus(s) Spiel

Spieler: 8– Dauer: 10–15 Minuten
Material: Fragenkatalog, Papier, Schreibzeug

Der Spielleiter kann dieses Spiel nach verschiedenen Regeln spielen. Er kann die folgenden Fragen der Gruppe vortragen und beantworten lassen. Er kann jede Frage auf einen Zettel schreiben, groß und deutlich, und sie an einzelne Spieler verteilen, so daß sie die Fragen vorlesen und vielleicht auch schon beantworten können. Er kann auch das gesamte Spiel in die Hand eines Spielers legen. Für dieses und viele andere Spiele kann man immer Senioren als Leiter einsetzen, natürlich müssen sie laut und deutlich sprechen können und von der Gruppe positiv empfunden werden.

Wie heißt: der musikalische Kus(s)? Musikus.
der astronomische Kus(s)? Kopernikus.
der naturwissenschaftliche Kus(s)? Physikus.
der medizinische Kus(s)? Medikus.
der anrüchige Kus(s)? Lokus.
der leckere Kus(s)? Negerkuss.
der Zauberkus(s)? Hokuspokus.
der attraktionsvolle Kus(s)? Zirkus.
der pfiffige Kus(s)? Pfiffikus.
der fröhliche Kus(s)? Fidelikus.
der leichtsinnige Kus(s)? Luftikus.

der gelenkige Kus(s)? Meniskus.
der optische Kus(s)? Fokus.
der heilige Kus(s)? Franziskus, Markus.
der sportliche Kus(s)? Diskus.

Ja oder Nein

Spieler: 8– Dauer: 8–10 Minuten
Material: Fragenkatalog

Der Spielleiter erarbeitet sich einen Katalog von Fragen, die alle ein Ja oder Nein als Antwort haben. Z.B.:
Ist der Monat Februar der längste Monat?
Die erste Mondlandung eines Raumfahrzeuges war 1969?
Unsere BRD wurde 1945 gegründet.
Gebrüder Grimm schrieben das Märchen „Max und Moritz“.
Galileo Galilei prägte den Ausspruch: „Und sie bewegt sich doch!“
Franz Schubert schrieb „Die kleine Nachtmusik“.

Die Spieler sitzen im Kreis. In der Mitte stehen zwei leere Stühle. Einer heißt „Ja“, einer „Nein“. Man kann sie mit Buchstaben oder Zeichen markieren. Der Spielleiter stellt die erste Frage. Wer die Antwort weiß, geht in die Mitte und setzt sich auf den entsprechenden Stuhl. Stimmt die Beantwortung, so geht der Spieler zurück in den Kreis und die nächste Frage kann gestellt bzw. vorgelesen werden. Um auch den langsamen Teilnehmern eine Chance zur Beantwortung der Fragen zu geben, kann die Regel dahingehend verändert werden, daß immer zwei Spieler eine Frage beantworten können. Beginnen Sie mit den ersten beiden Teilnehmern links von Ihnen. In der Uhrzeigerrichtung geht es dann reihum. Kreisnachbarn dürfen helfen, wenn die betreffenden Spieler gern Hilfe annehmen.

Hat der Spielleiter seinen Fragen-Katalog beendet, können die Mitspieler Fragen stellen. Die Fragen können das alltägliche Leben betreffen, die eigenen Spielgruppen oder das ganz persönliche Leben des Fragenden.

Variation

Der Fragen-Katalog wird von einem Spieler oder einer Kleingruppe zusammengestellt. Das kann den Spielern Spaß machen und zeigt der Gruppe, daß sie selbständig und nicht vom Leiter abhängig ist. Bei vielen Spielen läßt sich die Leitung und Vorbereitung delegieren. Dadurch wären Sie frei für die Beobachtung und könnten zusätzlich Erfahrungen mit Ihrer Gruppe machen.

Wasser – Luft – Erde

Spieler: 10– Dauer: 10–20 Minuten
Material: Liste der Tierarten, Symbolkarten. Lexika sind manchmal hilfreich

Der Spielleiter überlegt sich Tiere, die sich überwiegend im Wasser, in der Luft und auf der Erde (Land) bewegen. Reihum wird jedem Spieler ein Tier gesagt, das er einem bestimmten Bereich zuzuordnen hat. Für die Beantwortung der Frage hat er drei Bewegungsarten, von denen er eine wählen muß, um seine Antwort dadurch zu zeigen. Für die Tiere im Wasser macht er eine Schwimmbewegung; für die Tiere in der Luft hebt er die Arme hoch; für die Tiere auf dem Land hockt er sich hin oder legt die Hände auf den Tisch. Für die bewegungseingeschränkten Senioren reicht eine Andeutung der bestimmten Bewegung. Für sie kann man auch Antwortkarten vorbereiten, die ein entsprechendes Symbol, eine Farbe oder eine Form haben. Diese Karten können auch für alle Spieler eingesetzt werden, wenn der Spielpädagoge sich nicht für die körperliche Bewegung entscheiden kann oder möchte.

Variation

Der Spielleiter stellt reihum seine Fragen und gibt jedem Beantworter eine entsprechende Symbolkarte. Zum Schluß dieser ersten Runde zählt jeder seine Karten und merkt sich, von welchen der drei Symbole er am meisten hat. Nun bilden sich drei Gruppen. In jeder der drei Gruppen finden sich die Spieler mit den meisten Antwortkarten eines Bereiches wieder. So ergibt sich eine starke Wassergruppe, eine Luft- und eine Erdgruppe.

Jede der drei Gruppen bereitet nun in der zweiten Runde eine Liste mit Tiernamen der entsprechenden Kategorie vor und schummelt einige Tiere dazwischen, die es entweder gar nicht gibt, oder die zu einer anderen Kategorie gehören. Nach Beendigung der schriftlichen Aufgaben lesen die Teilnehmer die Namen vor. Die beiden anderen Gruppen können nun die Schummeleien entdekken.

Variation

Statt der Tiere im Wasser, in der Luft und auf der Erde kann man auch Pflanzen, Städte, Flüsse u.a. Bereiche wählen und entsprechende Bewegungen erfinden und Symbolkarten herstellen.

Variation

Möchte sich die Gruppe mit Schriftstellern und Komponisten beschäftigen, hat der Spielleiter eine Liste vorbereitet und zum Verwechseln ähnliche Namen integriert. Die Teilnehmer können nach einer entsprechenden Prominenten-Zuordnung Werke der Betreffenden benennen und mit interessantem Wissen ergänzen.

Wählen Sie in gemischter Reihenfolge die Tierarten aus den drei Spalten.

Wasser	*Luft*	*Erde*
Delphin	Adler	Giraffe
Walfisch	Möwe	Chamäleon
Aal	Krähe	Mungo
Forelle	Rabe	Mamba
Flunder	Kiwi	Ente
Makrele	Papagei	Meerschwein
Krokodil	Wiedehopf	Skorpion
Nilpferd	Ibis	Biber
See-Elefant	Schnabel	Dachs
Muräne	Mücke	Mufflon
Kaulquappe	Lerchen	Boxer
Fliegender Fisch	Waldohreule	Hermelin
Seekuh oder Sirene	Fasan	Hamster
Knurrhahn	Austernfischer	Gnu
Auster	Steinkauz	Antilope
Seehase	Merlin	Bison
Kliesche	Würger	Moschus
Schlangennadel	Waldschnepfe	Biber
Steinbeißer	Kleiber	Gürteltier
Elritze	Braunelle	Schnabeltier
Seepferd	Grasmücke	Dingo

Gesungene Zeitung

Spieler: 10– Dauer: 20–40 Minuten
Material: Zeitschriften, Bücher, Scheren, Schreibzeug

Neueste Informationen aus der Tageszeitung, gesammelte Artikel zu einem interessanten Thema, kleine Kurzgeschichten und Gedichte können von sangesfreudigen Spielern nach bekannten Melodien, wie z.B. „Das Wandern ist des Müllers Lust“, „Hab’ mein Wagen voll geladen“, „Was frag’ ich viel nach Geld und Gut“, „Muß i denn, muß i denn zum Städtele hinaus“ gesungen werden. Die Texte kann der Spielleiter mitbringen. An einem weiteren Spielnachmittag läßt er sie durch die Senioren auswählen, dazu bringt die

Gruppe das notwendige Material mit. Zur Vorbereitung des gesanglichen Vortrages singt die ganze Gruppe das gesamte Lied mit dem Originaltext durch und gibt somit dem mutigen Sänger den Start. Es kann dem Vortragenden auch hilfreich sein, wenn ein anderer Teilnehmer die Melodie mitsummt.

Variation

Der Spielpädagoge oder ein Spieler wählt seine Texte aus, die er zu verschiedenen bekannten Melodien vorträgt. Die Zuhörer schreiben sich alle bekannten Liedanfänge auf und vergleichen zum Schluß des musikalischen Vortrages ihre Entdeckungen.

Variation

Ein Teilnehmer singt seinen ausgewählten und den Zuhörern unbekannten Text. Die Zuhörer schreiben das Gehörte bzw. den Leitgedanken des Gehörten auf. Danach werden die Inhalte wiedergegeben. Wenn der Vorsänger mit seinem Text durch Betonung, Zergliederung und Wiederholungen das Verständnis beeinflußt, werden die Senioren verwirrt und manipuliert und erzählen eine lustige neue Geschichte.

Variation

Der Spielleiter sammelt mit seiner Gruppe Verse und Aussprüche, wie z.B. diese: „Die Seele nährt sich von dem, worüber sie sich freut.“ Augustinus, „Man hat nur Spaß am Leben, wenn man das Kindliche in sich trägt.“ Vicco von Bülow, „Wer zu lernen aufhört, ist alt geworden“ Unbekannt, schreibt sie alle auf ein Blatt, vervielfältigt es und verteilt es am nächsten Spielnachmittag. Nun kann sich jeder Spieler einen oder mehrere Texte heraussuchen und sie allein oder paarweise darbieten. Spiel- und Sangesfreudige wählen sich aus dem Bekleidungs- und Requisitenkoffer Passendes aus und geben der Gruppe eine kleine Opern-, Operetten- oder Musicalvorstellung, wobei die Melodien der Szene entsprechend verändert werden.

Variation

Hat ein Pädagoge eine Gruppe, die in Kleingruppen schon selbständig arbeitet, kann er Publikationen, Scheren, Klebstoff und Papier verteilen und die Teilnehmer bitten, interessante Aussagen und Informationen herauszuschneiden. Daneben eine zweite Gruppe mit Papier und Schreibzeug ausstatten und ihr den Auftrag geben, Melodisches aufzuschreiben und es einzuüben bzw. die Melodien bis zur Stimmensicherheit zu proben.

Während der gemeinsamen Arbeit ist der Spielleiter Kurier zwischen beiden Gruppen. Er teilt der jeweils anderen Gruppe die Arbeitstendenzen mit, so daß beide Gruppen auf ein gemeinsames Ziel hinarbeiten können. In der Endphase der Vorbereitung gestalten die Gruppen eine Spielbühne und wählen sich aus der Requisitentasche die entsprechende Garderobe, die sie zur Verkleidung brauchen. Wenn jede Gruppe ihre Vorbereitung beendet hat, kommt es zum gemeinsamen Spiel. Die eine Gruppe summt die Melodien, die andere singt oder spricht den Text. Ist jede Gruppe mit Begeisterung dabei, kann das Zusammenspiel der Vorstellung für eine kleine öffentliche Aufführung geübt werden.

Anspiele

Spieler: 10 Dauer: 25–45 Minuten
Material:

Anspiele sind themenorientierte Kurzspiele, die einen bestimmten Konflikt, einen Streitpunkt, ein Problem, ein Anliegen oder auch Zweifelsfragen zum Inhalt haben. Sie können spontan beginnen und haben somit das gegenwärtige Befinden aller Gruppenteilnehmer zum Fundament. Im Anspiel agieren und reagieren die Spieler mit ihrer derzeitigen Einstellung impulsiv, offen und engagiert. Sie identifizieren sich mit den Themen in einer spielerischen Ausdrucksform oft schneller und leichter als in einer rein sprachlich geleiteten Diskussion. Das Reden ohne Worte kann im Anspiel bewußt eingesetzt werden und Meinungsbilder verdeutlichen; denn die Mimik, Gestik und Körperhaltung sind nonverbale Informationsträger, die besonders von sprach- und äußerungseingeschränkten Teilnehmern gewählt werden können.

Im Anspiel hat der Spieler keine fest umrissene, starre Rolle, die abgesprochen und eingehalten werden muß. Er sagt, was er will und zeigt auf, was ihm wichtig ist. Zwanglos und lustvoll findet auf der Ebene ein Meinungsaustausch statt, wie ihn keine Diskussion ermöglicht.

Die Themen des Anspiels können alle Lebensbereiche der Senioren betreffen. Fragen, Beanstandungen und Konflikte, die innerhalb und außerhalb der Gruppe auftreten, können angespielt und diskutiert werden, so z.B.:

„Ich will nicht mehr allein zu Hause sitzen."
„Zur Ruhe komme ich noch nicht. Die Kinder und Enkelkinder brauchen mich ständig."
„Seit mein Mann tot ist, hat das Leben für mich keinen Sinn mehr."
„Was soll ich in einer Seniorengruppe? Dort 'rumsitzen und mich berieseln lassen, das kann ich auch vor dem Fernseher haben."
„Der Berufsalltag und all' die sozialen Kontakte fehlen mir."
„Wie kann ich spüren, daß ich noch wichtig bin, wenn ich meiner Umwelt so zur Last falle."
„Noch lebe ich, äußere meine Meinung und setze meine Bedürfnisse durch."
„Früher habe ich alles mitgemacht. Jetzt, wo ich nicht mehr laufen kann, ist für mich das Leben nicht mehr schön."

„Spielen ist etwas für Kinder. Uns stellt das Leben andere Aufgaben.“
„Von meinen Kindern lasse ich mir noch lange nichts sagen. Was haben die schon in ihrem Leben erlebt?“

Die sich oft wiederholenden Aussprüche, die schon stereotyp sind, können notiert und gesammelt werden. Mit einem dieser Sätze, der in der Gruppe wiederholt zu hören war, kann das erste Anspiel beginnen.

Spielverlauf

Der Spielpädagoge liest den Satz vor und fragt, wer diesen Ausspruch schon mehrfach gehört hat, wem dieser Gedanke auch schon einmal in den Sinn kam. Es werden sich einige Senioren dazu bekennen, vielleicht sogar der Leiter selbst. Nun kann er fragen, welcher Teilnehmer sich heute in die Lage des Betroffenen versetzen kann. Der Leiter bittet eine Person, sich mit dieser Meinung zu identifizieren und der Gruppe diesen Standpunkt vorzutragen bzw. vorzuspielen, so, wie er es gerade empfindet und äußern möchte. Der Spieler kann dies von seinem Platz aus tun, er kann aber auch aus der Gruppe heraustreten. Ist der Standpunkt vorgetragen, können die Mitspieler dazu Stellung nehmen. Jeder Teilnehmer bekommt die gleiche Redechance. So geht das Spiel allmählich in ein Gespräch oder in eine Diskussion über. Wenn der Spielleiter den Eindruck hat, daß alles Wichtige gesagt worden ist, und jeder sein Anliegen vorgebracht hat, leitet er die Zusammenfassung ein. Die wichtigsten Punkte werden herausgestellt und die positiven Äußerungen als Lebenshilfe angeboten.

Ist der Gruppe die Form des Anspiels vertraut, kann der Spielpädagoge andere Einstiegsmöglichkeiten vorschlagen, so z.B. ein Foto, eine Medieninformation, eine reale Geschichte aus der Nachbarschaft oder das Schicksal der Frau S., die vielen bekannt ist.

Pantomimen und Rollenspiele

Kinder nennen die Pantomimen und Rollenspiele „Als-ob-Spiele“, und als solche erlebt sie so manch einer von uns heute noch. Einfacher und direkter können wir diese Spielform nicht beschreiben. Kinder schaffen sich so in ihrer Phantasie alles, was sie gerade brauchen, um ihre Illusion lebendig werden zu lassen und sich mit der

Welt der Erwachsenen auseinanderzusetzen. Der Opa soll mal das Pferd sein, die Mutter die Freundin vom Kindergarten und die Papprolle das Fernglas.

Wenn ich diese Form der Darstellung den Senioren anbiete, dann tue ich es, weil ich darin einen hohen Grad der Identifikation sehe, und diese Chance zur Erweiterung unserer Sinnesfähigkeit nutzen möchte.

Das spielerische Umgehen mit Gegenständen, Fragen und Erlebnissen ist eine Möglichkeit zum besseren Kennenlernen der Dinge und verständnisvolleren Auskommen der Menschen. Ich empfehle diese Spielart als spontane Aktion, die aus Spaß an der Darstellung von interessierten, aufgeschlossenen und kreativen Menschen gern gespielt wird. Daß Menschen in unseren Gruppen Freude an Pantomimen, Anspielen und Rollenspielen haben, erfahren wir, wenn wir uns offen damit beschäftigen und uns auf Neues einlassen.

Klatsch und Tratsch im Treppenhaus

Spieler: 6– Dauer: 10–20 Minuten
Material:

Jeder kennt ihn, den Klatsch und Tratsch. In diesem Spiel gehen wir bewußt mit dem Gerede um. Der Spielleiter beginnt mit einer Äußerung, die reihum ergänzt wird. „Da habe ich doch neulich gehört, daß . . .“ Der zweite Spieler fragt: „Was haben sie denn gehört?“ Der dritte Spieler antwortet: „Na, daß die Frau X vom Nachbarhaus doch wirklich gesagt haben soll, der . . .“ Vierter Spieler: „Nun erzählen Sie schon.“ Fünfter Spieler: „Nein, das ist gar nicht auszusprechen.“ Nächster Spieler: „Sprechen Sie es schon aus. Ich erzähle es auch keinem weiter.“ Nächster Spieler: „Das hätte ich wirklich nicht von dieser Frau gedacht, wo Sie sich doch sonst immer so gewählt verhält.“ Nächster Spieler: „Ja, ja, da staunt man manchmal über manches.“ usw. So werden typische Redewendungen oder Floskeln zu einem Gespräch, weil jeder Spieler interessiert ist, vom Nachbarn neben ihm den neuesten Klatsch zu erfahren. Dies kann sich auf Floskeln beschränken, kann aber auch durch ungenaues Hinhören und Wortverdrehungen zu einem unwahrscheinlichen Gerede werden. Am Ende des Spiels sollte das spontan Gesagte bedacht und auf die Gefahren der alltäglichen, unüberlegten Äußerungen hingewiesen werden. Um die gesellschaftliche Erscheinungsform der Übertreibung und ungenauen Information einmal deutlich zu machen, bieten sich Presseberichte an. Schaut man sich in drei verschiedenen Tageszeitungen die Berichterstattung eines bestimmten Ereignisses an, werden interessante Entdeckungen nicht ausbleiben. Gestalten Sie damit einmal einen Spielnachmittag.

Variation

Der Klatsch kann von 2 Teilnehmern gespielt werden, die gern in Rollen steigen, sich vielleicht noch mit ausgewählter Garderobe (Requisiten) schmücken und ein bestimmtes Thema zum Inhalt des Gesprächs verarbeiten.

Stock-Pantomime

Spieler: 10– Dauer: 10–15 Minuten
Material: Stock, Hut, Tuch, Schirm und andere Gegenstände

Alle Spieler sitzen im Kreis. In der Mitte des Kreises liegt ein Stock. Der Spielleiter fragt: „Woran erinnert Sie dieser Stock?“ oder „Welche Bedeutung könnte der Stock in einem Spiel bekommen?“ Die Senioren können nun ihre Gedanken dazu laut ausrufen. Der Spielleiter nimmt den Stock und setzt ihn entsprechend ein, z.B. als Angel, Pfeife, Regenschirm, Flöte... Nach weiteren Vorstellungen werden die Senioren aufgefordert, die Verwendbarkeiten zu spielen. Dies können sie ohne Benennung ihrer Idee tun. Der Stock kann auch reihum gereicht werden und jeder spielt das, was ihm dazu einfällt. Andere Gegenstände eignen sich ebenso dafür.

Dieses Spiel kann als Auftakt zum spontanen und gezielten Rollenspiel gewählt werden. Sind die Gruppenteilnehmer noch etwas zurückhaltend, kann der Leiter seine Gedanken spielen und die Gruppe rät. Dadurch gehen die Gruppenteilnehmer erst einmal sprachlich aus sich heraus und der Pädagoge sieht, welche Senioren er vielleicht auch mal zu einer kleinen Bewegung herausfordern kann.

Bei jedem Spielverlauf muß der Spielleiter beobachten, mit welchem Gesichtsausdruck, mit welchen Gesten und körperlichen Aktionen die Senioren reagieren. Denn die Spielfähigkeit liegt bei einigen Menschen verdeckt. Wir können sie durch eigene Begeisterung, Freude und Einfälle freilegen und zur Entfaltung führen.

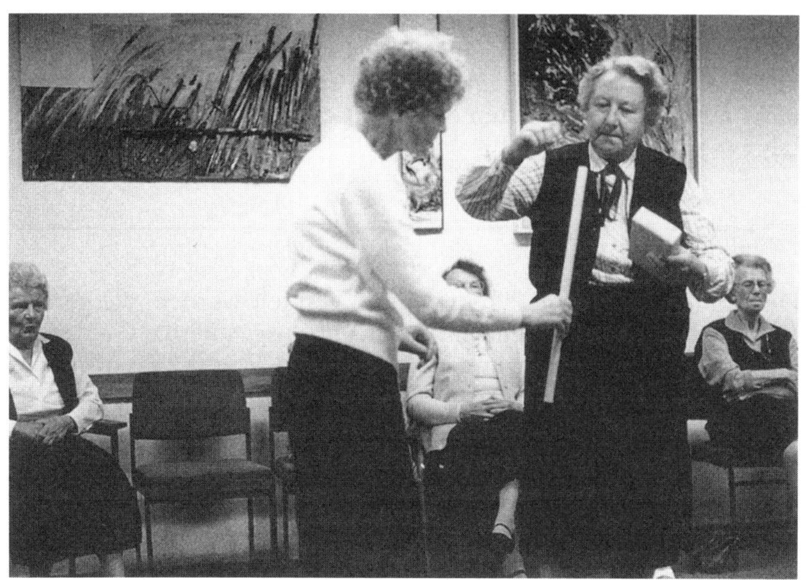

Das Taschenspiel

Spieler: 10– Dauer: 10–20 Minuten
Material: mehrere Taschen oder Tüten, Landkarte, Taschenlampe, Sonnenbrille, Zahnstocher, Zuckerstückchen, Schal, Bleistift, Socken, Flaschen, Regenschirm, Teelöffel, Feuerzeug u.v.m.

Der Spielleiter füllt die Taschen mit Gegenständen, die als Grundlage für kleine Geschichten oder Rollenspiele benutzt werden.

Die Spieler wählen eine geschlossene Tüte, verlassen damit den Spielraum und bereiten sich paarweise oder einzeln vor. Sie haben die Aufgabe, eine Geschichte oder ein Spiel zu erfinden, in dem alle Gegenstände vorkommen. Spielen sie zu zweit, kann einer die Geschichte erzählen und der andere sie zur gleichen Zeit spielen. Sie können auch zusammen spielen und gebrauchen dabei alle Gegenstände in einer Reihenfolge, die aus Phantasie, Komik und Witz entsteht.

Als Vorbereitung für dieses Spiel bieten sich z.B. an: „Wenn es meins wäre", „Stock und andere Pantomimen".

Mein Traumberuf

Spieler: 10– Dauer: 15–20 Minuten
Material: Pappkarten, Schreibzeug

Jeder Spieler überlegt sich seinen Traumberuf. Wir gehen reihum, erfragen ihn und schreiben ihn auf eine Karte. In die Ecke der Karte schreiben wir mit Bleistift den Namen des Seniors. Während wir noch zu jedem weiteren Spieler gehen, überlegt sich jeder wie er uns seinen Traumberuf vorstellen möchte. Will er uns den Beruf pantomimisch vorspielen, ihn als Rätsel formulieren oder mit einem Partner eine kleine Geschichte aus seinem Alltag spielen? Hat ein Senior aus irgendeinem Grund einmal keine Lust zum Reden oder Spielen, kann er Zuschauer sein. Wenn sich kein „Anfänger" findet, übernimmt der Spielleiter den Anfang. Dabei zeigt er nicht die ganze Palette seiner spielerischen Fähigkeiten, sondern beschränkt sich auf Wesentliches, damit die anderen Spieler die Chance zur umfangreichen Darstellung bekommen und nicht von der spielerischen Leistung des Leiters überwältigt und erdrückt werden. Die folgenden Spieler bestimmen ihren eigenen Einsatz. Zum Schluß werden die Karten eingesammelt und aufgehoben. Man kann sie für viele andere Spiele noch gebrauchen. Es ist ratsam, mit den Senioren eigenes Spielmaterial zusammenzustellen. Dies macht den Spielkomplex sichtbarer, verbindet die Gruppe und gibt allen Beteiligten Verantwortung. Dem Spielleiter, der nicht genügend Zeit für seine Vorbereitung hat, ermöglicht es, seine Spielnachmittage in gewohnter Umgebung oder auf Reisen schneller und gezielter vorzubereiten und vorhandenes Material auch mal mit ganz anderen Inhalten und Regeln einzusetzen. Auch dies kann gemeinsam mit der Gruppe entwickelt werden. Wie wäre es mal mit einer Stunde der Phantasie und Kreativität? Wir beginnen mit der Fragestellung: „Mit diesen Karten haben wir nach unserer Regel schon mehrere Male gespielt. Heute vergessen wir sie einmal und erfinden eine neue Regel."

Im Hutsalon

Spieler: 12– Dauer: 15–25 Minuten
Material: viele verschiedene Hüte

Die Senioren haben für dieses Spiel Hüte mitgebracht. Sie liegen nun alle auf einem „Verkaufstisch"; davor sitzen die Spieler im Halbkreis. Der Spielleiter stellt folgende Fragen:

Warum haben Sie sich diese Hüte gekauft?
Haben Sie sie geschenkt bekommen?
Wann tragen Sie sie am liebsten?
Wozu tragen Sie sie?
Warum haben die Hüte diese Farbe, Form, Feder, Band, Nadel...?
Warum ist dieser Hut noch so neu und jener alt?
Welche Geschichten hat dieser Hut bzw. sein Träger mit ihm erlebt?

Die Antworten geben den Spielern und dem Leiter ausreichend Material, um Hut-Geschichten daraus zu entwickeln. Zum Beispiel diese: Eine interessierte Kundin betritt einen Hutsalon. Die Verkäuferin begrüßt sie und fragt nach ihren Wünschen. Die Kundin erzählt, daß sie an dem Hut interessiert ist, den sie in der Schaufensterauslage gesehen hat. Die Verkäuferin holt den Hut aus dem Fenster und gibt ihn der Kundin zum Probieren. In dem Moment kommt eine zweite Kundin ins Geschäft, geht auf die Verkäuferin zu und fragt nach dem Hut, der noch gestern im Schaufenster ausgestellt war. Die Verkäuferin läßt sich den Hut von der Kundin beschreiben. Die Kundin schaut sich während der Beschreibung um, ob sie den Hut oder einen ähnlichen im Geschäft entdecken kann. Da fällt ihr Blick auf die andere Kundin, auf dem Kopf dieser Frau entdeckt sie „ihren Hut". Nun entwickelt sich ein Gespräch; ein Konflikt entsteht. Wie kann sich der abspielen?

Ein Hut auf einem Stock, eine gemeinsam erdachte und gespielte Geschichte von Frau S.

Eine Seniorin schlendert durch die Stadt. Sie schaut sich die Geschäfte an und will auch einige Einkäufe tätigen. Es kommt ein Wind auf. Zum Glück, so denkt sie, trage ich heute meinen Hut mit dem Gummi und nicht meine Kappe. Da kann mir ja nichts passieren. Doch als sie gerade um eine Häuserecke biegt, reißt ein Wirbelwind ihr den Hut vom Kopf. Was nun? Sie kann mit ihrer

Gehbehinderung dem Hut nicht mehr hinterherlaufen. Sie blickt dem Hut erschrocken und traurig nach. Auch das noch, denkt sie. Heute früh fiel mir die Tasse beim Abtrocknen aus der Hand und nun der Hut vom Kopf. Wer weiß, was der Tag für mich noch so bereithält. Da kommt ihr ein Mann entgegen. Er hält ihr seinen Spazierstock unter die Augen. Auf der Spitze des Stockes liegt ihr Hut. Sie strahlt und ist glücklich. Das fordert den Mann zu einer Frage heraus. Zu welcher Frage, und wie geht es weiter?

Im Straßencafé

Spieler: 12– Dauer: 10–15 Minuten
Material: Hüte, Taschen, Brillen, Schirme, Krawatten etc.

Eine Seniorin sitzt im Straßencafé. Es ist ein schöner Tag. Sie fühlt sich wohl und genießt ihr Kännchen Kaffee und – ausnahmsweise – ein Stückchen Kuchen. Sie schaut zum Bürgersteig und beobachtet die vorbeigehenden Passanten. Alle Menschen laufen heute ruhiger, denkt sie. Ob das die ersten Sonnenstrahlen bewirken, oder sehe ich die Welt heute mit anderen Augen? Sie genießt diesen Augenblick. Sie gießt sich ihre zweite Tasse Kaffee ein, verrührt die Sahne darin und beobachtet das weitere Treiben auf der Straße. Da sieht sie plötzlich eine Frau mit einem großen, auffälligen Hut. Das ist doch Mathilde, denkt sie. Schnell steht sie auf, geht hinter der Frau her, hält sie am Arm und sagt: „Mathilde". Die Frau blickt sich um und...

Diese Geschichten können von unterschiedlichen Spielern gespielt werden. Sie werden entsprechend der Phantasie und Spielfreude der Teilnehmer ihre Gestalt bekommen. Es empfiehlt sich, sie in verschiedenen Gruppen zu spielen, die Erfahrung wird umfangreich sein.

Variationen mit anderen Requisiten

Hüte eignen sich hervorragend für Rollenspiele. Taschen, Schirme, Blumen, Brillen, Krawatten... haben einen ähnlichen Aufforderungscharakter. Probieren Sie alles aus, was Ihnen möglich erscheint, und wagen Sie sich gelegentlich auch an Gegenstände heran, zu denen Sie eine geringere Beziehung haben. Die Senioren helfen Ihnen schon dabei. Ihre Phantasie lebt noch. Nur Mut zum

Experiment. Manchmal kann es recht hilfreich sein, wenn Sie den Senioren Ihre geringe Erfahrung in dem Teilgebiet des Spiels mitteilen und sie bitten, Ihnen da zu helfen. Die Senioren können sich dadurch besonders herausgefordert und verantwortlich fühlen.

Die Geschichten der einzelnen Requisiten können sie gemeinsam mit Ihrer Gruppe durch gezielte Fragestellungen entwickeln. Dazu sind die Fragewörter: wann, wozu, warum, wer, wie, was, welche..., recht wichtig. Ein Beispiel finden Sie im „Hutsalon“ Einstieg.

Modenschau

Spieler: 15 Dauer: 15–25 Minuten
Material: große, farbige Tücher, Gardinen, Stecknadeln etc.

Auch Senioren verändern gerne ihr Äußeres, sind modisch gepflegt und tragen gelegentlich einmal etwas Außergewöhnliches. Um diesem Bedürfnis spielerisch nachzukommen, kann ein Spielleiter Angebote machen. Er spricht mit den Senioren über Kleidung, Mode und was alles damit zusammenhängt. Er fragt, ob die Spieler schon einmal an einer Modenschau teilgenommen haben und läßt sie berichten. Ein buntes Bild der Erfahrung entsteht. Die nötige Einstimmung zur Modenschau kommt auf.

Zum Spiel braucht der Pädagoge Teilnehmer, die die Rolle des Mannequins und des Modeschöpfers übernehmen und Spaß an der schöpferischen Gestaltung einer Vorführung haben. Finden sich Paare oder auch mehrere Mannequins für einen Modeschöpfer, kann die Modelierung beginnen. Dazu gehen die Akteure in einen Nebenraum. Dort entwerfen sie gemeinsam die Modelle, die Bewegungen der Vorführung und die Formulierung der Attraktion. Die Zuschauer haben währenddessen Gelegenheit, ihre Erfahrungen mit der eigenen Garderobe auszutauschen, sowie besondere Situationen und Ereignisse, die sich durch modische Kleidung ergaben, zu schildern. Ist die Spielgruppe auftrittsbereit, kann ein weiterer Spieler oder der Leiter als Ansager die Schau eröffnen.

Die Darsteller spielen ihre Rollen oft so bunt und komisch, daß das Publikum immer wieder zum Lachen und Applaudieren angeregt wird. Und das wiederum reizt die Spieler, noch mehr von sich zu geben. Manchmal ist es empfehlenswert, mit einem dynamischen Paar zu beginnen, damit sich alle folgenden Paare aufgefordert fühlen, ähnlich bewegungsreich und reizvoll zu spielen. Manchmal sollte man den Weg der Steigerung bevorzugen, weil eine zu hohe Erwartungshaltung Spieler blockieren kann. Fingerspitzengefühl ist angebracht.

Wenn Sie bei der Vorbereitung und Probe noch Hemmungen und Unsicherheiten bemerken, die Bewegung und Sprache noch nicht fließend geäußert wird, brauchen Sie keine Sorge zu haben. Es wird ein Erfolg.

Nach dem Gespräch über Garderobe und der Modenschau kamen wir auf eigene Erlebnisse mit unserer besonderen Sonntags- und Festtagskleidung zu sprechen. Wir erinnerten uns an Mißgeschicke und Unglücksfälle, und so nahmen wir ein Kleid zum Anlaß für eine Phantasiegeschichte, die wir spielten und mit passender Musik einrahmten. Frau W. und Frau S. schrieben sie auf.

Die verlorene Brille

Spieler: 10– Dauer: 10–15 Minuten
Material: Dosenöffner, Wecker, Sticknadel, Kerze, Messer, Brille, Bleistift etc.

Bevor die Spieler in ihren Raum kommen, versteckt der Spielleiter verschiedene Gegenstände (Dosenöffner, Wecker, Klebeband, Sticknadel, Kerze, Bleistift, Messer, Brille...). Es müssen mindestens soviele Teile sein, daß jeder Mitspieler sich ein Teil suchen kann. Mit diesem setzt er sich auf einen Platz und überlegt sich auf folgende Fragen eine Antwort: Welche Person kann diesen Gegenstand verloren haben? Wo hat sie ihn verloren? Warum hat sie ihn verloren? Reihum gibt nun jeder Teilnehmer seine Antworten auf diese Fragen. Erfahrene Spieler merken sich die Fragen: wer, wo, warum und erfinden eine Phantasie-Geschichte. Manche Erzähler benennen bewußt eine anwesende Person, um beziehungsvoll ihre oft amüsanten Beschreibungen zu erzählen.

Variation

Nachdem jeder seine Gedanken zu dem Wer, Wo, Warum geäußert hat, kann der Spielleiter den Teilnehmern den Auftrag geben, eine gemeinsame Geschichte zu ihren Gegenständen zu erfinden, diese zu erzählen oder zu spielen, je nach Lust und Fähigkeit.

Ein pantomimisches Kartenspiel

Spieler: 10– Dauer: 10–20 Minuten
Material: Illustrierte, Tier- und Fachzeitschriften, Karton, Klebstoff, Scheren, Filzer, Würfel

Schneiden Sie gemeinsam aus Zeitschriften Bilder heraus, die Menschen bei bestimmten Tätigkeiten zeigen: Beim Essen, Fensterputzen, Telefonieren, Klavierspielen, Skilaufen, Radfahren, Singen, Lesen, Spazierengehen mit einem Hund, Füttern der Vögel etc. Kleben Sie diese Bilder auf Pappkarten und schreiben Sie auf die Rückseite Zahlen von 1–6. Wochen später können Sie mit den Karten nach folgender Regel spielen.

Alle Karten werden in die Mitte des Kreises gelegt und nach Zahlen von 1–6 sortiert, somit ergeben sich 6 Stapel. Die Spieler sitzen im Kreis. Einer beginnt mit einem großen Würfel zu würfeln und nimmt sich die entsprechende Karte. Er schaut sie sich allein an und spielt sie allen pantomimisch vor. Wenn er den Teilnehmern das Raten erleichtern will, macht er ein entsprechendes Geräusch dazu. Wird die Tätigkeit erraten, ist der nächste Spieler an der Reihe.

Geräusche erkennen

Spieler: 2– Dauer: 10–20 Minuten
Material: Geräuschcassette, Recorder, Papier, Schreibzeug

Täglich sind wir umgeben von vielen Geräuschen. Nehmen wir sie noch wahr? Welche Geräusche erzeugen wir selbst, z. B. in der Küche, im Badezimmer, im Wohnzimmer? Welche hören wir im Haus, auf der Straße, im Park, im Garten, am Strand, im Urlaub? Welche überfluten uns aus den Medien? Es ist interessant, diese Geräusche einmal mit dem Recorder aufzunehmen und sie den Senioren vorzuspielen.

Geben Sie den Teilnehmern ein Stück Papier und ein Schreibzeug, und stoppen Sie das Gerät nach jedem Geräusch, so daß sie das gerade Gehörte aufschreiben können. Zum Schluß liest ein Senior die Lösung vor und alle anderen vergleichen ihre Aufzeichnungen damit.

Variation

Der Spielleiter spielt den Zuhörern ein Wirrwarr von Geräuschen vor; alle Senioren schreiben die Geräusche auf, die sie herausgehört haben.

Variation

Der Leiter spielt den Teilnehmern ein Geräusch vor, das bei ihnen zu möglichen Erlebnissen und Erfahrungen geführt haben kann (Hundegebell, Dampflok, Wellenschläge...), und fragt die Senioren, woran sie das Geräusch erinnert. Manchmal haben die Senioren so viele Assoziationen, daß ein ganzer Nachmittag durch die Beiträge der Beteiligten gestaltet wird. Der Spielleiter ist dann nur als Vermittler tätig. Hat er eine spielfreudige und erfahrene Gruppe, kann er gleich ein Rollenspiel daraus entwickeln, z. B. so:

Ein Wort wird lebendig

Spieler: 10– Dauer: 20–30 Minuten
Material: Gegenstände nach Belieben

Wir können das Spiel auch so nennen: Ein Geräusch wird lebendig, ein Ton, ein Geruch, ein Bild, ein Gegenstand, ein Name, ein Ort... Haben wir uns für einen Ausgangspunkt entschlossen, beginnen wir nun, durch Fragen und Antworten die Geschichte zu entwickeln. Mit Fragen wie diesen können wir beginnen: Wo hörten Sie das Wort? Wer sprach es? Wie soll er heißen? Wie alt ist... (hier jetzt den Namen einsetzen)? Warum steht... dort? usw. Durch die Beantwortung der vom Spielleiter gestellten Fragen erfindet die Gruppe einen Menschen, dem sie ein Geschlecht, Alter, Erlebnisse, Erfahrungen, Mitmenschen, Wünsche und Bedürfnisse gibt. Da nach meiner Erfahrung immer mehrere Senioren auf eine Frage antworten, wiederholt der Spielleiter eine Antwort laut und legt damit einen weiteren Teil der Geschichte fest. Dann fragt er neu. In Abständen wiederholt der Pädagoge die bis dahin erfundene Geschichte, so daß sie den Teilnehmern vertraut wird und sie ihre weiteren Beiträge danach ausrichten können. Während dieser schöpferischen Tätigkeit erlebe ich bei den Senioren sehr oft Veränderungen. Sie kommen mehr und mehr aus sich heraus, äußern ihre Beiträge farbiger und lauter, sprudeln ihre Ideen nur so heraus. Ihre Wangen beginnen zu glühen, ihre Ausstrahlung ist jung, spannungsvoll und dynamisch.

Wenn Sie die Geschichte mit allen Personen und Geschehnissen erfunden haben, können Sie die Handlungsumgebung im einzelnen festlegen. Für eine Geschichte brauchen Sie vielleicht einen Hahn, eine Uhr, ein Haus, eine quietschende Tür, einen Tisch, einen Stuhl und die Sonne. Damit haben Sie Ihre Geschichte theoretisch fertig. Nun können Sie mit der Rollenverteilung beginnen. Für jeden Teilnehmer des Spielnachmittags haben Sie eine Aufgabe (wenn er Lust hat, sie zu übernehmen). Für diese Geschichte brauchen Sie beispielsweise einen Hauptdarsteller, 5 weitere Akteure und Menschen, die die Sonne, das Haus, Tiere und alle weiteren Ausstattungsgegenstände spielen. Haben Sie alle Rollen besetzt, können Sie mit dem Spiel beginnen.

Diese Gestaltungsform kann auch für gezielte Themen gewählt werden, wie z. B.: Wohnung oder Altenheim, Senior, Ruheständler oder Akteur, Übersiedler, soziale Konflikte der Generationen... Das Spiel hat keine Grenzen.

Geräusche und ihre möglichen Geschichten

Spieler: 5– Dauer: 10–20 Minuten
Material: Flaschen, Schachteln, Zeitungen, Besteck, Kämme, Schüsseln, Gläser, Schere...

Der Spielleiter oder/und die Spieler bringen zum Spielnachmittag Gegenstände mit, die sie zum Geräusche erzeugen benötigen. Sie legen sie vor sich hin, damit jeder im Kreis die Gegenstände erkennen kann. Dann schließt ein Teilnehmer die Augen und hört auf ein Geräusch, welches ein anderer Spieler erzeugt. Nun muß das Geräusch beschrieben und der Gegenstand benannt werden. Danach ist ein anderer dran.

Variation

Die Gegenstände für die Geräusch-Erzeugung werden auf oder unter einen Tisch gelegt, der verhängt ist. Dadurch wird vermieden, daß das Geräusch örtlich bestimmt werden kann und das Erraten zu einfach ist. Reihum kann jeder Teilnehmer ein Geräusch erzeugen, dazu kann er auch zwei verschiedene Gegenstände nehmen.

Variation

Jeder Teilnehmer hält seinen Geräusch-Gegenstand so lange versteckt, bis er damit ein Geräusch erzeugt. Für geübte Gruppen ist diese Spielregel interessanter.

Variation

Nachdem alle Geräusche erzeugt wurden, können einzelne Geräusche nochmals wiederholt oder mit einem anderen schon gehörten Gegenstand neue Geräusch-Möglichkeiten erfunden werden. Alle Mitspieler können nun ihre Gedanken zu dem Geräusch äußern. Viele Geräuschverbindungen werden hier benannt. Die Äußerungen der Beteiligten wecken immer wieder neue Gedanken, so daß dieses Spiel dahin geführt werden kann, eine fortlaufende Geräuschegeschichte zu erfinden. Die Senioren haben einen großen Erlebnisschatz, der durch Geräusche an die Oberfläche kommen kann.

Folgen von Spielnachmittagen

Wenn Sie Ihre ersten Spielnachmittage angenehm und erfolgreich erlebt und Ihre negativen Erfahrungen inzwischen als positive und weiterführende verarbeitet haben, können Sie sich an umfangreichere und themenorientierte Spieleinheiten heranwagen. Wir gingen von einer Quizvorlage aus und gestalteten danach 3 weitere Spielnachmittage, die sich in einer Reihenfolge so entwickelten:

1. Einfach tierisch
2. Versteckte Frauen und Männer
3. Namen durcheinander gewürfelt
4. Namen – ihre Ursprünge, Beziehungen und Verwechselungen.

Einfach tierisch

Spieler: 2– Dauer: ca. 20 Minuten
Material: Textblatt, Schreibstift

„In dem folgenden Text sind 28 Tiernamen versteckt, von denen 3 doppelt vorkommen. Versuchen Sie soviele Tiernamen wie möglich zu finden." Mit diesem Hinweis erhält jeder Spieler ein Textblatt und einen Stift. Die Tiernamen kann er unterstreichen und/oder herausschreiben. Nach einer gewissen Zeit werden sie von den Teilnehmern vorgelesen. Danach informieren Sie die Senioren über Ihre Absicht, am folgenden Spielnachmittag eigene Sätze mit versteckten Wörtern zu erfinden, wobei Sie weibliche und männliche Vornamen vorschlagen."

Text: „Ein zwielich*tiger*, gr*oß*er Kerl ver*schaf*fte sich in einer unglücklichen P*hase* seines Lebens einen nicht ganz *sau*be*ren* Sc*hund*roman. Dadurch ermuntert, brach mit Gewalt e*r in d*en Lebensmittellade*n an du*nklem *Bache* ein und schlug einen *bär*tigen Mann, w*elch*er gerade *am Eise*nherd stand, den er abs*taube*n wollte. Dann d*reh*te er ihn um, nahm ihm sein Geld, acht*hund*ert Mark, und ruhte sich am Ti*sch lange* aus, denn die Puste ging ih*m aus*. Anschließend lie*f er kel*lerwärts, zert*rat Te*lefon und Inventa*r, ent*deckte die Ti*schweine* und lief hin und *her. In*g großen Dosen fand er Ros*ente*e, tran*k am El*ektroherd alles schnel*l aus* und ent*floh*, dabe*i Gel*d *wie sel*tene Weine mitnehmend."

Tiger, Roß, Schaf, Hase, Sau, Ren, Hund, Rind, Nandu, Bache, Bär, Elch, Ameisen, Meise, Tauben, Reh, Schlange, Maus, Ferkel, Ratte, Schwein, Hering, Ente, Kamel, Laus, Floh, Igel, Wiesel.

Versteckte Frauen und Männer

Spieler: 2– Dauer: 20–30 Minuten
Material: Papier, Schreibzeug

Fragen Sie die Teilnehmer nach männlichen und weiblichen Vornamen. Vielleicht haben einige ihr altes Stammbuch mitgebracht oder Namen aufgelistet, die sie vorlesen. Verteilen Sie Papier und Schreibzeug und geben Sie jedem die Aufgabe, einige Sätze mit versteckem Namen aufzuschreiben, so z. B. „Die Stadt nimmt eine

*Kur*taxe. Wer *mag da*ran gedreht haben? Die Gäste *vera*bschieden sich. Ich *will i*ns Theater gehen.“ Nun macht sich jeder an die Arbeit. Partnerschaftlich oder gruppenintern kann gedacht und geschrieben werden. Manche Spieler überlegen sich zuerst einen Namen und bilden dann einen Satz damit. Andere schreiben sich viele einfache Namen auf und schaffen sich so eine breite Chance der Möglichkeiten. Am Schluß liest jeder seine Erfindungen langsam vor. Die Mitspieler versuchen, die Namen zu entdecken. Bevor der Spielleiter sich alle Arbeiten geben läßt, schlägt er den Senioren vor, das nächste Mal gemeinsam eine Geschichte zu schreiben und die vorhandenen Sätze als Grundlage dafür zu nehmen. Damit er sie zusammenschreiben und vervielfältigen kann, muß er sie einsammeln.

Namen durcheinandergewürfelt

Spieler: 2– Dauer: 20–30 Minuten
Material: Vorlage der zusammengetragenen Sätze, Schreibzeug

Der Spielleiter gibt jedem Mitspieler eine Fotokopie aller Sätze. Reihum lesen die Senioren die Sätze langsam vor. Danach beginnt die Gestaltung der Geschichte. Vielleicht möchte die Gruppe zuerst den Titel der Geschichte festlegen, vielleicht will ein Teilnehmer aber lieber seine Idee für einen Anfang äußern, weil ihm seine Sätze geeignet erscheinen. Der Leiter notiert die Vorschläge in der gewünschten Reihenfolge durch Beziffern der Sätze und liest ab und an das Entstandene vor. So wächst allmählich eine interessante Geschichte heran. Veränderungswünsche und Satzverschiebungen werden berücksichtigt. Diese spielerisch geistige Tätigkeit kann so manchen relativ ruhigen, in sich gekehrten und abwartenden Senior in einen redenden, lachenden und gestikulierenden Menschen verwandeln, sowie die gesamte Gruppe zu einer sprudelnden Aktivität herausfordern. Wenn die Gruppe die Geschichte beendet hat, wird sie vorgelesen. Durch entsprechende Betonung und Atempausen kann sie reizvoll vorgetragen werden. Die Senioren sind danach meist so angeregt, daß Äußerungen wie diese keine Seltenheit sind: „Jetzt könnte ich gleich die nächste Geschichte erfinden.“ oder „Heute werde ich bestimmt noch lange wach sein.“ Nutzen Sie diese Aufgewecktheit für ein erneutes Angebot und formulieren Sie den Teilnehmern die Chance, zu Hause weiterzumachen und das nächste Mal der Gruppe eine neue Geschichte mitzubringen. Diese

Beiträge verwenden Sie für Ihren vierten Spielnachmittag. Informieren Sie die Senioren, was Sie mit ihnen vorhaben. Bevor ich Ihnen das schreibe, möchte ich Ihnen eine „Hausarbeit“ von Frau Kunze vorstellen.

Geschichte

„Im Urlaub fahren wir nach Ober*ita*lien. Wir erreichen läs*sig Rieden* am Forggensee. Dort best*ellen* wir das Mittagessen. Dem Ober sagen wir: „Br*inge*n Sie uns ein Bier.“ Obwohl, C*ola, F*anta und *andre* Getränke erfrischen auch im Sommer.

Ich bestelle in *Marina*de eingelegten Fisch. *Die Ter*rasse des Restaurants ist viel zu klein. Der Sohn kommt nicht mit. K*ann er na*chkommen? *Klaus*urarbeiten erfordern seine Konzentration. Erf*olg a*ber hat nur der Tüchtige. In Verona will ich ins *Thea*ter gehen. Wir sehen die Oper A*ida*. Dann fahren wir an die Ad*ria*, von dort weit*er na*ch *Rom. In a*lter Zeit schon hatten die Römer Bäder und kunstvoll angelegte Gärten. Wir nehmen e*in Ge*schenk mit. Man nimmt *an, Ton* wird schon lange zur Keramikherstellung genutzt.

Jetzt schreibe ich den B*erich*t über die Reise. Nach der Rückkehr fahre ich zunächst nach Oranienburg und bes*inge Borg*sdorf wegen seiner schönen Landschaft. In dem Garten steht ein jun*ger Lind*enbaum. Die T*anne* ist schon alt. Gern bin ich wieder in Ber*lin a*n der Spree.

Nicht vergessen: L*otto* spielen bede*ute*t am Sonnabend immer Spannung. An den Gewinn muß man f*elsen*fest glauben. Dann k*ann i*ch vielleicht e*ine s*chöne weite Reise machen, oder aber ins Bad und mit der *Kur*taxe fahren. Jetzt muß ich mich aber erst wi*ede*r an den Sc*hilde*rwald in der Stadt gewöhnen.

Alles G*ute*! *Adi*os! Auf Wie*der*sehen!“

Namen, ihre Ursprünge, Beziehungen und Verwechselungen

Spieler: 8– Dauer: 30–50 Minuten
Material: Geschichten der Senioren, Lexikon, Papier, Schreibzeug

Die Geschichten-Erfinder lesen ihre mitgebrachten Arbeiten vor, langsam Satz für Satz und sicherlich mehrfach, damit die Namen herausgehört und aufgeschrieben werden können. Danach beginnen Sie eine Gesprächsrunde über Namen, ihre sprachhistorischen Ursprünge und die persönlichen Beweggründe der Senioren bei der Namensgebung ihrer Kinder. Die Teilnehmer werden bereitwillig von ihren Überlegungen und Erfahrungen berichten und dadurch wieder andere Spieler anregen, auch aus ihrem Schatzkästchen zu plaudern. Bitten Sie zum Schluß die Senioren, ihre Erlebnisse und Erfahrungen zu spielen. Wahrscheinlich werden kleine Rollenspiele zu folgenden Themen gezeigt: „Die glücklichen und/oder unglücklichen Zusammentreffen bei der Namensgebung des ersten Kindes", „Der Familienrat berät über den Namen des zukünftigen Stammhalters", „Ein Name, seine Hintergründe, Kurzformen und Verwechselungen", vielleicht am Beispiel Elisabeth, Christiane oder Friedrich (Namen mit Geschichten).

Damit kann die vierteilige Spielphase abgeschlossen sein. Bewahren Sie die Rätselsätze und Geschichten auf. Monate später können Sie sie wieder einmal zum Quiznachmittag hervorholen oder als Anregung für versteckte Stadtnamen, Ländernamen oder Eigennamen nutzen.

Duo-Geschichten oder Gedrucktes zum Leben erweckt

1. Eins und eins macht drei
2. Drei zusammen ergibt fünf
3. Ich hab's
4. Duo-Fotogeschichten

Eins und eins macht drei

Spieler: 2– Dauer: 20–30 Minuten
Material: Zeitschriften, Werbeprospekte, Pappe, Scheren, Filzer, Lineal

In dem folgenden Spiel geht diese Rechnung auf. Schneiden Sie gemeinsam Bilder aus Illustrierten und Werbeprospekten heraus und überlegen Sie, inwieweit ein Bild zur Ergänzung eines anderen dazugelegt werden kann, um durch dieses Zweiteile-Bild etwas Neues zu schaffen. Entdecken Sie z. B. einen Spiegel und ein Ei, haben Sie ein Spiegelei, aus Hand und Schuh wird ein Handschuh, aus

Armband - Uhr = Armbanduhr
Strand - Korb = Strandkorb
Pflaumen - Baum = Pflaumenbaum
Wasser - Hahn = Wasserhahn
Garten - Haus = Gartenhaus
Hosen - Rock = Hosenrock
Schmuck - Kasten = Schmuckkasten
Haus - Mann = Hausmann.

Die Bilder werden nebeneinander gelegt und gelesen. Das neue Duo-Wort kann aufgeschrieben werden und jede Bildreihe beenden. Sie können es auch umgekehrt machen. Zuerst schreibt jeder sein Duo-Wort auf ein Stück Pappe und dann legt er seine beiden Bilder daneben. Nach Beendigung der ersten Runde können Sie die nächste beginnen. Die Teilnehmer tauschen nun untereinander ein Wort-Bild mit einem anderen oder geben es weiter. So entstehen neue Verbindungen. Geben Sie den aufgeschlossenen und wißbegierigen Senioren die „Hausaufgabe“, nach weiteren, ergänzenden Fotos zu schauen, und bitten Sie alle anderen Teilnehmer, dabei zu helfen. Damit bereiten Sie die Gruppe für das nächste Spiel vor.

Drei zusammen ergibt fünf

Spieler: 2– Dauer: 30–45 Minuten
Material: Zeitschriften, Werbeprospekte, Pappe, Scheren, Filzer, Lineal, Bleistift, Klebstoff

Wenn Sie die Gruppe zum nächsten Schwierigkeitsgrad führen können, dann betrachten Sie zuerst alle Bilder und Wörter vom letzten Spieltag und spielen „Eins und eins macht drei“ nochmals durch. Reihum kann sich jeder Spieler von den Bildern, die in der Tischmitte liegen, 2 aussuchen und die passende Wortkarte dazulegen, so z.B. die Bilder Garten und Haus und die Wortkarte Gartenhaus. Damit bewirken Sie eine Erinnerung und Vertiefung des Erfahrenen und Gelernten, worauf das nächste Spiel basiert. Hier geht es darum, 3 Bilder zu finden, die zusammen 2 neue Wörter ergeben. 2 Beispiele: Die Bilder Garten, Haus und Mann ergeben die Wörter Gartenhaus und Hausmann; die Bilder Baum, Schmuck und Kasten lassen sich zu Baumschmuck und Schmuckkasten zusammenlegen. Zur Erstellung des Spielmaterials benötigen Sie das oben angegebene Zubehör. Eine große Gruppe kann nun verschiedene Arbeitsschwerpunkte bekommen. Eine Tischgruppe liniert die Pappe in ca. 10 × 10 cm große Felder, schneidet sie aus und klebt Fotos darauf. Eine zweite Gruppe sucht in Zeitschriften Ergänzungsbilder, und eine dritte schreibt die zusammengesetzten Wortbilder auf Pappkarten. Im Zeichnen befähigte Senioren können fehlende Wortbilder oder die zusammengesetzten Wörter malen. Bei der Arbeit wird viel geredet, phantasiert, experimentiert.

Ein richtiger Spieleifer macht sich breit. Am Ende der Aktion probiert die Gruppe ihr Spiel aus. Wieder werden weiterführende Gedanken und Wortideen entstehen. Interessierte Teilnehmer werden zu Hause nach neuen Bildern schauen, um das Spiel zu vervollständigen. Es kann immer weiter ergänzt und auch verändert werden. Bilden Sie aus 3 Fotos 6 Wörter. Es geht, wenn Sie Hose, Rock und Knopf wählen, haben Sie den Hosenrock, Rockknopf und Hosenknopf. Nehmen Sie Hand, Schuh und Tasche, haben Sie Handtasche, Handschuh und Schuhtasche. Schnitt, Blumen und Messer ergeben Schnittmesser, Blumenmesser, Messerschnitt usw. Diese Karten sind für viele Regeln verwendbar. Erfinden Sie Ihre eigenen!

Ich hab's

Spieler: 8– Dauer: 20–30 Minuten
Material: Zeitschriften, Werbeprospekte, Scheren, Papier, Schreibzeug, Klebstoff

Bei der Suche nach Wort-Bildern fielen Ihnen bestimmt die großen Überschriften und Spots in den Illustrierten auf. Sie lasen vielleicht: „Träumen Sie davon", „Genießen Sie", „Ich hab's" und andere. Begeben Sie sich nun auf die Suche nach reizvollen Spots. Sie werden ausgeschnitten, aufgeklebt und mit eigenen Satzaussagen ergänzt, so z.B.: „Träumen Sie davon; denn es wird bestimmt eine schöne Reise, meinte der Angestellte im Reisebüro und überreichte der Kundin den neuen Ferienkatalog. „Genießen Sie diesen sonnenreichen Tag; denn selten sieht man die Bäume in dem Licht und die Schmetterlinge tanzen." „Ich hab's mir gedacht, daß Du kommen würdest, denn Du bist doch immer zu der Zeit in unserer Stadt." Während die Teilnehmer zu ihren ausgeschnittenen Spots vielleicht originelle Ergänzungen suchen, läßt der Pädagoge sanfte Musik im Hintergrund erklingen. Diese Klänge können eine Motivation und Hilfe für die Gedächtnisarbeit sein.

Wenn Sie den Eindruck gewinnen, daß den Senioren noch ein Funke Kreativität und Freude an der Arbeit fehlt, dann bieten Sie ihnen an, Beziehungs-Spots zu suchen und diese ebenfalls zu ergänzen. Dabei können sich die Spieler zuerst eine lustige Begebenheit einer Teilnehmerin vorstellen und diese mit einem Spot ergänzen, z. B.: „Ich hab's mir doch gedacht, sagte Frau L., daß die kleine Episode mit der Hutverwechselung sich wiederholen würde." „Den Kaffee und Kuchen zu genießen, ist für unseren Herrn A. wichtig."

So werden typische Beschreibungen, lustige Zusammenhänge und humorfördernde Anekdoten vorgetragen. Nach dieser wirklich „gelebten" Stunde sind die Senioren offen für Ergänzungen und Erweiterungen. Probieren Sie am nächsten Spielnachmittag eine mögliche Fortsetzung. Informieren Sie die Teilnehmer über den Inhalt einer neuen Aktion.

Duo-Fotogeschichten

Spieler: 8– Dauer: 20–30 Minuten
Material: Illustrierte, Werbeblätter, Scheren, Rollenspiel-Requisiten

Bitten Sie die Teilnehmer, zum nächsten Treff Duo-Fotos größeren Ausmaßes von Fernsehfilmen, Theaterstücken oder Interviews mitzubringen und die darauf gezeigten Situationen zu beschreiben. Für Senioren, die früher kommen, keine Fotos zu Hause fanden oder sie vergessen haben, legen Sie entsprechendes Material auf den Tisch, so daß auch sie sich vorbereiten können.

Zu Beginn des Spiels erklärt jeder Teilnehmer sein Duo-Bild. So kann er z. B. den beiden Personen auf dem Foto Namen und Beziehungen geben, ihre Körperhaltung und den Gesichtsausdruck deuten und einen Anlaß ihres Zusammentreffens erfinden. Wenn Senioren im freien, lauten Reden geübt sind, Phantasie und Erfahrung haben, werden sie ganze Storys zu dem Bild erfinden. Weniger Geübte können auf Fragen des Spielleiters antworten, und Ungeübte erhalten Hilfe von allen Teilnehmern. So wird jeder Senior nach seinen Fähigkeiten angesprochen und kann sich als lebendiger Spieler und aktiver Gestalter einer gemeinsamen, einmaligen und nicht wiederholbaren Spielaktion erfahren. Durch diese Einführung des Spiels hat der Pädagoge ein Bild von jedem Teilnehmer gewonnen, so daß er nun weiß, wen er zum Rollenspieler für einzelne Fotos ansprechen kann. Er bittet sie, in verschiedene Räume zu gehen, sich mit den vorhandenen Requisiten auszustatten und die entsprechende Spielszene partnerschaftlich vorzubereiten.

Die im Raum gebliebenen Senioren können sich weiter über die Foto-Situation unterhalten, Erlebnisse und Erfahrungen austauschen und schließlich den Raum für die Szenen vorbereiten. Nach einer ausreichenden Probezeit werden die „Schauspieler" in unverkennbarer Haltung, so wie die Darsteller auf der Fotografie, den Raum betreten. Von dieser Pose aus gestalten sie ihre erfundene Geschichte, die sie wirklichkeitsnah und überzeugend den Zuschauern vortragen. Noch nie hat die Gruppe Frau X, Y, Z und Herrn A, B und C so erlebt. Ihre spielerische Identifikaton zeigt im höchsten Grad Lebendigkeit; ihr Körper, Geist und ihre Seele sind eins.

Wenn Sie Spaß an den Fotosituationen finden, dann wählen Sie den gezeigten Schnappschuß nicht als Ausgangspunkt für die Szene, sondern als Schlußpose. So denken sich die Rollenspieler eine Geschichte aus, die mit der gezeigten Pose endet.

Eine andere Variante ist möglich durch 3 gleiche Fotos. Spielfreudige Senioren verteilen sich in den Räumen und bekommen ein Foto, aus dem sie ihre Geschichte entwickeln. Jedes Paar bekommt das gleiche Foto, doch keiner weiß es. Die Spannung ist groß. Wenn sie nacheinander den Raum betreten und zu spielen beginnen, ist ihre Ausgangshaltung immer gleich. Die Szene, die sich daraus entwickelt, wird sicherlich recht verschieden sein.

Zum Schluß einer längeren Spielphase können Sie die Inhalte auch noch anderweitig gestalten. Wie wäre es mit einer Collage für den Gruppenraum oder Flur? Material haben Sie genug und Ideen sicherlich auch. Vielleicht möchte die Gruppe über Ihre Zusammenkünfte und derzeitigen Inhalte lieber in einer Bezirks- oder Gemeindezeitung publizieren und Gedanken der Werbung damit verbinden. So würde auch außerhalb Ihrer Gruppe sichtbar werden, daß die Senioren noch lange nicht zu alt sind, um sich mit neuer geistiger und körperlicher Arbeit zu beschäftigen.

Bei den Spielinhalten habe ich den gesellschafts-politischen Bereich nur gestreift. So möchte ich Ihnen noch aufzeigen, welche weiteren Themen in der Arbeit mit Zeitungen, Zeitschriften und Werbeprospekten existieren: z. B. zunehmende Produktwerbung in Tageszeitungen, beabsichtigte Verwirrung und Manipulation durch ungenaue Informationen bzw. halbe Wahrheiten, suggerierter Kaufzwang...

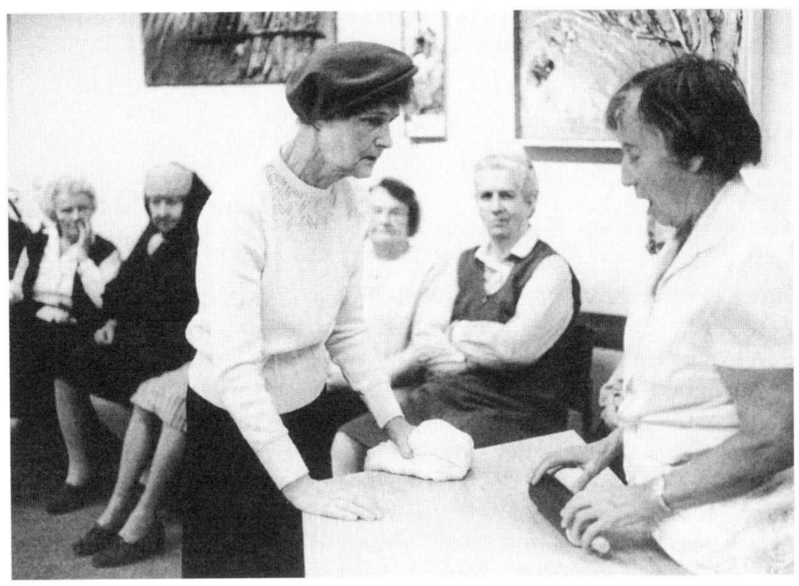

Karten-, Würfel- und Streichholzspiele

Karten- und Würfelspiele sind uralt und immer noch beliebt, besonders bei Glücksspielern aber auch bei Falschspielern. Unser bekanntes Lottospiel ist ein Würfel-Glücksspiel, für das sich Millionen von Menschen interessieren. Bekannte Kartenspiele, wie Rommé, Canasta, Skat beschreibe ich hier nicht. Wenn Sie diese oder auch andere Spiele suchen, könnten Sie leicht in einer Bücherei oder Bibliothek ein hilfreiches Spielbuch finden oder in Ihrem Verwandten- und Bekanntenkreis die Spielregeln erfahren. Jedoch wäre dann die Chance, Ihre Senioren zur aktiven Mitarbeit herauszufordern, vertan. Schildern Sie den Teilnehmern Ihre Unwissenheit, und bitten Sie sie, ihnen zu helfen. Sie werden es gern tun. Die Senioren sind damit aufgefordert, ihren Besitz zu durchstöbern und mit anderen Menschen in Kontakt zu treten. Das kann und sollte sich in vielen gemeinsamen Aktionen fortsetzen. So arbeiten Sie gegen manche Konsumentenhaltung, die sich bei vielen Menschen, ob jung, älter oder alt, immer weiter ausbreitet.

Möchten Sie mit Würfelspielen anfangen, können Sie ähnlich verfahren. Sie bereiten sich für ein paar Würfelspiele vor, erklären die Regeln, spielen Sie durch und fragen nach Ablauf des Spiels, welche Würfelspiele die Teilnehmer kennen. Meist äußern sich die Spieler schon während des Spiels über andere Würfelspiele und Regeln, die sie kennen. So braucht der Spielpädagoge nur aufmerksam zuzuhören und später das Gespräch dahinzuführen.

Die tolle Acht

Spieler: 2–8 Dauer: 8–12 Minuten
Material: Blatt mit 52 Karten

Jeder Spieler bekommt 5 oder mehr Karten, je nach Umfang des gewählten Kartenspiels. Der restliche Kartenstapel (Talon) wird auf den Tisch gelegt. Die oberste Karte vom Stapel wird umgedreht und offen neben den Talon gelegt. Die Spieler sortieren ihre Karten nach Farben, und versuchen nun, ihre Karten so schnell wie möglich loszuwerden. Der Spieler links vom Kartengeber beginnt mit dem Ablegen. Er kann auf die offengelegte Karte eine Karte mit der gleichen Farbe oder dem gleichen Wert legen. Ein Beispiel: Liegt neben dem Stapel eine Kreuz-Sieben, so kann der nächste Spieler entweder eine beliebige Sieben oder eine andere Kreuz-Karte drauflegen. Wenn der Spieler keine passende Karte hat, muß er eine vom Stapel nehmen und der nächste kommt dran. Legt der Spieler eine Zwei auf den Stapel – diese muß nicht zur Farbe oder Zahl passen –, muß der folgende Spieler sich 2 Karten von dem Stapel nehmen, und der Spieler ist noch einmal dran. Legt ein Spieler eine Acht ab – auch diese muß nicht zur zuvor abgelegten Karte passen –, kann er damit die Farbe ändern. Nehmen wir an, eine Herzfarbe wurde ausgespielt, so kann der Spieler mit seiner Acht Pik bestimmen, weil er auf seiner Hand viele Pik-Karten hat. Sobald ein Spieler nur noch eine Karte auf der Hand hat, muß er auf den Tisch klopfen oder Mau-Mau sagen; denn unter diesem Namen ist das Spiel auch bekannt, und die anderen Spieler warnen. Vergißt der Spieler dies, so muß er sich zusätzliche Karten nehmen.

Elfern

Spieler: 2–3 Dauer: 5–10 Minuten
Material: Blatt mit 32 Karten

Ein Spiel für 2 oder 3 Spieler mit 32 Karten (Skatblatt). Jeder Spieler bekommt 6 Karten, die restlichen Karten werden in die Tischmitte gelegt und bilden den Kartenstapel. Der linke Nachbar vom Kartengeber beginnt. Er legt eine Karte auf den Tisch. Die folgenden Spieler legen jeweils eine Karte dazu. Die Runde gewinnt der Spieler mit der höchsten Wertkarte. Die Reihenfolge der Werte ist folgende: As, König, Dame, Bube, Zehn. Alle weiteren Karten haben keinen Wert. Jeder Spieler versucht so viele Wertkarten zu bekommen, als ihm möglich ist. Bei 2 Spielern versucht jeder 11 Punkte zu erreichen, also 1 Punkt mehr als die Hälfte der gesamten Punktezahl. Nach jedem Stich nehmen sich die Spieler eine neue Karte hinzu. Dieses einfache Spiel eignet sich für karteninteressierte Anfänger.

Wegschnappen

Spieler: 2–6 Dauer: 10–25 Minuten
Material: ein oder 2 Kartenspiele mit 32 bzw. 52 Karten, 20 Spielmarken, Knöpfe, Bohnen, Streichhölzer...

Ein einfaches Kartenspiel, das Konzentration erfordert und nach mehreren Spielrunden eigene Ideen zur Variation zuläßt. 2 bis 6 Personen können hier mitspielen, wobei ein Spieler der Kartengeber und Bankhalter ist, der die Spielmarken verteilt. Sie brauchen ein Kartenspiel von 32 Blatt und ca. 20 Spielmarken. Kastanien, Knöpfe, Bohnen, Streichhölzer etc. eignen sich noch besser dazu, weil sie zu neuen Spielregel-Einfällen animieren. Der Bankhalter legt 1 Spielmarke auf den Tisch und gibt reihum jedem Spieler 1 aufgedeckte Karte. Die Mitspieler passen auf, welche Karten ausgegeben werden. Wenn in einer Runde 2 ranggleiche Karten, z. B. 2 Sieben oder 2 Buben usw. ausgeteilt wurden, müssen die Besitzer der ranggleichen Karten sofort „schnapp" rufen. Der erste Ausrufer kann sich die Spielmarke nehmen. Sollten beide Spieler zufällig einmal zur gleichen Zeit „schnapp" rufen oder nicht aufpassen und gar nicht reagieren, bleibt die Spielmarke für die nächste Runde auf dem Tisch liegen. Ein anderer Spieler signalisiert durch ein „Weg" das Ende der Runde.

Variation

Legt ein Bankhalter statt der Spielmarken z. B. Bohnen auf die Tischmitte, können alle Mitspieler zum Schluß des Spiels schätzen, wieviele Bohnen zu den 150 Gramm gehören, die der Spielleiter dafür abwog. Zum Schluß des Kartenspiels kann jeder Spieler mit seinen erspielten Bohnen ein Bild legen und dies beschreiben. Ebenso kann ein Gruppenbild entstehen, das gemeinsam gelegt und besprochen wird. So gibt es keine Verlierer und auch keinen Sieger, aber dafür eine Gruppe, die ins Gespräch kommt und gemeinsam kreativ ist.

Variation

Statt der Rangfolge kann eine Reihenfolge der Karten als Regel gegeben werden, sie heißt: Sieben, Acht, Neun, Zehn, Bube, Dame, König, As. Hier zählt dann das fortlaufende Kartenpaar, z. B. Zehn und Bube oder Acht und Neun in roter oder schwarzer Farbe. Wenn die Spieler diese Reihenfolge verinnerlicht haben, kann sie wieder verändert werden. Es kommt ganz auf die Bereitschaft zur Flexibilität und Ideenfindung an.

Variation

Wählen Sie sich ein doppeltes Blatt, also 2mal 32 Karten, können mehr als 4 Spieler mitspielen. Die Regel heißt dann, die Spieler können nach 3 Karten der Rang- oder Reihenfolge „schnapp" rufen und sich die Bohne nehmen.

Variation

Vielleicht weiß der Spieler, der gerade die zweite oder dritte Sieben zum „Schnapp" hat, auch ein Wort zur Sieben, so z. B.: Siebenschläfer, sieben Geißlein, Sieben-Tage-Woche; oder zur Dame: Damenkränzchen, Damenwahl, Damenhut; oder zum As: Aspekt, Aschenputtel. So wird das einfache Konzentrationsspiel zum phantasievollen Wort- und Gedächtnisspiel ohne Grenzen, das zur sinnvollen Unterhaltung und zum Lachen animiert.

Auf einfache Spielregeln lassen sich Senioren schnell ein. Regelveränderungen können Sie nach den Fähigkeiten Ihrer Gruppe gemeinsam herausfinden und gestalten. Probieren Sie es einmal.

Napoleon

Spieler: 2–6 Dauer: 5–12 Minuten
Material: ein Blatt mit 32 oder 52 Karten

Hierzu brauchen 2–3 Spieler ein Skatblatt = 32 Karten, ab 4 Spieler 52 Karten. Jeder Spieler erhält 5 Karten. Der linke Nachbar vom Kartengeber macht die erste Ansage; er erklärt, wieviel Stiche er bekommen wird, oder ob er passen will. Bei der folgenden Spielrunde muß er sich daran halten. Die niedrigste Ansage ist gewöhnlich „zwei Stiche“. Danach ist der nächste linke Nachbar dran und sagt, ob er passen möchte oder eine nächsthöhere Stückzahl bekommen will; denn die Ansagen sollten sich steigern. Das geht so: 2 Stiche, 3 Stiche, 4 Stiche, 5 Stiche = Napoleon, 5 Stiche mit erhöhtem Gewinn = Wellington, 5 Stiche mit nochmals erhöhtem Gewinn = Blücher. Wellington und Blücher können nur als Steigerung auf die Napoleon-Ansage gemacht werden. Der Spieler mit dem höchsten Angebot spielt zuerst eine Karte aus und bestimmt damit auch die Trumpffarbe. Die Mitspieler müssen die Farbe bedienen, nach Möglichkeit überstechen; denn sie wollen ihre Stichansage bzw. ihre Punktwerte erreichen. Können sie das nicht, werfen sie eine Karte ab. Die Spielgruppe kann sich die erreichten Ziele merken, aufschreiben oder mit Spielmarken verdeutlichen.

Brandeln

Spieler: 4 Dauer: 8–12 Minuten
Material: ein Skatblatt, Papier, Bleistift

Ein Stichspiel für 4 Spieler. Aus einem Skatblatt nimmt man die Achten heraus, mischt und verteilt das Blatt. Jeder Teilnehmer bekommt 7 Karten, zuerst 2, dann 3, dann nochmals 2. Nun prüft jeder Spieler, wieviel Stiche er wahrscheinlich machen kann. Am höchsten zählt der Bube, dann die Sieben, das As, König, Dame, Zehn, Neun. Um die Trumpffarbe zu bestimmen und die Stiche zu bewerten, wird gereizt. Der linke Nachbar vom Kartengeber beginnt und macht seinem linken Nachbarn das Angebot „Brandeln“, d.h. er meint, mindestens 3 Stiche zu bekommen. Jeder weitere Spieler muß das zuvorbenannte Gebot überbieten, bis das Höchstgebot ausgesprochen wird.

Die Reihenfolge ist diese:
3 Stiche – Brandeln – 1 Punkt
4 Stiche – Vierstich – 2 Punkte
5 Stiche – Fünfstich – 3 Punkte
6 Stiche – Sechsstich – 4 Punkte
0 Stiche – Bettel (Nullspiel) – 5 Punkte
7 Stiche – Total (mit Trumpf) – 6 Punkte
7 Stiche – Totaler Gewinn (ohne T.) – 7 Punkte

Der Spielhalter bestimmt den Trumpf und spielt als erster aus, danach jeder Spieler, der den Stich macht. Es muß die Farbe bedient und überstochen werden. Wer keine Karten in der ausgespielten Farbe hat, kann trumpfen oder abwerfen. Beim Nullspiel „Bettel“ darf der Ansager keinen Stich machen. Trumpf gibt es hierbei nicht, ebensowenig beim „totalen Gewinn“. Hier muß der Spieler sämtliche Stiche bekommen.

Dies ist eins der ältesten Kartenspiele und als Gesellschaftsspiel zur Vorbereitung weiterer Spiele, wie z.B. „Skat“, geeignet.

Wendischer Schafskopf

Spieler: 4 Dauer: 5–10 Minuten
Material: ein Skatblatt

Er wird in der Regel zu viert gespielt, und zwar mit 32 Karten. Von den gewöhnlichen Skatkarten sind 14 Trümpfe. Die höchsten Trümpfe sind die schwarzen Damen: Kreuz- und Pik-Dame, es folgen Herz- und Karo-Dame, alle 4 Buben in der gleichen Reihenfolge und alle Karo-Karten, also Karo-As, Karo-Zehn, Karo-König, Karo-Neun, -Acht und -Sieben. Die übrigen 18 Karten in Kreuz, Pik und Herz sind einfache Karten.

Die Spieler mit den 2 höchsten Trümpfen, den schwarzen Damen, spielen zusammen. Sie versuchen, über 61 Punkte zu erspielen. Die Punkte zählen wie folgt: As = 11, Zehn = 10, König = 4, Dame = 3, Bube = 2, Neun, Acht, Sieben = 0.

Jeder bekommt 8 Karten. Der linke Nachbar vom Geber eröffnet das Spiel. Jeder ausgespielte Trumpf muß mit einem Trumpf oder einer gleichen Farbkarte bedient werden. Es herrscht Farbzwang. Da jeder Teilnehmer gleich zu Beginn des Spiels wissen möchte, welchen Stich er mit hohen Wertkarten bereichern sollte, wird vermutlich bald die erste schwarze Dame gespielt. Vielleicht zieht bald danach ein Spieler eine andere hohe Trumpfkarte, um den Besitzer der zweiten schwarzen Dame zur Übernahme des Stiches herauszufordern; denn mündliche Verständigungen sind nicht erlaubt.

Sollte zufällig ein Spieler beide schwarze Damen haben, bestimmt dieser den Partner durch die Karten. Er kann sagen: „Ich nehme den Spieler mit, der den ersten Stich macht“, oder „... der das Pik-As hat“. Herrscht Klarheit über die Partner, versucht jeder Teilnehmer hohe Punktwerte in die eigenen Stiche zu legen, um gemeinsam über 60 Punkte zu kommen.

Mogeln

Spieler: 2–8 Dauer: 10–15 Minuten
Material: ein Blatt mit 32 oder 52 Karten

Dies ist ein lustiges Spiel, welches auch Schummellieschen oder Schummeln genannt wird, denn es erlaubt das Lügen mit geheimnisvollem Gesichtsausdruck und dem Schalk im Nacken. Das Spiel lockt so manchen stummen Spieler aus der Reserve und ist als Auftakt für andere Spiele geeignet, wenn der Spielpädagoge den Spaß und nicht das Schummeln vordergründig sieht.

Ein Spielblatt mit 32 oder 52 Karten wird an beliebig viele Spieler verteilt. Jeder bekommt die gleiche Menge Karten. Bleibt ein Rest, wird er zum Abnehmen in die Mitte gelegt. Der Spielleiter kann auch jedem Teilnehmer zu Beginn beispielsweise nur 5 Karten geben, somit bleiben die restlichen Karten als Talon auf dem Tisch. Wenn die Spieler ihre Karten geordnet haben, beginnt das Spiel. Die Kartenfarben sind unwichtig; die Kartenwerte entscheiden. Gespielt wird reihum.

Der erste Spieler legt eine Karte verdeckt auf den Tisch und sagt: „eins". Der nächste Spieler legt eine Karte darauf und sagt: „zwei", so geht es weiter bis zehn, Bube, Dame, König, As = eins, zwei... Da hierbei geschummelt werden kann, braucht keine der benannten Karten wirklich das zu sein, was der Spieler vorgibt. Sagt er z. B.: „neun", kann er jede beliebige Karte auf den verdeckten Stapel legen. Er kann auch sagen, daß er die „Neun" nicht hat und darf sich somit eine Karte vom Talon nehmen, diese als „Neun" hinlegen oder auch nicht. Glaubt ein Teilnehmer dem Rufer nicht, klopft er auf den Tisch und sagt: „gemogelt". Nun kann dieser nachschauen, ob die letzte Karte wirklich eine Neun ist oder nicht. Hat er Pech, dann ist es eine Neun, und er muß den ganzen Stapel Karten an sich nehmen. Hat er Glück, dann gehört dem Mogler der Stapel. Das ist ein Spaß für alle anderen; denn jeder Teilnehmer will seine Karten als erster ablegen, um fertig zu sein. Doch da alle Mitspieler gut aufpassen, besonders dann, wenn einer nur noch eine Karte hat, ist das Beenden schwer; denn selten ist die letzte Karte des Spielers gerade die, die er zu legen hat. Eine offene, an Spiel und Spaß begeisterte Gruppe wird dann mit dem Spiel aufhören, wenn sie vom Lachen erschöpft ist.

Handeln

Spieler: 3–4 Dauer: 5–10 Minuten
Material: ein Skatblatt

Ein Spiel für 3 oder 4 Personen. Jeder Spieler bekommt 3 Karten. 3 weitere Karten werden offen in die Tischmitte gelegt. Die restlichen Karten werden bei dieser Runde nicht gebraucht. Nun schauen sich die Spieler ihre Karten an. Ist der Geber mit seinem Blatt nicht zufrieden, kann er es mit den offenen Karten tauschen. Danach ist der linke Nachbar dran. Er legt von seinen Karten eine auf den Tisch und nimmt sich eine passendere. Der nächste Spieler tauscht ebenso eine Karte. Jeder Teilnehmer ist darauf bedacht, 2 oder 3 hohe Karten von gleichem Wert oder von gleicher Farbe zu bekommen, wie z. B. 2 Buben oder 3 Kreuzkarten.

Wenn ein Spieler von seinem Blatt überzeugt ist und bei den anderen Spielern ein minderwertiges Blatt vermutet, ruft er „fertig“. Dann können die Mitspieler noch handeln, der Rufer jedoch nicht. Alle Teilnehmer legen nun ihre Karten offen hin. Gewertet werden die Karten von gleichem Rang oder gleicher Farbe. As zählt 11, König, Dame, Bube = 10, Neun = 9, Acht = 8, Sieben = 7. Wenn ein Spieler z. B. Karo-Dame, Kreuz-Dame und Kreuz-Neun hat, kann er die beiden Damen oder die beiden Kreuz-Karten zusammenstecken und zählen. Er wird sich sicherlich für die beiden Damen entscheiden, weil sie einen Punkt mehr einbringen. Hat der Teilnehmer 3 Einzelkarten, zählt er die höchste. 31 Augen kann ein Spieler einhandeln, wenn z. B. 2 Pik-Bilder und 1 Pik-As in seiner Hand sind. Dann ruft er „halt“, und das Handeln ist beendet.

Selbstverständlich können die Spieler die Regel auch verändern und z. B. die niedrigen Karten, wie Sieben, Acht und Neun zu den wichtigsten erklären. Jede Spielveränderung belebt und hält flexibel.

As raus

Spieler: 2–8 Dauer: 10–15 Minuten
Material: ein Blatt mit 52 Karten

An diesem Spiel können viele Spieler teilnehmen, vorausgesetzt die Gruppe hat ein umfangreiches Kartenspiel. Der Kartenstapel wird ausgeteilt. Jeder Mitspieler legt seine Karten zu einem verdeckten

Talon vor sich hin. Der Spieler rechts neben dem Kartengeber fängt an. Er deckt die oberste Karte seines Stapels auf. Findet er ein As, legt er es in die Mitte. Findet er keines, ist der nächste Spieler dran. Der blättert ebenso eine Karte auf. Ein As wird in die Mitte gelegt; findet er einen passenden König, kann dieser auf das As gelegt werden, denn die Regel sagt: Alle passenden Karten sind in der richtigen Reihenfolge vom As bis zur Zwei übereinander zu legen.

Nicht passende Karten legt jeder Spieler auf einen zweiten Haufen vor sich hin. Ist der verdeckte Stapel abgetragen, wird der offene umgedreht und damit weitergespielt. Wer an der Reihe ist, darf an jeder Farbserie anlegen und jeden offenen Spielstapel als Anlegetalon benutzen.

Fünf dazu

Spieler: 2–8 Dauer: 8–12 Minuten
Material: ein Blatt mit 32 oder 52 Karten

Ein Spiel für 2 oder mehrere Spieler. Sie brauchen ein Blatt mit 32 oder 52 Karten. Jeder Spieler bekommt 5 Karten. Durch das Überbieten oder Stechen beim Spielen versucht jeder Spieler, so viele Stiche als möglich zu bekommen; denn nur die Stiche zählen. Die Rangreihenfolge der Karten ist die: As, Zehn, König, Dame, Bube, Neun, Acht, Sieben usw. Augenzahlen werden nicht gezählt. Vorhand, d.h. linker Nachbar, spielt aus. Die Mitspieler müssen nun die ausgespielte Farbe – wenn sie können – bedienen, somit bleiben sie mit ihrer Karte unter der ausgespielten Karte oder stechen sie mit einer höheren. Ist ihnen beides nicht möglich, werfen sie eine andere niedrige Karte ab.

Variation

Statt zum Schluß die Stiche zu zählen, können bestimmte Karten gezählt werden, z.B. alle Sieben, Asse, Buben... Dazu können Sie für alle Spieler eine Tabelle mit den Namen der Karten erstellen und nach jeder gespielten Runde die Anzahl der bestimmten Karten eintragen. So können Sie sich für jede Runde ein neues Ziel stecken, einmal nur die Könige, oder die Sieben oder die Asse usw. zählen.

Durch diese Veränderung bleiben die Spieler flexibel und achten nicht so auf den Gewinner in jeder Runde.

Gewürfelte Reihe

Spieler: 2– Dauer: 5–15 Minuten
Material: Würfel, Papier, Schreibzeug

Jeder Spieler braucht ein Stück Papier und Schreibzeug. Reihum erwürfelt sich jeder eine Reihe in der Folge von 1–6. Andere Würfe zählen nicht. Hat ein Spieler seine Reihenfolge erwürfelt, nimmt er weiter am Spielverlauf teil; denn nun hat er seine aufgeschriebenen Zahlen von 1–6 in der vorgegebenen Reihenfolge wieder durchzustreichen. Ist ein Spieler damit fertig, kann er seine Punktzahlen verschenken. Erst wenn alle Spieler ihre aufgeschriebenen und wieder durchgestrichenen Zahlen erwürfelt haben, ist das Spiel beendet. Die Regel kann auch dahingehend verändert werden, daß jeder Spieler jede gewürfelte Zahl verschenken kann. So schaut jeder Spieler auf die Reihenfolge der Mitspieler bzw. fragt, was dieser oder jener gebrauchen kann und verhilft dadurch zum schnelleren gemeinsamen Gewinn.

Variation

Jeder Spieler kann mit 2 oder 3 Würfeln spielen und sich vorher seine Wunschzahlen ausrechnen und aufschreiben. So kann die Reihenfolge mit 2 Würfeln beliebig sein. Sie sollte aber festgelegt werden, damit das Ziel klar ist. So kann ein Teilnehmer z. B. mit 7 Punkten anfangen und bei 12 Punkten enden, und die ganze Reihe wieder rückwärts erwürfeln und durchstreichen. Mit 3 Würfeln endet der Spieler bei 18 oder auch vorher. Er selbst wählt sich seine Reihenfolge, die aus 6 oder mehr gewürfelten Zahlen besteht.

Variation

Interessierte Mathematiker können das Malnehmen zur Regel erklären und sich eine oder mehrere Zahlen als Ziel aufschreiben. Hier beginnt jeder Teilnehmer zuerst mit einem Würfel, weitere Würfel können später hinzugenommen werden. Als höchste Zahl kann die 36 erreicht werden. Die erwürfelte Reihenfolge bei 6 Zahlen heißt 30 bis 36 oder auch anders, da sich jeder Spieler seine beliebige Reihenfolge wählt und aufschreibt.

Die Sechs minus

Spieler: 2– Dauer: 5– Minuten
Material: Würfel

Reihum würfelt jeder Spieler einmal. Die Augen der einzelnen Würfe werden fortlaufend zusammengezählt. Es geht darum, die Zahl 88 zu erreichen. Jede gewürfelte 6 wird von der erreichten Summe abgezogen.

Sultan

Spieler: 2– Dauer: 5 Minuten
Material: Würfel, Chips

Die Spieler würfeln reihum. Wer zuerst eine 6 wirft, wird zum Sultan ernannt. Dieser sagt für jede weitere Runde den Trumpf an, z. B. 1, 4, 5. Wer diese Augenzahl wirft, ist neuer Sultan.

Möchte die Gruppe mit Chips spielen, bekommt jeder Spieler die Menge der Chips, die der vorgegebenen Augenzahl entspricht. Eine gewürfelte 6 bestimmt den neuen Sultan.

Plus-minus

Spieler: 2– Dauer: 10– Minuten
Material: Würfel

Jeder Spieler hat 6 oder 9 Würfe hintereinander. Jeder erste und zweite Wurf wird addiert, jeder dritte subtrahiert, z. B. $4 + 3 = 7 - 5 = 2$. Der vierte und fünfte Wurf wird wieder dazugezählt, der sechste subtrahiert usw. Kommt ein Spieler in die Minuswerte, spielt er weiter. Die Gruppe verabredet die Endzahl.

Variation

Die Teilnehmer zählen keine Einzelwerte, sondern gleich den Gruppenwert und setzen eine höhere Endzahl. Diese Regel vereinfacht das Spiel, da jeder Teilnehmer mit der Zahl des Vorgängers weiterspielt und sich seine Zahl nicht zu merken braucht.

Schneller Peter

Spieler: 2–6 Dauer: 2– Minuten
Material: Würfel

Jeder Spieler wählt sich eine Zahl von 1–6 aus und versucht, diese zu erreichen. Wer das Glück auf seiner Seite hat, ist der schnelle Peter. Mit diesem Spiel haben Sie einen leichten Anfang für weitere Würfelspiele. Viele weitere Spielregeln können Sie gemeinsam mit Ihrer Gruppe hieraus entwickeln. Wenn Sie die hier aufgeführten Spiele ausprobiert haben, werden Sie leicht zu neuen Anregungen kommen und eigene Ideen entwickeln.

Einfacher Pasch

Spieler: 2–6 Dauer: 5– Minuten
Material: 2 Würfel, Papier, Schreibzeug

Die Teilnehmer legen die Spielrunden fest und würfeln reihum. Nur die Paschwerte werden aufgeschrieben, z. B. 2 Einser, 2 Zweier, 2 Dreier...

Variation

Die Spieler versuchen, jeden Punkte-Pasch einmal zu erwürfeln. Den zweiten gleichen Pasch können sie verschenken.

Additionsfreudige Spieler können sich alle gewürfelten Punkte aufschreiben und am Spielschluß feststellen, welche Zahl sie am meisten erwürfelt haben oder zu welcher Endzahl sie gekommen sind.

Unter oder über Sieben

Spieler: 2–6 Dauer: 2– Minuten
Material: 2 Würfel, Chips

Alle Mitspieler erhalten vorher die gleiche Anzahl Chips. Reihum ist jeder Teilnehmer einmal Spielanfänger. Er legt vorher fest, ob er unter oder über 7 Augen würfeln wird. Gelingt ihm die Vorhersage, bekommt er von jedem Mitspieler 1 Punkt. Wirft er 7 Augen, erhält er von jedem Teilnehmer 2 Chips.

Variation

Ich empfehle, die Zahl nach einigen Runden zu verändern. Auch die Zuteilung der Chips kann variabel gehandhabt werden. Vielleicht möchte jeder eine beliebige Menge Chips vor jeder neuen Runde in die Tischmitte legen, um die Spannung zu erhöhen und einen Ausgleich anzustreben.

Doppelte Eins

Spieler: 2–6 Dauer: 10– Minuten
Material: 2 Würfel, Papier, Schreibzeug

Die Runden- oder Punktezahl wird vor Spielbeginn festgelegt, dann wird reihum gewürfelt. Gezählt wird jeder Wurf nach folgender Regel: Die Punkte werden addiert, eine 1 zählt doppelt, eine 6 wird abgezogen. Im Minusbereich wird weitergespielt. Können die Spieler mit dieser Regel sicher umgehen, sind Variationen interessant. Eine 2 zählt dreifach, eine 5 doppelt, eine 3 vierfach... Es ist hilfreich, die Veränderungen aufzuschreiben, damit die Teilnehmer die Absprachen nicht durcheinanderbringen. Eine Bereitschaft zur Flexibilität ist hier erforderlich.

Xanthippe

Spieler: 2–6 Dauer: 1– Minuten
Material: 3 Würfel

Reihum würfelt jeder Spieler und versucht, mit einer geringen Anzahl von Würfen die Zahl 13 zu erreichen, dazu kann er alle 3 Würfel gleichzeitg oder nacheinander gebrauchen. Fehlen dem Spieler Punkte bis zur 13, kann er mit einem Würfel einen erneuten Wurf wagen. Glück hat der Teilnehmer, der die Zahl mit den wenigsten Würfen erreicht.

Mausern

Spieler: 2–6 Dauer: 2– Minuten
Material: 3 Würfel, Papier, Schreibzeug

Die Teilnehmer spielen mit 3 Würfeln 3 oder 6 Runden. Reihum würfelt jeder Spieler einmal und zählt die Punktezahl der Würfel zusammen, wobei eine 2 und 5 nicht gezählt werden. Zum Schluß zählt jeder seinen Punktestand und die Spielgruppe ihre gemeinsamen Punkte. Vielleicht erreicht die Gruppe bei der nächsten Runde einen geringeren oder höheren Punktestand, vielleicht auch 100, 111 oder 122. Das Gruppenziel setzt jede Gruppe individuell fest.

Las Vegas

Spieler: 2–6 Dauer: 1– Minuten
Material: 3 Würfel

Es kommt darauf an, die Zahl 21 zu erreichen. Wenn nach dem ersten Wurf mit 3 Würfeln die Zahl schon ziemlich hoch ist, braucht der Spieler beim nächsten Wurf nur 2 oder 1 Würfel nehmen. 3 Würfe muß jeder Spieler machen, ein vierter ist freiwillig. Kommt er über die Zahl 21 hinaus, ist seine Chance vertan. Kommt er nicht auf 21, hat er noch die Möglichkeit zu gewinnen; denn wenn kein Spieler die 21 erreicht, hat der Teilnehmer gewonnen, der der 21 am nächsten ist.

Hoch hinaus

Spieler: 2–6 Dauer: 2– Minuten
Material: 3 Würfel, Papier, Schreibzeug

Jeder Spieler würfelt zuerst mit 2 Würfeln und multipliziert die höchste Punktezahl miteinander, das Ergebnis wird durch die Zahl des dritten Würfels geteilt, einige Beispiele: 6 × 6 = 36, 36 : 2 = 18, 5 × 5 =25, 25 : 4 = 8 Rest 1. Glück hat der Spieler, bei dem das Teilen ohne Rest möglich ist.

Gleichstand

Spieler: 2–6 Dauer: 2– Minuten
Material: 3 Würfel, Papier, Schreibzeug

Bei diesem Spiel kommt es darauf an, mit einem Wurf einen Gleichstand zu erreichen, dabei werden die Punkte von 2 Würfeln addiert und der Augenzahl des dritten Würfels gegenübergestellt. Jeder Spieler darf 10mal würfeln, vielleicht erreicht er die Würfe 4 + 1 und 5 oder 2 + 3 und 5 oder 1 + 3 und 4 u. a.

Der Dritte teilt

Spieler: 2–6 Dauer: 2– Minuten
Material: 3 Würfel

Jeder Spieler würfelt mit 3 Würfeln und nennt die Möglichkeiten der Teilbarkeit. Gibt es keine, eine, zwei oder mehr? Jede Würfelpunktezahl kann mit einem zweiten oder dritten Punktewert addiert, und/oder geteilt werden, z. B. 2, 4, 6 = 6 : 2, 4 : 2, 2 + 4 = 6 : 2, 6 : 6, 2 + 6 = 8, 8 : 4 oder die Zahlen 5, 1, 2 = 5 + 1 : 2, 5 + 1 + 2 : 2, 5 : 1, 2 : 1.

Einmal eins

Spieler: 2–6 Dauer: 2– Minuten
Material: 3 Würfel in 2 verschiedenen Farben

Hierzu brauchen die Spieler 3 Würfel, wovon sie einen besonders markieren (Punkte farbig anmalen oder gleich einen andersfarbigen oder sich in der Größe unterscheidende Würfel nehmen). Jeder Spieler hat 1 Wurf mit 3 Würfeln. Die Punktwerte der beiden gleichen Würfel werden vom Spieler addiert und mit der Augenzahl des dritten Würfels multipliziert, z. B. 2 + 3 = 5, 5 × 4 = 20 oder 3 + 6 = 9, 9 × 2 = 18.

Jeder Wurf ein Rätsel

Spieler: 2–6 Dauer: 5– Minuten
Material: 3 oder mehr Würfel, Papier, Schreibzeug

Für dieses Spiel nehmen Sie 3 oder mehr Würfel und addieren, subtrahieren oder multiplizieren die 3 oder mehr geworfenen Punktewerte einmal miteinander. Das Ergebnis geben Sie den Mitspielern bekannt. Jeder Teilnehmer versucht nun, den Weg zu Ihrem Ergebnis zu enträtseln. Einige Beispiele: Sie würfelten 5, 3, 2 und nannten 13. Dann heißt die Lösung 3 × 5 – 2 oder 5 × 2 + 3. Nennen Sie 30 als Ergebnis, dann heißt die Lösung vielleicht 3 × 2 × 5 oder 5 × 3 × 2 oder 2 × 5 × 3. Mit den 3 Zahlen gibt es noch weitere Ergebnisse. Finden Sie sie heraus.

Buchstaben-Würfelspiel

Spieler: 2– Dauer: 10–20 Minuten
Material: Buchstaben-Würfel. Sollten diese in Ihrem Requisitenschrank noch fehlen, können sie Zahlenwürfel einsetzen. Die Zahlen sind dann die Symbole für die Buchstaben, z. B. weißer Würfel 1 = A, 2 = B, usw., gelber Würfel 1 = G, 2 = H usw. Fertigen Sie dafür eine Tabelle an, damit die Farbwürfelpunkte sich schneller einprägen.

Ein Teilnehmer würfelt mit allen Buchstaben-Würfeln gleichzeitig oder auch nacheinander. Die erwürfelten Buchstaben stellen die

Auswahl-Möglichkeit für alle Mitspieler dar. Jeder Spieler sucht sich in Gedanken einen Buchstaben heraus und schreibt alle Wörter auf, die ihm dazu einfallen. Am Ende liest jeder seine Wörter-Liste vor. In einer nächsten Runde können die Teilnehmer die Auswahl eines Buchstabens laut treffen und damit einen bestimmten Buchstaben für jeden weiteren Spieler blockieren. Sprachinteressierte Teilnehmer können sich auch für eine Fremdwörter-Runde entscheiden.

Variation

Alle Teilnehmer wählen sich einen Mitlaut zum neuen Anfangsbuchstaben. Der zweite Buchstabe – ein Selbstlaut – wird reihum von einem Spieler für alle erwürfelt. Nun kann jeder Teilnehmer z. B. seine Fe-, Re-, Me- oder Le-Wörter benennen oder aufschreiben.

Variation

Jeder Spieler würfelt sich seinen Anfangsbuchstaben. Ein weiterer Buchstabe – Selbstlaut – wird wieder von einem Teilnehmer für alle gewürfelt. Dieser Buchstabe muß nun in allen T-, P-, L-Wörtern enthalten sein, die Buchstaben-Stelle kann beliebig sein, z. B. F*e*der, Fli*e*der, Fahn*e*, Fuss*e*l, Fri*e*drich...

Nach diesem Spiel kann sich die Gruppe neue Variationen ausdenken. Probieren Sie alle Ideen aus, auch wenn Ihnen Ihre Spielerfahrung sagt, daß die eine oder andere Senioren-Idee schwer spielbar ist und kaum zu einem Ergebnis führen wird. Zum anregenden Gespräch, zu einem unvorhersehbaren Spaß mit umfangreicher, schöpferischer Tätigkeit führt solch ein Experiment sicherlich. Beim Spiel ist der individuelle Spielverlauf, der unvergleichbare Prozeß der gemeinsamen Entwicklung wichtiger als das Ergebnis. Am Schluß eines Nachmittages wird keine vorzeigbare Leistung erwartet. Ein zufriedenes Gefühl über die empfundenen und noch vorhandenen Kräfte, ein gemeinsamer Spaß und das bewußte Erlebnis des lebendigen Daseins ist ein Ergebnis, über das jeder Spielleiter glücklich sein kann.

Weitere Würfelspiele finden Sie bei den Wort- und Gedächtnisspielen.

Eine gewürfelte Form

Spieler: 2– Dauer: 10– Minuten
Material: ein Würfel, Streichhölzer

Jeder Spieler würfelt reihum mit einem Würfel und nimmt sich so viele Hölzer, wie er Augen gewürfelt hat. Nach einer vorher verabredeten Anzahl von Runden, legt jeder mit seinen Streichhölzern eine Form, ein Bild oder ein Wort.

Dies Spiel regt die Phantasie an und fordert die gestalterische und sprachliche Fähigkeit. Es ermöglicht den Übergang zu anderen Spielen, wie z.B. Kimspielen, Wort- und Gedächtnisspielen, Geschicklichkeitsspiclcn ctc. Probieren Sie hier, inwieweit Sie Ihre Gruppe über die Würfelspiele zu anderen Spielen, Erfahrungen, Fähigkeiten und gemeinsamen Entwicklungen führen können. Schon in Ihrem privaten Probierzimmer werden Sie allein oder mit Freunden und Verwandten reizvolle und spannende Spielerfahrungen machen. Zeit, Offenheit und Freude am Experiment sind die Voraussetzungen dafür.

Hölzerne Geschöpfe

Spieler: 2– Dauer: 15– Minuten
Material: 3 verschieden farbige Würfel und viele kleine Hölzer in den gleichen Farben (Natur-Hölzer können mit Tinte gefärbt werden)

Für dieses Spiel brauchen Sie viele kleine Hölzer, möglichst in drei verschiedenen Farben. Gewöhnliche Streichhölzer eignen sich ebenso dafür. Wenn Sie mit farbigen Hölzern spielen, können Sie gleichfarbige Würfel wählen, die das ganze Spiel bunter gestalten.

Die Spieler sitzen an Tischen. Reihum würfelt jeder mal mit dem einen, mal mit dem anderen Würfel und nimmt sich von den farbigen Hölzern, die in der Mitte des Tisches liegen, die entsprechende Wurf-Anzahl. Nach den vorher vereinbarten Runden hat jeder Teilnehmer die Aufgabe, aus der erwürfelten Menge Hölzer ein Bild, Muster oder eine Form zu legen. Wenn er seine Schöpfung mit einigen Sätzen oder einer Geschichte vorstellen kann, wird diese Kreativität von den Mitspielern bestimmt mit Begeisterung aufgenommen. Sollten einzelne Senioren dazu nicht in der Lage sein, weil sie sich dazu nicht befähigt fühlen, können andere Teilnehmer die Beschreibung des Bildes übernehmen. Auch der Spielpädagoge hat die Gelegenheit, hier als Akteur mitzuspielen.

Tannenbaum, Schmetterling, Fisch

Spieler: 4–8 Dauer: 15– Minuten
Material: pro Spieler 27 oder mehr Hölzer, Knöpfe oder Korken können es auch sein

An jedem Tisch sitzen 4–8 Spieler. Jeder bekommt 27 Hölzer und legt daraus einen Baum. Den Stamm legt er aus 3 mal 2 Hölzern und die Baumkrone aus 6 Reihen in unterschiedlichen Längen. Er beginnt mit 6 Hölzern, dann 5, 4, 3, 2, 1. Nun wird reihum gewürfelt. Jeder darf die Menge der Hölzer wegnehmen, die sein Punktewürfel ihm vorgibt, Voraussetzung ist die Gleichheit zwischen Punktezahl und Reihe. Die erwürfelten Streichhölzer werden zur Gestaltung der nächsten Figur verwendet. Dies könnte ein Schmetterling, Fisch, Dreieck, Stern... sein. Wieder sollten die Reihen aus der Menge 1–6 gelegt werden, wobei die Mengen mehrfach gelegt und genutzt werden können, z.B. 2 Dreierreihen, Viererreihen usw.

Strichbilder

Spieler: 2– Dauer: 20– Minuten
Material: 3 Würfel und viele Hölzer

Der Spielleiter oder ein Senior an jedem Tisch gibt jedem Teilnehmer 10 Hölzer, einen Restbestand behält er. Die Mitspieler würfeln reihum mit 3 Würfeln. Fällt eine 1, geben sie dem rechten Nachbarn 1 Streichholz. Fällt eine 2, bekommt der linke Nachbar 2 Hölzer.

Fällt eine Reihe von zwei oder drei aufeinanderfolgenden Zahlen, z. B. 2, 3, 4, erhält der jeweilige Spieler 2 oder 3 Hölzer vom Spielleiter. Nach Erreichung der vorher verabredeten Runden schätzt jeder die Menge der Streichhölzer beim anderen Spieler. Diesen Auftrag gibt der Spielpädagoge erst dann, wenn die Spielzeit der ersten Runde beendet ist und jeder seine restlichen Streichhölzer in die Hand genommen hat. Die Schätzung sollte auf einen Zettel geschrieben werden, damit eine Beeinflussung vermieden wird.

Nun versucht die Gruppe, eine gemeinsame Spielaussage mit den Hölzern zu gestalten. Sie kann einen Satz schreiben, ein Bild oder Rätsel legen und darüber mit den anderen Teilnehmern ins Gespräch und Phantasieren kommen. Schon oft haben wir die gelegten Bilder aufgeklebt, mit Titeln versehen oder die Geschichten dazugeschrieben.

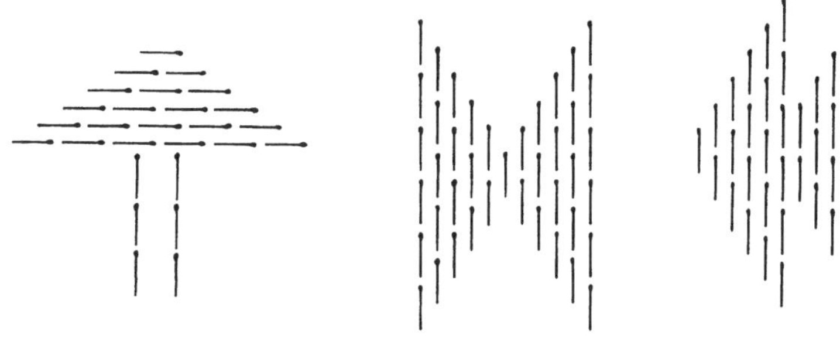

Esel im Haus

Spieler: 2– Dauer: 10– Minuten
Material: 13 Hölzer pro Person

Jeder Teilnehmer erhält 11 Streichhölzer, aus denen er ein Haus zu legen hat. Danach erhält er 2 weitere Hölzer und macht einen Esel aus dem Haus. Wer die Lösung der Spielereien entdeckt hat, kann weitere Aufgaben erhalten.

Der heimliche Geliebte

Spieler: 2– Dauer: 10– Minuten
Material: 13 Hölzer pro Person

Luise ist die Tochter vom alten Forstmeister. Schreiben Sie mit 13 Streichhölzern ihren schönen Namen auf den Tisch. Wenn Sie nun 6 Hölzer umlegen, erfahren Sie, wie Luises heimlicher Geliebter heißt.

Buchstaben legen

Spieler: 2– Dauer: 10– Minuten
Material: ca. 20 Hölzer pro Person

Die Teilnehmer erhalten je 2 Streichhölzer und die Aufgabe, damit nacheinander alle Buchstaben zu legen, die daraus legbar sind, ohne die Hölzer zu knicken, z. B. L, T, V...

Danach erhalten die Spieler 1 Streichholz dazu, daraus lassen sich z. B. die Buchstaben A, F, H, C... legen. Aus 4 Hölzern E, M... Welche Buchstaben lassen sich aus 5, 6 oder 7 Hölzern legen?

Die Spieler können die Buchstaben legen und benennen oder auch alle ausprobieren und aufschreiben. Wenn Sie jedem Spieler gleich ca. 20 Hölzer geben, können die gelegten Buchstaben zum Vergleich mit anderen erhalten bleiben.

Variation

Welche Zahlen sind aus 3, 4, 5 Hölzern legbar?

Variation

Welche Bilder sind aus 10, 15 oder 20 Hölzern legbar? Vielleicht Blume, Boot, Haus...

Variation

Welche Wörter sind aus 7, 8, 9 Hölzern legbar? Z. B. All, Mai, so... Welche Abkürzungen, Initiale, Symbole, Wahrzeichen?

So können Sie lang mit den Hölzern herumspielen. Vielleicht kommen Sie gemeinsam noch auf andere Möglichkeiten. Probieren Sie alles in Ihrer Gruppe aus.

Aus zwölf mach zwei

Spieler: 2– Dauer: 10– Minuten
Material: 15 Hölzer pro Person

Jeder Teilnehmer erhält 12 Streichhölzer, aus denen er „ZWEI“ zu legen hat. Aus 11 Hölzern kann er auch „VIER“ legen, aus 13 „ZEHN“ und aus 15 „FÜNF“ machen. Erhält er nur 9 Hölzer, kann er „ELF“ machen. Lösen die Teilnehmer eine Aufgabe, werden sie bald alle enträtseln.

Dreiecke

Spieler: 2– Dauer: 10– Minuten
Material: 5 Streichhölzer pro Person

Legen Sie 2 gleichseitige Dreiecke und geben Sie Ihren Mitspielern die Aufgabe, 3 Hölzer wegzunehmen und 2 wieder dazuzulegen, so entstehen wieder 2 gleichseitige Dreiecke. Sollte Ihnen die Frage gestellt werden, ob das Brechen eines Holzes erlaubt ist, müssen Sie sie mit einem „Ja“ antworten.

Quadrate legen

Spieler: 2– Dauer: 15– Minuten
Material: 12 Hölzer pro Person

Mit 12 Hölzern können Sie gleich die nächste Aufgabe formulieren. Sie legen 5 Quadrate, ein großes und 4 kleine und gehen immer von der Abbildung 1 aus. Nun heißt es:

2 weg = 2 Quadrate (Abb. 2),
4 umlegen = 2 Quadrate (Abb. 3),
4 umlegen = 3 Quadrate (Abb. 4),
3 umlegen = 3 Quadrate (Abb. 5),
2 umlegen = 3 große und 4 kleine Quadrate.

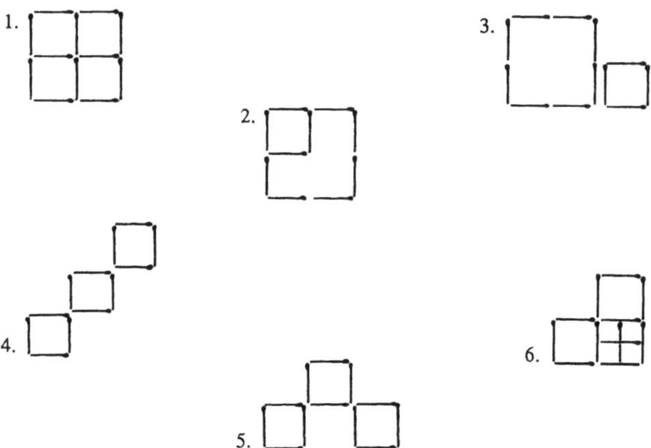

Literaturverzeichnis

Altwerden in der Bundesrepublik Deutschland: Geschichte – Situation – Perspektiven, Band I und II. Hrsg. Deutsches Zentrum für Altersfragen e.V., Berlin 1982

Articus, Stephan/Karolus, Stephan: Altenhilfe im Umbruch. Kohlhammer, Stuttgart 1986

Becker, Brigitte: Seniorenspiele. Spielkartensammlung. Verlag Gruppenpädagogischer Literatur, Wehrheim [2]1986

Beyer, A. und H.: Sprichwörterlexikon. Bibliographisches Institut, Leipzig 1988

Biegel, Anne/Swildens, Heleen: Wo ist denn meine Brille? Eugen Salzer, Heilbronn 1990

Brocher, Tobias: Stufen des Lebens. Kreuz, Stuttgart 1988

Bubolz-Lutz, Elisabeth: Bildung im Alter. Lambertus, Freiburg [2]1984

Bücken, Hajo: Kimspiele. Hugendubel, München 1984

Bundesministerium für Familie, Senioren, Frauen und Jugend (Hrsg.): Bewegung, Spiel und Sport – sinnvolle Lebensperspektive im Alter. In: Kongreßbericht zum Seniorensport-Kongreß des Bundesministeriums für Familien und Senioren 1995

Cremer, Marlies/Schäfer, Hermann: Brücken in die Zukunft. Klett, Stuttgart 1984

Dettbarn-Reggentin, Jürgen/Reggentin, Heike: Neue Wege in der Bildung Älterer. Band 2. Praktische Modelle und Projekte. Lambertus, Freiburg 1992

Ferguson, Marilyn: Geist und Evolution. Goldmann, München 1986

Fromm, Erich: Haben oder Sein. Die seelischen Grundlagen einer neuen Gesellschaft. Sonderausgabe. dtv, München 2001

Hennecke, Hans-Jörg: Oberstes Gebot: selbst etwas tun! In: Altplus 2/1995, S. 15f.

Hetzer, Hildegard: Spiel und Spielzeug für jedes Alter. Don Bosco, München 1968

Joppig, Wolfgang: Gruppenarbeit mit Senioren. Stam, Köln [4]1996

Kolb, Michael: Spiele für den Herz- und Alterssport. Meyer & Meyer, Aachen 1995

Nickel, Hans-Wolfgang: Rollenspielbuch. Theorie und Praxis des Rollenspiels. Recklinghausen 1972

Radebold, Hartmut u.a.: Therapeutische Arbeit mit älteren Menschen. Lambertus, Freiburg [3]1989

Skiba, Alexander: Fördern im Alter. Klinkhardt, Bad Heilbrunn 1996

Stengel, Franziska: Gedächtnis spielend trainieren. memo Stuttgart [7]1993

Thiesen, Peter: Kreatives Spiel mit Kindern, Jugendlichen und Erwachsenen. Stam, Köln [5]1996

Thiesen, Peter: Drauflosspieltheater. Ein Spiel- und Ideenbuch. Beltz, Weinheim [3]1993. Sonderausgabe 1994 und Taschenbuch 2000

Vester, Frederic: Denken, Lernen, Vergessen. Deutsche Verlagsanstalt, Stuttgart 1975

Viorst, Judith: Mut zur Trennung, Hoffmann und Campe, Hamburg 1988

Watzlawick, Paul/Beavin, Janet H./Jackson, Don D.: Menschliche Kommunikation. Huber, Stuttgart 1974. Taschenbuch 2000

Weakland, John H./Herr, John J.: Beratung älterer Menschen und ihrer Familien. Bern/Stuttgart 1984

Witterstätter, Kurt: Soziologie für die Altenarbeit. Lambertus, Freiburg [12]1999